MENSCHENRAUB
IM KALTEN KRIEG

Wolfgang Bauernfeind

MENSCHENRAUB IM KALTEN KRIEG

Täter, Opfer, Hintergründe

mitteldeutscher verlag

Für meine beiden Söhne Lucas und Jacob

Editorische Notiz
Um eine bessere Lesbarkeit zu erreichen, wurden die angeführten Zitate stillschweigend an die neue deutsche Rechtschreibung angepasst. Gravierende Rechtschreibfehler wurden hingegen beigehalten. Für wissenschaftliche Zitationen muss gegebenenfalls die jeweilige Originalquelle in den in den Anmerkungen angeführten Archiven resp. der angeführten Literatur eingesehen werden.

Umschlaggestaltung unter Verwendung zeitgenössischer Presseartikel (Quelle: Rundfunk Berlin-Brandenburg, Recherche und Informationsservice)

Bibliografische Information der Deutschen Nationalbibliothek
Die Deutsche Nationalbibliothek registriert diese Publikation in der Deutschen Nationalbibliografie; detaillierte bibliografische Daten im Internet unter http://d-nb.de.

www.mitteldeutscherverlag.de

Gesamtherstellung: Mitteldeutscher Verlag, Halle (Saale)

ISBN 978-3-95462-666-3

Printed in the EU

INHALT

VORWORT

„Die Macht der Arbeiterklasse ist so groß und reicht so weit, dass jeder Verräter zurückgeholt wird oder ihn in seinem vermeintlich sicheren Versteck die gerechte Strafe ereilt."

Aus dem Befehl Nr. 134/55 des Staatssekretärs für Staatssicherheit vom 7. Mai 1955

Mit dem Thema „Menschenraub im Kalten Krieg" beschäftige ich mich seit meiner Radiosendung über Robert Bialek, die 1994 für den SFB und Radio Bremen entstand. Bialek war ein hoher Funktionär in den Anfangsjahren der DDR, der nach seiner Flucht nach West-Berlin 1956 von der Staatssicherheit in ihren Machtbereich „zurückgeholt" wurde. Über das, was nach seiner Entführung mit ihm geschah, gab es damals viele Spekulationen. Heute weiß man, dass er seine Entführung in die Untersuchungshaftanstalt der Stasi in Berlin-Hohenschönhausen nicht überlebte. Dieser Fall ließ mich nicht los. 2011 begann ich mit meinen Recherchen zu anderen Fällen des Menschenraubs in der Zeit von 1949 bis zum Mauerbau 1961. Mich interessierten die Menschen, um die es dabei ging, also die Opfer, aber auch die Täter. Mein erster Weg führte mich in die BStU, die Behörde des Bundesbeauftragten für die Stasi-Unterlagen. Vor mir wurde ein Gebirge aus Akten sichtbar, inzwischen wohl sortiert von den vielen Mitarbeitern dort.

Sie sind die Hauptquelle für dieses Buch, das während drei Jahren Recherche entstand. Einschränkend muss man zu diesen Quellen sagen, dass sie im Apparat selbst auch manipulativ wirken sollten, manchmal aufgebauscht waren, um die Wichtigkeit dieser Behörde zu beweisen. „Bei allen Einschränkungen darf nicht vergessen werden, dass die BStU hinsichtlich der Effizienz ihrer Arbeit stets selbst bemüht war, verfälschende Angaben durch permanente Bewertungen und Kontrollen auszuschalten", schreibt Susanne Muhle

in ihrer unlängst erschienenen wissenschaftlichen Studie „Auftrag Menschenraub".[1] Auch Joachim Gauck, der erste Bundesbeauftragte für die Stasi-Unterlagen, teilt diese Einschätzung. In seinen Erinnerungen schreibt er: „Nach jahrelangem Umgang mit den Akten dürfte weitgehend anerkannt sein, dass die Staatssicherheit im Interesse ihrer eigenen Funktionsfähigkeit darauf drang, dass die IM möglichst objektiv, unverfälscht, konkret und vollständig über die für sie wichtigen Sachverhalte berichteten, [...] so dass insgesamt zuverlässige Quellen entstanden."[2]
Es gibt natürlich auch andere Quellen, die ich zu Rate gezogen habe. Im Landesarchiv Berlin finden sich viele Unterlagen zu den Prozessen gegen „Menschenräuber", die vor dem Landgericht West-Berlin zur Rechenschaft gezogen wurden. Hinzu kommen Akten des West-Berliner Polizeipräsidenten wie auch Dokumente sogenannter „Feind"-Organisationen wie der Kampfgruppe gegen Unmenschlichkeit (KgU) und des Untersuchungsausschusses Freiheitlicher Juristen (UFJ). Eine wahre Fundgrube für mich waren die West-Berliner Tageszeitungen aus den 1950er Jahren, in denen detailliert über Fälle von Menschenraub berichtet wurde. Sie lesen sich wie Drehbücher zu einem Spionage-Thriller.
Es gibt prominente Entführungsfälle, die seinerzeit aber Tagesgespräch waren – dazu zählen der Gewerkschafter Heinz Brandt, das KPD-Mitglied Kurt Müller, der Leiter der Wirtschaftsabteilung des Untersuchungsausschusses Freiheitlicher Juristen, Walter Linse, und der Journalist Karl Wilhelm Fricke. Neben diesen spektakulären Fällen, über die heute aber auch kaum noch gesprochen wird, soll es im vorliegenden Buch zudem um die große Zahl der Menschen gehen, die heute vergessen sind.
In meinen Fallgeschichten wird ein besonderes Klima deutlich, das Klima des Kalten Krieges, das damals in der Frontstadt West-Berlin allgegenwärtig war. Überdies erzählen die Geschichten der Opfer und Täter vom Leben im geteilten Deutschland der Nachkriegszeit.
„Menschenraub" ist nicht nur Geschichte, sondern verweist auch auf unsere gewalttätige und kriegerische Gegenwart. Nach dem

Ausbruch der Ukraine-Krise wähnten sich viele wieder vor dem Beginn eines neuen Kalten Krieges. Mit dem Bürgerkrieg in Syrien wurde aus kaltem Krieg ein heißer Krieg. In diesen beiden Welten, gebaut aus Hass und Gewalt, gehört Menschenraub schon wieder zum Mittel von Herrschaftskämpfen.

Ohne die Unterstützung der Stasi-Unterlagenbehörde wäre dieses Buch nicht entstanden. Mein besonderer Dank gilt Burkhard Dickow, der mich dort über zwei Jahre lang bei meinen Recherchen kompetent betreute. Dies gilt auch für die Mitarbeiter im Landesarchiv Berlin, im Bundesarchiv, im Zeitungsarchiv des Rundfunks Berlin-Brandenburg und im Schallarchiv des Deutschlandradios, dessen Vorgänger der *RIAS* war. Hervorheben möchte ich meine Interviewpartner Karl Wilhelm Fricke und Richard Baier, die mir ihre Zeit schenkten und aus eigenem Erleben berichteten. Viele wichtige Hinweise zu den einzelnen Kapiteln verdanke ich Ingke Brodersen, Wolfgang Heuer, Bettina von Kleist und Jens Sparschuh, die meine ersten Leser waren. Eine Geburtshelferin für mein Buch war Bettina Stang, die mich mit dem Mitteldeutschen Verlag zusammenbrachte.

Wolfgang Bauernfeind

Mai 2016

EINLEITUNG

Es ist der 10. Juli 1952. Vor dem Schöneberger Rathaus versammeln sich Berliner, um gegen einen neuen Entführungsfall zu protestieren. Ernst Reuter, der Bürgermeister von West-Berlin, klagt die DDR-Regierung an: „Hier ist ein Mensch aus unserer friedlichen Mitte geraubt worden, überfallen worden, niedergeschlagen worden, in ein Automobil hineingeschleppt, hinausgefahren in die Folterhöhlen dieser Verbrecher. Er muss uns zurückgegeben werden." Der Entführte ist Walter Linse, Rechtsanwalt und Leiter des Wirtschaftsreferates im Untersuchungsausschuss Freiheitlicher Juristen. Das *Neue Deutschland* giftet umgehend zurück: „Den Kriegstreibern ist dieser Tage ein Agent aus Westberlin verlorengegangen und sie machen deswegen ein fürchterliches Geschrei." Das Zentralorgan der SED droht weitere Entführungen an: „Kein einziger Agent des kriegstreiberischen Imperialismus ist in Sicherheit, ganz gleich, ob er in Westberlin, Bonn, Paris oder gar in Washington sitzt."[3]

Forderungen nach Rückkehr des Entführten haben keinen Erfolg. Linse bleibt verschwunden, zunächst wird er in Berlin-Hohenschönhausen inhaftiert, später dem russischen Staatssicherheitsdienst übergeben, der ihn zehn Monate lang verhört. Im September 1953 wird er schließlich vom Sowjetischen Militärtribunal, Nr. 48240 (des 482. Truppenteils in der Stadt Berlin) wegen Spionage zum Tode durch Erschießen verurteilt. Das Urteil wird am 15. Dezember 1953 in Moskau vollstreckt.

Nicht nur wegen der Brutalität der Entführung, die am 8. Juli von Berufsverbrechern ausgeführt wurde, ist der Fall „Walter Linse" in West-Berlin im Sommer 1952 Tagesgespräch. Empört sind Medien, Politiker und die Bevölkerung auch über den Zynismus, mit dem sich die Regierung und der Staatssicherheitsdienst der DDR über ihre Presseorgane zu dem Verschwinden von Walter Linse aus West-Berlin bekennen. Ein „Oberbandit" sei er, heißt es im *Neuen Deutschland*, den der West-Berliner *Telegraf* in seiner Ausgabe am 14. Juli 1952 zitiert: „Ein US-Agent ging verloren." Und weiter heißt es im *Telegraf*: „Aus dem ‚großen Gejammer' der Westpresse könne entnommen werden, dass jener Dr. Linse, den sie vermissen, ein sehr wertvolles Mitglied der Agentenorganisation gewesen sein müsste." Welcher „Oberbandit" ist als Nächster dran, fragen sich die Bewohner West-Berlins. Und ist man solchen Übergriffen schutzlos ausgeliefert? Eine öffentliche Debatte beginnt. Erregt fordern Leser der West-Berliner Tagespresse die Todesstrafe für Menschenraub, andere schlagen den Boykott der Kaufhallen in Ost-Berlin vor. In einem am 20. Juli 1952 im *Tagesspiegel* veröffentlichten Leserbrief heißt es: „Man kann nicht für Linses Freilassung demonstrieren und gleichzeitig seine Häscher bezahlen." Politiker schlagen in die gleiche Kerbe. Der West-Berliner SPD-Vorsitzende Franz Neumann will, dass Menschenraub als Mord beurteilt und entsprechend geahndet wird. Er will zudem die alten Kriegssirenen in West-Berliner Randbezirken wieder reaktivieren. Sie sollen aufheulen, wenn irgendjemand irgendwo im Grenzbereich einen Menschenraub beobachtet hat. Befindet man sich im Kriegszustand? Oder anders gefragt: Ist aus dem Kalten Krieg inzwischen schon wieder ein heißer geworden?

Den starken Worten folgen jedenfalls Taten. Nicht nur an der Grenzübergangsstelle in Lichterfelde, durch die Walter Linse in den Osten gebracht wurde, sind plötzlich anderthalb Meter hohe Eisenträger angebracht. 120 Straßen und Wege, die im Norden, Süden und Westen in die DDR führen, werden mit einem Schlagbaum gesichert, „dessen rot-weiß-roter Anstrich von frischer Farbe glänzt", wie *Die Welt* am 19. Juli 1952 stolz verkündet und den Volksmund der Berliner zitiert, um ihren Durchhaltewillen angesichts der Grenzschikanen zu dokumentieren: „Bei mir Zement, da könnt ihr lange kratzen." Freilich kann es bei den neuen Maßnahmen zur besseren Grenzabsicherung von der Westseite aus auch zu Eigentoren kommen. Ob da die eben noch zitierte Gemütslage aus Zement noch hilft? Dazu *Die Welt* vom selben Tag: „Der Eifer der Berliner, mit der sie ihre Selbstverteidigung betreiben, ist enorm. So konnte es z. B. geschehen, dass auch die Zugangsstraße zur West-Berliner Exklave Steinstücken irrtümlich mit einer festen Sperre abgeriegelt wurde. Zwei Tage lang konnten dadurch die Steinstückener nicht die notwendigen Lebensmittel heranschaffen."

Auch Organisationen, Verbände und Parteien fordern in den Tagen nach der Entführung von Walter Linse einschneidende Maßnahmen. Der West-Berliner Journalistenverband verlangt für bedrohte Mitglieder zum Beispiel Waffenbesitz auch ohne Waffenschein. Man soll sich im Fall eines Falles selbst verteidigen können. Die Staatssicherheit reagiert auf all diese Vorsichtsmaßnahmen von West-Berliner Seite mit Gegenmaßnahmen. Es ist das einzige Mal, dass Erich Mielke in einem Schreiben an die Leiter der Hauptabteilung und Bezirksverwaltungen am 10. Mai 1954 das Wort Menschenraub in den Mund nimmt und die Verschleppungsaktionen zugibt: „Geplant ist der Ausbau des West-Berliner Warnsystems bei ‚Menschenraub'."[4] Dagegen müsse man etwas unternehmen. Dem Schreiben ist ein umfangreicher Katalog von Sicherheitsvorkehrungen des Sekretariats für Staatssicherheit beigefügt. Der Aufrüstung von der Westseite begegnet man mit Aufrüstung von der Ostseite, ein Wettrüsten von beiden Lagern auch hier.

Linse ist ein spektakulärer Fall, aber kein Einzelfall, eines von vielen Opfern von Menschenraub.

Nach Schätzungen der Zentralen Ermittlungsstelle für Regierungs- und Vereinigungskriminalität und der Staatsanwaltschaft II beim Landgericht West-Berlin, vor dem die meisten Prozesse gegen die Entführer, derer man habhaft werden konnte, stattfanden, kann von 600 bis 700 „versuchten und vollendeten Entführungen" ausgegangen werden.[5] Menschenraub ist Mittel und Instrument der östlichen Politik im Kalten Krieg Ende der 40er und in den 50er Jahren. Diese Methode hat Vorläufer. Bald nach Kriegsende verschwinden in der Sowjetzone und Groß-Berlin zahlreiche Menschen in den Lagern der sowjetischen Besatzungsmacht, die in der NS-Zeit Konzentrationslager waren, oder sie werden gleich in die

Sowjetunion deportiert. Bei diesen groß angelegten Säuberungsaktionen kann man zwar nicht von Menschenraub sprechen, sie zeigen aber durchaus Parallelen mit den späteren Entführungen: der Zugriff aus dem Nichts, Gewalt, größte Geheimhaltung, dazu gehört die Verschleierung des neuen Aufenthaltsortes. Zunächst trifft es Mitglieder der NSDAP oder dieser Partei nahestehender Organisationen, bald aber kommen Gegner des sich im Aufbau befindlichen sowjetzonalen Regimes, der späteren DDR, hinzu. Federführend bei diesen Aktionen ist das russische Volkskommissariat für Staatssicherheit, das dem Ministerium für Staatssicherheit (von Juli 1953 bis November 1955 als Staatssekretariat für Staatssicherheit dem Ministerium des Innern zugeordnet) als Vorbild dienen soll. Die Stasi lernt also vom „großen Bruder“ und lässt sich auch gern von sowjetischen Instrukteuren beraten, die in ihren Reihen mitarbeiten. In den 50er Jahren erfolgen die meisten Entführungen aus dem Westen in den Machtbereich der DDR, in seltenen Fällen auch in die Sowjetunion. Begründet wird die Entführungswelle mit der allgegenwärtigen Gefahr, die dem Sozialismus durch Sabotageaktionen, Propaganda und Spionage aus dem Westen drohe, besonders aus West-Berlin.

Paranoia auf der einen Seite, permanente Alarmstimmung auf der anderen, so könnte man die damalige Stimmung im Großraum Berlin beschreiben. Es wird weiter aufgerüstet: Der SPD-Vorsitzende Franz Neumann fordert schon 1947 die West-Berliner auf, sich in den Parteibüros der SPD zu melden, wenn ein Angehöriger vermisst wird. „Heute ist es so, dass man auch bei Nacht und Nebel verschwinden kann, dass man in Berlin von der offenen Straße geholt werden kann. Und es gibt dann kein Verfahren und keine Nachricht. Menschen verschwinden, nicht nur einzeln, […] und General Clay [Stadthalter in der amerikanischen Zone] ist 1947 nichts bekannt“, heißt es in der West-Berliner Tageszeitung *Der Abend* vom 30. August 1947. Seine öffentliche Klage bleibt folgenlos, obwohl 1948 nun auch die westlichen Besatzungsmächte in der alliierten Kommandantur in Berlin protestieren, wie die Deutsche Nachrichtenagentur DENA, die im Herbst 1945 von den

Amerikanern in ihrer Besatzungszone gegründet wurde, berichtet. Sie fordern „eine Untersuchungskommission zur Aufklärung des Verschwindens zahlreicher Personen", was die russische Delegation erwartungsgemäß ablehnt. Die Abgeordneten im Stadtparlament von West-Berlin beschließen im September 1949 schließlich ein „Gesetz über die Verschleppung von Personen aus den Berliner Westsektoren", das Strafen bis zu „lebenslänglich Zuchthaus" vorsieht. Im Juni 1951 wird dann ein Gesetz zum Schutz der persönlichen Freiheit nachgeschoben, das im Juli 1951 Grundlage für ein Bundesgesetz gleichen Inhalts wird.[6] Auf der Ostseite reagiert man mit der Behauptung, man habe das Recht auf Sicherung der Errungenschaften des Sozialismus auf deutschem Boden. Dabei seien grenzüberschreitende Aktivitäten durchaus erlaubt. Völkerrecht und Hoheitsrechte anderer Staaten spielten in diesem Fall keine Rolle. Bei Aktionen mit martialisch klingenden Namen wie „Feuerwerk", „Pfeil" und „Blitz" werden Hunderte von Gegnern in der DDR selbst verhaftet und parallel dazu Entführungen aus dem Westen inszeniert.

Wer sind die Täter, also die Leute vor Ort, die die von der Stasi-Zentrale in Ost-Berlin geplanten Entführungen ausführen?

„Die beiden zu je siebeneinhalb Jahren Verurteilten waren charakteristische Kreaturen des Terrorregimes östlicher Prägung: weichliche Kriecher auf der einen, rigorose und rücksichtslose Bestien auf der anderen Seite", heißt es am 8. August 1952 im *Tagesspiegel* zu einem Gerichtsurteil der Moabiter Strafkammer über zwei Menschenräuber im Frontstadtton. Die Beschreibung geht an der Wirklichkeit vorbei. Oft sind diese Menschen schlicht gescheiterte Existenzen, die weder im Westen noch im Osten einen Platz in der Gesellschaft finden. Andere kommen aus dem kriminellen Milieu oder sind verschuldet, wollen zu Geld kommen. Ein besonders perfider Fall: Der 20-jährige Horst Zastrow lockt im April 1951 seine von ihm schwangere Freundin nach Ost-Berlin, die dort von der Volkspolizei festgenommen wird. Der Staatssicherheitsdienst suchte sie. Zastrow brüstet sich noch mit seiner Tat einem Bekannten gegenüber. „So muss man es machen, ich brauche für

das Kind nicht zu zahlen und habe noch fünf Mark verdient", zitiert ihn *Der Tagesspiegel* vom 1. Februar 1952. Schließlich sind auch ehemalige Flüchtlinge Zielgruppe der Staatssicherheit für die Rekrutierung in den Entführungskommandos. Sie lassen sich mit dem Hinweis auf Familienangehörige im Osten leicht unter Druck setzen, man verspricht ihnen bei ihrer Rückkehr in die DDR oder nach Ost-Berlin zudem Straffreiheit und berufliche Karrieren. Die Mitwirkung dieser Tätergruppen bleibt aber aus einem noch ganz anderen Grund nicht ohne Folgen.
Vor dem Landgericht in West-Berlin finden bis zum Mauerbau im August 1961 etwa 200 Prozesse gegen Menschenräuber statt. Zumeist werden nur die „kleinen Fische" abgeurteilt, hauptamtliche und hochrangige Stasi-Mitarbeiter geraten selten in das Fahndungsnetz, sie sitzen ja im sicheren Ost-Berlin.

Die Entführungen werden mit verschiedenen Methoden geplant und durchgeführt. Mit roher Gewalt werden die Opfer in ein Auto gezerrt und nach Ost-Berlin transportiert. Eine etwas subtilere Methode ist die Täuschung des Opfers. Diese Methode ist zeitaufwendiger und wird von Vertrauenspersonen der Opfer durchgeführt. Dies können Familienmitglieder sein, die von der Staatssicherheit angeworben wurden, aber auch Agenten, die sich als Freunde oder Beziehungspartner unentbehrlich machen. Sogenannte K.-o.-Tropfen kommen zur Anwendung. Bei feuchtfröhlichen Treffen wird das Opfer mit manipulierten Getränken bewusstlos gemacht und dann geräuschlos in den Osten „überführt". Man arbeitet mit den Betäubungsmitteln Morphin-Scopolamin und Morphin-Atropin, die Halluzinationen, Koordinationsstörungen, delirante Zustände hervorrufen und bei einer Dosis von 100 Milligramm zum Tode führen können. Sie wirken meist eine halbe Stunde nach Einnahme, was die Entführer in ihren Planungen berücksichtigen müssen. Diese gefährlichen Mittel werden auch in Pralinen und andere „süße" Geschenke injiziert. Für Entführungen günstig sind weiterhin gewisse Örtlichkeiten und das Verkehrsnetz in Groß-Berlin. Es gibt Straßenbahnlinien, die im Ostteil der Stadt enden; Busse, U-Bahnen, S-Bahnen durchqueren Ost-Berlin; in Letzteren ist die Transportpolizei der DDR Mitreisender. So ergeben sich nicht nur an den zahlreichen Haltestellen im Osten der Stadt viele Zugriffsmöglichkeiten. Es existieren sowjetische Enklaven in West-Berlin, die für Entführungen benutzt werden, wie eines der drei Ehrenmale für die Gefallenen der Roten Armee, das im West-Berliner Tiergarten verkehrsgünstig, da nahe genug am Brandenburger Tor, liegt. So berichtet *Der Tagesspiegel* am 11. September 1951 unter der Überschrift „Schlupfwinkel der Menschenräuber" über eine Entführung an diesem Ort: „Am 3. März 1951 wurde der Sohn eines zaristischen Offiziers auf dem Denkmal von sowjetischen Posten gepackt und später in einem Jeep in den Sowjetsektor entführt." Auch um das Haus des Rundfunks im britischen Sektor in Berlin-Charlottenburg ranken sich Gerüchte. Das Gebäude, das vom Ost-Berliner Rundfunk benutzt wird, sei eine „Menschenfalle", heißt es in der West-Berliner Presse.[7]

Im Visier der Menschenräuber sind vor allem „die Abtrünnigen", die nach ihrer Flucht in den Westen als Verräter gebrandmarkt werden. In der SED, in der DDR-Regierung oder sogar in der Staatssicherheit hatten sie oft wichtige Positionen inne. Man fürchtet ihr „Herrschaftswissen". Natürlich spielen auch persönliche Rachegedanken mit. Bei den Verhören, die Erich Mielke in seltenen Fällen selbst durchführt, kommen sie immer wieder zum Vorschein. Beispielsweise nennt er Abtrünnige gern „Lumpen" so auch das Entführungsopfer Kurt Müller, wie sich dieser in einem Gespräch mit dem *Spiegel* erinnert.[8] Das aufgebaute Bedrohungspotenzial richtet sich auch gegen „Feind"-Organisationen, wie die Staatssicherheit beispielsweise die Ostbüros der bundesrepublikanischen Parteien und des DGB nennt. Auch die Kampfgruppe gegen Unmenschlichkeit und der Untersuchungsausschuss Freiheitlicher Juristen gehören dazu. Für das MfS sind dies alles Zentren der Subversion, die die DDR vernichten wollen.

Die „Feind"-Organisationen sind auch noch aus anderen Gründen dem DDR-Regime verhasst. Sie sind Anlaufstellen für Flüchtlinge im Westteil der Stadt und damit eine Fundgrube für Informationen von drüben. Diese werden zu Propaganda verarbeitet, mit dem Ziel, die DDR zu destabilisieren. Das Ostbüro der FDP schickt beispielsweise Gasballons mit größeren Mengen Flugblättern über die Grenzen. Die Kampfgruppe gegen Unmenschlichkeit geht noch einen Schritt weiter und plant Sabotageaktionen und Anschläge auf die Infrastruktur in der DDR. Überdies unterhalten diese Organisationen enge Verbindung zu den Geheimdiensten der Westmächte und lassen sich von ihnen teilweise finanzieren. Die CIA ist Geldgeberin der Kampfgruppe gegen Unmenschlichkeit und des Untersuchungsausschusses Freiheitlicher Juristen, später übernimmt das Bundesministerium für gesamtdeutsche Fragen die Finanzierung im letzteren Fall.[9] Dennoch wäre es falsch zu schlussfolgern, die aufgeführten Organisationen seien nur Spionagezentralen des Westens gewesen, wie die Staatssicherheit der DDR immer wieder suggeriert. Sie gehören insbesondere zum Feindbild der DDR, weil sie mit ihren Aktionen die dortige Opposition ermutigen.

Für die Staatssicherheit ist zudem der *RIAS* ein Hauptfeind. Der „Rundfunk im amerikanischen Sektor“ sei eine Agentenzentrale, heißt es auch hier aus dem Osten. Tatsächlich versteht sich der *RIAS* vor allem als Radio für die Hörer in der „Zone“. Deswegen ist er auf Berichte von dort angewiesen. Für viele DDR-Bürger, die sich über die Zustände zu Hause beklagen wollen, ist der Sender erste Anlaufstelle, aber natürlich ebenso für Flüchtlinge, die mit ihren Sorgen zum *RIAS* kommen. Eine Unterabteilung der Hauptabteilung Politik im *RIAS*, die sogenannte *RIAS*-Interview-Abteilung, sammelt solche Informationen, wertet sie für das Programm aus und gibt sie auch an den amerikanischen Nachrichtendienst der US Army, das Counter Intelligence Corps (CIC), weiter. Überdies sind die Mitarbeiter der Interview-Abteilung selbst aktiv und besorgen sich Informationen über Nachrichtenhändler, die an den Sektorengrenzen präsent sind und Menschen ansprechen, die schon wegen ihrer Kleidung nach „Zone“ aussehen. Als Sammelstelle für Informationen von „drüben“ ist der Radiosender für die westlichen Nachrichtendienste unentbehrlich.

Dass es sich bei Entführungen um offenen Rechtsbruch handelt, wird in den Unterlagen der Staatssicherheit geleugnet. Das Wort „Entführung" ist hier ebenso tabu wie die Begriffe „Verschleppung" und natürlich erst recht „Menschenraub". Das seien Wortschöpfungen der kalten Krieger im Westen, also Propagandafloskeln. Man spricht in den Akten der Staatssicherheit verharmlosend von „Überführung", „Rückholung", „Schleusung" oder von „Ziehung", und benutzt gern auch den juristisch unverdächtigen Begriff „Festnahme", um die illegale Freiheitsberaubung, um die es sich hier tatsächlich handelt, zu verschleiern. Seitenweise werden in den Unterlagen die Pläne für Entführungen beschrieben, aber die Beschreibung dieser Aktionen findet man in den Stasi-Dokumenten nicht oft. Gerichtsakten von Prozessen gegen Entführer in West-Berlin und Ermittlungen der West-Berliner Polizei allein bringen oft Licht in das gewollte Dunkel.

Entführungen werden immer von ganz oben angeordnet und ihre jeweilige Durchführung von den Chefs kontrolliert. Wilhelm Zaisser und später Erich Mielke sind die ersten Männer im Ministerium für Staatssicherheit, Ernst Wollweber zwischen 1953 und 1957, zwischenzeitlich auch im Sekretariat für Staatssicherheit in leitender Position, das bis November 1955 existiert, weil das Ministerium wegen der Ereignisse um den 17. Juni 1953 für zwei Jahre aufgelöst wird. Die drei sind in alle operativen Vorgänge eingeweiht, ebenso wie ihre Stellvertreter. Bruno Beater wird in den Akten oft genannt, auch der Name Markus Wolf, der in der Abteilung XV für Auslandsaufklärung zuständig ist, taucht hier auf. Wenn es wirklich wichtig wird, weiß auch das Politbüro Bescheid, wie beispielsweise beim RIAS-Prozess, als es sich in die Urteilsfindung einmischt und dem Obersten Gericht der DDR das Strafmaß vorschreibt. Organisiert werden die Entführungen bzw. Verschleppungen in den Hauptabteilungen V, zuständig für „politische Untergrundtätigkeit und ideologische Diversion", und in der Hauptabteilung II, die sich um die Spionageabwehr kümmert. Hinzu kommen von Fall zu Fall andere Hauptabteilungen, z. B. wenn es sich um Überläufer der Nationalen Volksarmee (NVA) und der

Volkspolizei handelt oder wie bei Heinz Brandt und Robert Bialek um ehemalige Genossen, die in Partei und Staat hohe Stellungen innehatten und die nun „zurückgeholt“ werden sollen. Bei der Durchführung aller Entführungs- und Verschleppungsaktionen hilft auch die Hauptabteilung VIII, die „für operative Ermittlungen und Festnahmen zuständig war und zwar sowohl DDR-intern wie DDR-extern“.[10] Hier tut sich ein Kosmos an Zuständigkeiten in der Stasi-Bürokratie auf, Menschenraub scheint in der Behörde eine Querschnittsaufgabe gewesen zu sein. Alle diese verschiedenen Stellen sammeln Belastungsmaterial, wenn ein Beschluss zur Observierung gefasst ist. Dazu gehören auch Dokumente aus dem Lebensumfeld der Verdächtigten. Eine durchaus übliche Verfahrensweise, die durch zahlreiche Richtlinien, Dienstanweisungen und Befehle des Ministeriums für Staatssicherheit im Laufe der Jahre noch verfeinert wird. Bei Großaktionen der Staatssicherheit, auch konzentrierte Schläge genannt, ist der ganze Apparat tätig. Spezielle Einsatzgruppen aus der Zentrale und den Bezirken bearbeiten die jeweiligen operativen Vorgänge. Die Entführten werden in der Regel zunächst in die Untersuchungshaftanstalt der Staatssicherheit nach Berlin-Hohenschönhausen gebracht, wo sie nach monatelangen Verhören bei Tag und Nacht auf ihre Gerichtsverhandlung warten müssen. Die Prozesse werden oft als Schauprozesse inszeniert, um mit ihnen die eigene Bevölkerung gegen den „bösen Westen“ zu agitieren. Bei der Entführungsprominenz, wie im Fall von Karl Wilhelm Fricke, finden sie vor dem Obersten Gericht der DDR statt. Gegen die hier gefällten Urteile gibt es keine Berufungsmöglichkeit.

Nach dem XX. Parteitag der KPdSU im Februar 1956 und der 3. Parteikonferenz der SED im März 1956 werden die Großaktionen zurückgefahren, aber es kommt immer noch zu einzelnen Entführungen, wenn die Staatssicherheit sie für notwendig erachtet. Es bahnt sich eine gewisse Entspannung an, wie sie in der Aufnahme diplomatischer Beziehungen zwischen der Bundesrepublik und der Sowjetunion schon 1955 zum Ausdruck kam. Dennoch bleibt die Staatssicherheit der DDR wachsam, getreu ihres Auftrages, den Sozialismus auf deutschem Boden zu schützen und Schild und Schwert der Partei zu sein. Generell gilt für die Regierenden in der DDR, dass trotz Abschottung, Abgrenzung, massiver Propaganda und Repression im eigenen Machtbereich dem Volk nicht zu trauen ist. Die Ereignisse um den 17. Juni 1953 herum wirken nach, sind traumatische Erinnerungen. Nur so lässt sich der monströse Apparat der Staatssicherheit erklären, den Erich Mielke ab 1957 weiter ausbaut. Die Staatssicherheit wird unter seiner Leitung zum allgegenwärtigen Auge und Ohr der Partei, zur „Firma Horch & Guck“, wie sie hinter vorgehaltener Hand in der Bevölkerung genannt wird. Der Alltag der DDR-Bürger soll ausgeforscht werden, die Staatssicherheit liefert mit ihrer Spitzeltätigkeit und Sammelwut aller möglichen Dokumente von Verdächtigten ein Röntgenbild der inneren Verhältnisse in der DDR und gibt auf diese Weise ungewollt selbst ein Zeugnis der Geschichte in diesem Teil Nachkriegsdeutschlands. In ihren Aktenbeständen kann man das nachlesen. Sie wirken auch heute noch wie Dämonen, die eine Zeit, die längst untergegangen ist, wieder zum Leben erwecken.

SÄUBERUNGSAKTIONEN

Kurt Müller, am 22. März 1950 von den eigenen Genossen entführt

Man macht sich Sorgen um Kurt Müller. Am 22. März 1950 wird er aus seiner Wohnung in Hannover abgeholt mit dem Reiseziel Ost-Berlin, aber dort verschwindet er, bleibt unauffindbar. Wer die Leute sind, die ihn an diesem Tag aufsuchten, weiß man nicht so genau, wer Kurt Müller ist, allerdings sehr genau. Er ist zu dieser Zeit zweiter Vorsitzender der KPD und frisch gewählter Bundestagsabgeordneter seiner Partei. Was also ist mit Kurt Müller geschehen, warum taucht er nicht wieder auf? Ist er gar entführt worden, ein Genosse von Genossen?

Der Fall „Müller“ gibt Rätsel auf. Die Unterlagen der Staatssicherheit geben mir nur spärlich Auskunft: Ich stoße auf Sibyllinisches. Ein Sekret, ohne Kopie, die Beschreibung einer Reise von „1 nach X“ ohne Angaben von Personennamen, dies Dokument finde ich. Wie so vieles hier, ein schmuckloses Stück Papier. Im Bericht wimmelt es von Kürzeln, zudem ist die Akte undatiert.[11] Erst nach vielen Jahren werden aus den Kürzeln Namen werden, aus dem Sekret eine Nachricht, die man entschlüsseln kann. Dazu trägt *Der Spiegel* in seiner Ausgabe vom 30. Januar 1957 über die Entführung Kurt Müllers bei. Der Artikel, in dem die Hintergründe der Tat, die damals sieben Jahre zurückliegt, erstmals beschrieben werden, trägt den Titel „Ich bin kein Lump, Herr Mielke“, nach einem Ausspruch des Entführungsopfers. Dieser *Spiegel*-Artikel kommt nur zustande, weil es die Quelle Kurt Müller gibt. Er hat sich nach seinem Wiederauftauchen in der Bundesrepublik in einem Einschreiben vom 31. Mai 1956 „an die Regierung der Deutschen Demokratischen Republik, z. Hd. des Herrn Ministerpräsidenten Otto Grotewohl, Berlin“ selbst zu Wort gemeldet und als Anklageschrift gegen die Machenschaften der Staatssicherheit formuliert, was mit ihm zwischen März 1950 und Mai 1956 geschah. Dieses Einschreiben finde ich vollständig abgetippt auch in den Stasi-Unterlagen.[12] Es gibt nichts, was die Staatssicherheit in ihrem Aktenlabyrinth nicht festgehalten hat, eben auch Äußerungen und andere Dokumente ihrer Feinde, darunter vor allem Artikel der Westpresse. Man will in Ost-Berlin schließlich wissen, wie der Feind denkt, und die Denkfiguren griffbereit haben. Mithilfe des *Spiegel*-Artikels und des Einschreibens von Müller bekommt die sibyllinische Notiz des Sekrets für mich jetzt greifbare Konturen. Ich verstehe plötzlich, was da so geheimniskrämerisch aufgeschrieben ist. „Die Einladung von 1 nach X zu einer Besprechung ist normal." Die 1, das ist Kurt Müller, und X steht für Ost-Berlin. Besprechungen von führenden Kadern der KPD (West) in Ost-Berlin mit den Genossen der SED waren damals an der Tagesordnung, also tatsächlich normal. Mit dem Plan der Entführung befasst ist Richard Stahlmann, ein erprobter Genosse, ein Mann für heikle Angelegenheiten und fürs Grobe im Kampf gegen Gegner und Feinde des Sozialismus. Stahlmann taucht in dem Entführungsdrehbuch als Ich-Person auf, also als Berichterstatter. Im Sekret werden jetzt Details ausgebreitet. 7 soll mit einem anderen Genossen, den Kurt Müller nicht kennt, 1 in Hannover abholen. 7 entpuppt sich als Hans Rosenberg, ein Mitarbeiter Stahlmanns, der oft für Kurierdienste zwischen der SED in Ost-Berlin und der KPD in der Bundesrepublik eingesetzt wird. Er schmuggelt Propagandamaterial, Geld und andere nützliche Dinge für westdeutsche Genossen am bundesrepublikanischen Zoll und dem Grenzschutz vorbei. 7 (Rosenberg) soll nun mit einem Dritten 1 (Müller) in die Nähe von Helmstedt fahren und dort zu Fuß die innerdeutsche Grenze auf Schleichwegen passieren. (Schleusungen dieser Art kamen häufig vor, die westdeutschen Grenzbeamten mussten nicht wissen, wer von der KPD und SED von hüben nach drüben wechselte und umgekehrt. Auch der KPD-Vorsitzende Max Reimann wurde übrigens öfter „geschleust".) Auf der anderen Seite stünde ein Wagen bereit, der 1 (Müller) dann direkt nach Ost-Berlin fahren soll. Jetzt kommt Stahlmann ins Spiel. Eigentlich war vorgese-

GDTEILNAHMESCHEIN

NR. ____

Name Stahlmann

Vorname Richard

Beruf ____

Geburtstag 15. 10. 1891

Wohnort Berlin-N.Schönhausen

Wohnung Majakowsky-Weg 11

ist berechtigt, im Bereich des

Kreises/StFB ____

Bezirk ____

an Kollektivjagden unter Leitung eines Jagdberechtigten teilzunehmen.

Gültig bis 31. März 1960

N…ültig in Verbindung mit dem PA und einem …nlichen Jagdwaffenschein

Siegel

Eigenhändige Unterschrift

Der Leiter d. VPKA

Unterschrift

…, d. 29.9.1959

Siegel

Der Rat d. Kreises

Unterschrift

____, d. ____ 195 __

Richard Stahlmann, einer der Drahtzieher der Entführung Kurt Müllers (Quelle: BStU BCD 1052)

hen, dass er nicht selber in das Geschehen eingreift, vielmehr zwei andere Genossen auf Kurt Müller im Wagen jenseits der Grenze warten. „Auf eine eventuelle Frage von 1 [Müller] sollte 7 [Rosenberg] antworten, ich [Stahlmann] sei aus Zeitmangel nicht gekommen. Doch dieser Plan wurde in letzter Minute geändert. Während 7 [Rosenberg] unterwegs war, […] wurde mir mitgeteilt, dass ich 1 [Müller] selbst empfangen und nach X [Ost-Berlin] zu mir nach Hause geleiten sollte.“

Müller freut sich tatsächlich, als er nach erfolgter Schleusung Stahlmann an der Übergabestelle wiedersieht (Müller kennt Stahlmann aus alten Kampftagen, schätzt ihn, während Stahlmann Müller immer misstraute, wie Genosse Rosenberg später in den 70er Jahren über die Entführung Müllers einem Genossen des Parteiarchivs erzählen wird). Im Sekret heißt es nun, dass Kurt Müller sich nach der ersten Freude verunsichert zeigte, weil 7 (Rosenberg) zu 8 trat (ein Schlepper, der beide aus dem Niemandsland zur Übergabestelle gebracht hatte), um ihm wie üblich den Abschluss der Aktion zu melden. „1 [Müller] wurde auffallend nervös. Er sah sich mehrmals unruhig nach allen Seiten um, als wenn er eine Gefahr witterte." Richard Stahlmann fährt fort: „Diese Nervosität hörte erst auf, als wir bereits ein kleines Stück gefahren waren." In Ost-Berlin angekommen, war Müller müde, wie Stahlmann berichtet: „Als wir zu Hause waren, bat er mich dringend um Verlegung der Besprechung auf den nächsten Tag."[13]

Was jetzt passiert, wird im *Spiegel* ausführlich beschrieben, im Sekret nur angedeutet. Laut Sekret schläft Müller einen ganzen Tag lang und beginnt dann seinen Bericht für die Besprechung vorzubereiten. „Ich wurde telefonisch abberufen", berichtet Stahlmann. „Als ich zurückkam […], fand ich ihn ruhig und unbefangen. Erstaunt war er nur, als er beim Einsteigen sah, dass ich ihn nicht begleite." Müllers Irritation wäre erklärlich, schließt Stahlmann seinen Bericht, da er bei den Besprechungen sonst immer dabei gewesen sei.[14] Im *Spiegel* vom 30. Januar 1957 wird erklärt, was hinter der telefonischen Abberufung Stahlmanns steckte. Er sei zu einem Mitarbeiter des sowjetischen Geheimdienstes zitiert worden. Wahrscheinlich um das weitere Vorgehen zu besprechen. Als er mit einem Begleiter zurückkam, hätte Stahlmann dann erklärt, Genosse Müller „müsse mal schnell zu den sowjetischen Freunden nach Karlshorst" (Ost-Berliner Vorort und damals Sitz der sowjetischen Militäradministration) fahren. Müller sei nichts ahnend zu dem Begleiter Stahlmanns ins Auto gestiegen, habe aber überprüft, ob es richtig sei, dass die Aussage stimme, dass der Begleiter Russe sei. In Müllers Erinnerungen an diese Ereignisse habe „der Russe" auf die Frage „Tschom delo? Kuda mij pojedem?" („Was ist los, wohin fahren wir?") geantwortet: „Karlshorst, malenkoje soweschanije" („Karlshorst, kleine Besprechung"). Freilich habe „der Russe" mit leicht sächsischem Akzent gesprochen. Nach schneller Fahrt durch Ost-Berlin sei man vor einem mächtigen Gebäude gelandet (dem Ministerium für Staatssicherheit). Müller sei in ein Bürozimmer geführt worden, dort habe ihm sein „russischer" Begleiter in fließendem „Ulbricht-Sächsisch" erklärt: „Sie befinden sich im Gewahrsam des

Staatssicherheitsdienstes." Und weiter laut *Spiegel*: „Der ‚Russe' war der Vopo-Oberrat Scholz."[15]

Wer aber war nun ausschlaggebend für die Verhaftung Kurt Müllers am 22. März 1950 in Ost-Berlin, wie die Stasi die Entführung des prominenten KPD-Genossen aus der Bundesrepublik verschleiert? Wer hatte sich dieses Täuschungsmanöver ausgedacht, das zunächst kaum ein Genosse verstand? Müller, ausgerechnet Müller, der alte Kämpfer, Widerstandskämpfer, Insasse eines Konzentrationslagers der Nazis. Wer gab den Befehl für die lange geplante Tat? Laut Kurt Müllers Bericht von 1956 war die Initiative von Lawrentij Berija (1938–1946 Geheimdienstchef, ab 1946 Mitglied des Politbüros der KPdSU) und Viktor Abakumov (Minister für Staatssicherheit 1946–1951) ausgegangen, also direkt aus Moskau gekommen. Erich Mielke, der damalige Staatssekretär im Ministerium für Staatssicherheit, habe den Fall dann zu seiner persönlichen Angelegenheit gemacht.

Im *Spiegel*-Artikel vom 30. Januar 1957 wird gemutmaßt, dass man Anfang der 50er Jahre in der DDR an die Schauprozesse des „großen Bruders" Sowjetunion anknüpfen wollte, um innerparteiliche Gegner auszuschalten (nach Lesart der Sicherheitsdienste zumeist Trotzkisten und Titoisten) und die Führung der herrschenden Kader abzusichern. Schauprozesse seien wirksame Methoden, hätte es damals geheißen, wie 1949 in Budapest, als das „trotzkistisch-titoistische Zentrum" in der kommunistischen Partei Ungarns ausgeschaltet wurde. Auch in Bulgarien, Rumänien, in der Tschechoslowakei und teils in Polen habe man mit Schauprozessen die stalinistischen Kader der Bruderparteien in Osteuropa gestärkt und als Kampfbataillone auch gegenüber dem Westen abgesichert. In der DDR sei es höchste Zeit zum Handeln, da sich dort eine innerparteiliche Opposition aus dem Kreis der Westimmigranten, „Rotspanien-Kämpfer" und ehemaligen Sozialdemokraten bemerkbar mache.[16] Und so holte man sich nun Müller.

Ein vorbildlicher Genosse mit einem vorbildlichen Lebenslauf, lese ich in den Akten, ist Kurt Müller gewesen. Ein Mann, der sein ganzes Leben dem Kampf der Arbeiterklasse gewidmet hat. Schon

1919 wird er Mitglied der Freien Sozialistischen Jugend im Bezirk Berlin-Mitte, bald danach Ortsgruppenleiter. 1920 tritt er in die KPD ein, ab 1923 bewährt er sich in der Unterbezirksleitung der Kommunistischen Jugend Deutschlands (KJD) – die ab 1925 als Kommunistischer Jugendverband für Deutschland (KJVD) firmiert –, 1927 wird er zur Gewerkschaftsabteilung der Kommunistischen Jugendinternationale (KJI) nach Moskau delegiert. Im November 1928 ist er wieder in Berlin und dort im Zentralkomitee (ZK) des KJVD tätig, im Sommer 1929 wird er zu seinem politischen Leiter gewählt. Eine steile Karriere, die der junge Genosse da schon absolviert hat, aber bald verdunkeln Schatten das strahlende Bild des erfolgreichen Funktionärs. Er hält enge Kontakte zu den für Jugendarbeit zuständigen Sekretären im ZK der KPD, zu Heinz Neumann und Hermann Remmele, die dem Kurs des damaligen Vorsitzenden der KPD, Ernst „Teddy" Thälmann, kritisch gegenüberstehen und ihn absetzen wollen. Er vertritt ihre Thesen im Jugendverband. Ab 1931 ist Müller wieder in der Sowjetunion bei der KJI. Als Neumann und Remmele auf Initiative Thälmanns 1932 aus den Leitungsfunktionen der Partei entfernt werden, trifft es auch Kurt Müller. Er wird zur Bewährung „in die politische Massenarbeit" 1933 bis Anfang 1934 nach Gorki (heute Nischni Nowgorod) abkommandiert. Seine Verbindung zur Neumann-Remmele-Gruppe wird sich später noch als Erbsünde des jungen kommunistischen Kaders erweisen, auf die die Partei immer wieder zurückkommt. In Gorki arbeitet Kurt Müller in einer Autofabrik. Im Februar 1934 darf er die Sowjetunion verlassen; im Parteiauftrag wird er zur illegalen Arbeit nach Deutschland geschickt, er soll als politischer Leiter in Baden die Strukturen der Partei wiederaufbauen. Eine gefährliche Mission, wie sich zeigen wird. Von einem Genossen in Koblenz (den Namen nennt Müller in einem am 21. Juni 1945 abgefassten Lebenslauf) verraten, wird er verhaftet und ist schweren Misshandlungen ausgesetzt. Schließlich wird er zu sechs Jahren Zuchthaus verurteilt, die er in der Strafanstalt Kassel-Wehlheiden absitzt. Anschließend wird er in das Konzentrationslager Sachsenhausen verbracht, kurz vor

Kriegsende gelingt es ihm, sich bei einem Evakuierungsmarsch abzusetzen.[17] Nach dem Krieg wird er von der Partei nach Hannover geschickt, dort erlebt er einen raschen Aufstieg, wird Vorsitzender der KPD in Niedersachsen, Mitglied im Landtag, Wirtschaftsrat und Bundestag, schließlich zweiter Vorsitzender der Partei im Westen. Das Zentralorgan der KPD *Freies Volk* empfiehlt ihn seinen Lesern anlässlich der ersten Bundestagswahl 1949 „als Sohn des Volkes, als vorbildlichen und kühnen Widerstandskämpfer, als unerschrockenen und mutigen Kämpfer für ihre Interessen". Hervorgehoben wird auch seine enge Freundschaft mit dem Vorsitzenden der KPD, Max Reimann.[18]

Ein voreiliges Lob, wie sich wenig später zeigen wird. Etwas scheint mit Kurt Müller nicht zu stimmen, trotz seiner nachträglichen Distanzierung von der Neumann-Remmele-Gruppe. In einer Einschätzung der Partei vom 24. März 1950, also zwei Tage nach seiner Entführung, wird auf Unklarheiten in seiner Vita verwiesen. Verfasser dieser Einschätzung ist sein Parteifreund Franz Dahlem, zu dem Kurt Müller nach Ost-Berlin wegen einer Besprechung kommen sollte, wie Max Reimann dem Ahnungslosen mitgeteilt hatte. Eine besondere Perfidie der Staatssicherheit, ausgerechnet den Lockvogel in diesem Fall zu einer Expertise über die Zuverlässigkeit Kurt Müllers zu veranlassen, die Franz Dahlem natürlich „vertraulich" abgibt. Jener Franz Dahlem, der dann 1953 als Rivale von Walter Ulbricht selbst in die Säuberungsmühle der SED gerät, aus der Partei ausgeschlossen, wenig später dann verhaftet und für einen Schauprozess präpariert wird, der jetzt Kurt Müller droht. Lauter Fragezeichen baut Franz Dahlem auf. Walter Ulbricht höchstpersönlich habe gleich nach Kriegsende nach dem Verhalten Müllers im KZ Sachsenhausen gefragt. Max Reimann, der mit Müller in Sachsenhausen war, habe dies dann „als in Ordnung befindlich" bezeichnet. „In Ordnung" klingt wie „befriedigend", eine mäßige Schulnote. Lobeshymnen will Reimann über Müller nach Kriegsende offensichtlich nicht singen. Franz Dahlem kommt im Bericht vom 24. März 1950 dann zu dem Schluss, Kurt Müller habe eine „starke politische Qualifikation", sei „fleißig und

regsam". Und dann wieder etwas Eigenartiges. Dahlem schreibt: „Er trat in den Sitzungen des Sekretariats und des Parteivorstandes in der Regel am schärfsten gegen die Abweichler in der Partei auf."[19]
Hatte Kurt Müller etwas gutzumachen? Schwang die Erinnerung an sein eigenes „Abweichlertum" in der Gruppe Neumann-Remmele mit? Wollte er nun ein Hundertprozentiger sein, der jeden Schwenk der Parteiführung mitmachte? Nach Dahlems Beobachtungen liegt jedenfalls der Verdacht nahe, „dass K[urt]. M[üller]. eine innere Angst hatte, man könne ihm nicht voll vertrauen."[20] Dahlem signalisiert damit der Staatssicherheit, Müller sei ein unsicherer Kantonist. Die Staatssicherheit wird bei ihren Verhören mit dieser Einschätzung arbeiten.
Im *Spiegel*-Artikel vom 30. Januar 1957 werden von Kurt Müller selbst noch weitere Gründe genannt, mit denen er sich offensichtlich verdächtig gemacht hatte. Er habe sich schon mal über „Grammophon-Reimann" mokiert, wie Max Reimann in Parteikreisen genannt wurde, und damit auf dessen Nachplappern von Weisungen aus Ost-Berlin gezielt. In Parteidiskussionen, führt Müller weiter aus, habe er sich von der Demontagepolitik der Sowjetunion distanziert, ebenso von ihrer Haltung gegenüber den Kriegsgefangenen und eigenständige Schulungsmethoden der Kader gefordert: „Das russische Schema passt nicht zu uns", wird er im *Spiegel* zitiert.[21]
Die Vernehmer in der DDR haben aber noch anderes Material zur Hand. Als ein untersetzter Mann zwei Tage nach der Verschleppung zu Kurt Müller in die Zelle kommt, hat er eine Akte dabei, die Unterlagen zum Trotzkistischen Zentrum in der Kommunistischen Internationalen enthält, die das Moskauer Ministerium für Staatssicherheit über Jahrzehnte gesammelt hat – Erkenntnisse, die jetzt „Bruderhilfe" für die deutsche Staatssicherheit sind. Müllers Abweichlertum, seine Unterstützung der Neumann-Remmele-Gruppe sind in ihr dokumentiert.[22] Der Stasimitarbeiter mit der Akte ist Erich Mielke höchstpersönlich.

Richard Stahlmann, der Mann, der eine Hauptrolle bei Müllers Verschleppung spielt, wird als umgänglicher Genosse beschrieben. Ein Mann, der Vertrauen ausstrahlt, ein Kumpeltyp – gleichzeitig ist er ein glänzender Organisator auch bei heiklen Aufgaben und eisenhart im bewaffneten Kampf gegen die Gegner des Sozialismus. „Zwei Finger muss man im Klassenkampf immer übrig haben, um abdrücken zu können", hat Stahlmann laut Weggefährten nicht nur einmal gesagt. Seine Biografie findet sich in einer Akte der Stasi vom 21. Juli 1966, da ist Stahlmann schon sechs Jahre Rentner. Ein Mann des 19. Jahrhunderts, geboren 1891 als Artur Illner in Königsberg, „soziale Herkunft: Arbeiter". Aufgewachsen in einer Familie von aktiven Sozialisten, Volksschule, Tischlerlehre, Wanderschaft, Soldat im Ersten Weltkrieg, Tischler in seiner Heimatstadt, ab 1923 Parteifunktionär in der KPD. „Verantwortliche Aufgaben im zentralen Maßstab in Deutschland, später auf internationalem Gebiet, 1923–1940", heißt es dürftig zu seinen Parteiaufgaben; nicht viel erhellender ist der Vermerk „1940–1945 antifaschistische Arbeit im Ausland". Geschult wird er 1924/25 in einer „Spezialschule" in Moskau, seitdem verwendet er nur noch seinen Kampfnamen Richard Stahlmann. Wer möchte da nicht die Vorbereitung auf ein Leben in der Illegalität vermuten? Unter „Funktionen" steht „verschiedene Parteiaufgaben, u. a. illegal [...] in Spanien, in Königsberg". Und dann fällt der Name Dimitrow. „M. A. des Gen. Dimitroff 1932" heißt es in der Akte. Die Abkürzung M. A. steht für Marschaufklärer, zu dieser Zeit befindet sich der bulgarische Kommunistenführer illegal in Deutschland. Stahlmann wird ihm wahrscheinlich Unterkünfte besorgt haben, vermute ich, Adressen und Kontaktpersonen. Er hat sich bei all diesen Tätigkeiten offenbar sehr vorsichtig verhalten. „Politische Haft: Keine" ist verzeichnet. Und was noch viel wichtiger für seine Karriere war, auch keine Parteistrafen. Auf Richard Stahlmann ist Verlass, suggeriert dieser Lebenslauf.[23]

Auch ein anderer bestätigt diesen Eindruck. In dem Buch „Ästhetik des Widerstandes" von Peter Weiss stoße ich auf seinen

Namen. Im Spanischen Bürgerkrieg, ein Thema des Buches, hat Stahlmann eine wichtige Rolle gespielt. Er gehörte zum politischen und militärischen Stab der Internationalen Brigaden. Es geht nur um die richtige Linie, um die richtige Politik der Kämpfer gegen die Franco-Faschisten. Privates wird ausgeblendet. Über Diskussionen über die Sexualnöte der Genossen mache er sich beispielsweise lustig, schreibt Peter Weiss: „Die Aufnahme einer derartigen Diskussion [...] wäre doch wohl kleinbürgerlicher Art, in einem Befreiungskampf, wie er in Spanien geführt werde." In diesem Zusammenhang heißt es über ihn: „Stahlmann hob sein Löwengesicht. Winkte ab und brach in das Gelächter aus, das sich die ganze Zeit in seinem Gesicht vorbereitet hatte." Das Gelächter gilt dem Arzt und Sexualpädagogen Max Hodann, der auch bei den Internationalen Brigaden ist und über die Befreiung der Sexualität der Frau reden will, die ja Seite an Seite mit dem Mann im Kampf stünde. Auch später in Schweden findet man Richard Stahlmann an vorderster Front im Untergrund wieder, gemeinsam aktiv mit den Genossen der illegalen kommunistischen schwedischen Partei. Auch Herbert Wehner gehört dazu, er soll nach seiner Festnahme durch die schwedische Polizei Stahlmann und andere Genossen verraten haben. Das seien Gerüchte, wie Peter Weiss schreibt, die im Untergrund kursierten. Stahlmann bleibt trotz der Verhaftung einiger Kader der schwedischen Partei unbeeindruckt. Peter Weiss: „Doch mehr noch als die besessene Ausdauer des Eremiten vermittelt [...] Stahlmann [...] etwas von der wahnsinnigen Zuversicht, die den letzten Überlebenden in den Verschanzungen zu eigen sein musste, um dem Feind eine noch intakte Verteidigung vorzutäuschen." Richard Stahlmann ist offensichtlich denjenigen Kommunisten zuzurechnen, die sich nach jahrelangem Kampf in der Illegalität als Avantgarde empfinden. Noch einmal Peter Weiss: „Die Front ließ sich nur halten, wenn die Verlässlichsten und Härtesten vorn standen. [...] So war es im Exil und in Deutschland, so war es in allen besetzten Ländern. Sie mussten ihre Stellung verteidigen, bei Kriegsende würde es darauf ankommen, dass ihre Organisationen handlungsfähig waren. Sie

durften sich nicht nehmen lassen, was sie im Untergrund erkämpft hatten."[24]
Kampfgefährten wie Gustav Szinda bestätigen in Interviews für das SED-Parteiarchiv diesen Eindruck und zeichnen gleichzeitig das idealtypische Bild eines Kommunisten in Kaderfunktion. Stahlmann sei einerseits „gepflegt, ruhig, gelassen, bescheiden, ehrlich, zuverlässig, ein guter Mensch, gradlinig", andererseits einer, der „für die Partei, für den Klassenkampf alles" gibt und „alles gegen den Gegner, im Sinne Thälmanns, ein Berufsrevolutionär".[25] Die Partei und Stahlmann sind eins.
Von 1946 bis 1951 ist Richard Stahlmann Mitarbeiter der Westabteilung im ZK der SED und bis zu seiner Verrentung Angehöriger des MfS. Erich Mielke muss ihn sehr geschätzt haben, das ergibt sich schon aus den vielen Auszeichnungen, die er ihm verlieh. Nur eine sei hier herausgegriffen, am 8. Februar 1965 bekommt Stahlmann die Medaille für treue Dienste der NVA in Gold verliehen.[26] Er gehört auch zu den Jagdkumpanen des Ministers. „Anläßlich seiner Verabschiedung erhielt er durch den Genossen Minister die o. a. Waffe als ein Geschenk des ZK überreicht." Die hochwertige Waffe mit Zielfernrohr eine „Drilling Nr. 464993 mit Zielvier., Fab. Sauer/Sohn, [...] Kal. 8x57."[27] Im Geiste sehe ich die beiden Genossen auf der Pirsch in den Wäldern rund um den Werbellinsee unterwegs, in Erich Mielkes bevorzugtem Jagdrevier „Horrido".

„Auf, auf zur Jagd" heißt es auch bei Kurt Müller, der seit März 1950 in den Händen der Staatssicherheit in Ost-Berlin ist. Kann man aus ihm einen László Rajk machen? Das ist die zentrale Frage, die sich Erich Mielke und andere Vernehmer stellen.
Rajk, Kommunist, Kämpfer in den Internationalen Brigaden im Spanischen Bürgerkrieg, nach 1945 erst Innenminister, dann Außenminister Ungarns, betraut mit hohen Parteiämtern, Stalinist, ein Vorzeigegenosse wurde am 30. Mai 1949 überraschend verhaftet. Am Vortag hatte ihn noch Mátyás Rákosi, der Generalsekretär der Partei der Ungarischen Werktätigen, zum Abendessen einge-

laden. Jener Rákosi, der schon Anfang Juni 1948 in Moskau von Lawrentij Berija den Befehl erhielt, in seiner Partei eine titoistische Verschwörung aufzudecken. Man einigte sich schon damals auf den „Hauptverschwörer“ László Rajk. Im September 1949 wurde Raijk und anderen Angeklagten der Prozessgemacht, er wurde am 24. September zum Tode verurteilt und am 15. Oktober 1949 hingerichtet. Der Schauprozess gegen „László Rajk und Komplizen vor dem Volksgericht“, wie ein 1949 in Ungarn erscheinendes Buch titelt,[28] dient in den osteuropäischen Ländern bald als Beispiel für eigene derartige Prozesse.

„Wir brauchen einen Prozess wie den Rajk-Prozess in Budapest“, hatte Erich Mielke laut Müllers Bericht aus dem Jahr 1956 bereits in der zweiten Vernehmung gesagt: „Sie sind doch ein politischer Mensch und müssen begreifen, dass wir in Deutschland einen großen Prozess zur Erziehung der Partei und der Massen brauchen.“ Es steht sehr ernst um Kurt Müller. Wenn man aus ihm das Geständnis herauspressen kann, Titoist oder gar Trotzkist zu sein, droht ihm das Schicksal von Rajk.[29]

Auch die Vernehmungsprotokolle der Staatssicherheit zielen in diese Richtung. Erich Mielke macht den Vorgang „Kurt Müller“ zu seiner Sache. Zunächst zeigt er Müller das Protokoll des Rajk-Prozesses. Müller soll sich einlesen, damit er weiß, was auf ihn zukommt und was man von ihm erwartet. Am besten sind natürlich rasche Geständnisse, die die infam ausgedachten Anklagen der Staatssicherheit bestätigen. Im Protokoll der Vernehmung vom 23. März 1950 lese ich: „Frage: Wir wissen, dass Sie Mitglied einer trotzkistischen Organisation waren? Antwort: Das stimmt nicht. Frage: Ich fordere Sie auf die volle Wahrheit zu sagen. Sind sie Mitglied einer trotzkistischen Organisation? Antwort: Nein, ich gehöre keiner trotzkistischen Organisation an. Ich gehörte aber vor 1932 zu Neumann.“ Mielkes Attacke läuft ins Leere, weil Müller über die Verbindung mit der Neumann-Remmele-Gruppe, die er längst als Fehler eingesehen hat, durchaus geständnisbereit ist und ausgiebig berichten will. In der Vernehmung am 24. März 1950 bohrt Mielke weiter: „Mit welchem Trotzkisten waren Sie in Moskau zusammen? Antwort: Neumann und Remmele. Frage: Nennen Sie alle Ihnen aus Moskau bekannten Trotzkisten. Antwort: Niemanden, ich habe vor der Partei nichts zu verheimlichen." Dann geht es um die Konspiration der Neumann-Remmele-Gruppe, um Thälmann zu stürzen. Auch das gibt Müller zu, wie er es schon mehrmals eingestanden hatte. Ein Irrweg, ein Fehler, jawohl, aber wie lange soll er sich dafür noch verantworten? Mielke fragt umständlich nach weiteren Kontaktpersonen der Gruppe Neumann-Remmele, nach Kontakten Müllers in Gorki, bei seinem Kurzbesuch in Paris. Mielke will aus dem Inhaftierten Namen herauspressen, die eine internationale Verschwörung belegen, am besten eine trotzkistische oder titoistische. Im dritten Verhör am 25. März 1950, das Mielke als Vernehmer nennt, geht dieser aufs Ganze. „Frage: Wir haben Sie hierhergebracht, weil Sie lügen? Antwort: Nein, ich lüge nicht. Ich habe hierfür Zeugen." Mielke lässt nicht locker, so geraten die Verhöre zu einer ermüdenden Prozedur. Die große Verschwörung mit Müller als Drahtzieher bleibt Fiktion der Staatssicherheit, ihre Legende. Am 27. März 1950 wird Mielke nicht mehr als Vernehmer genannt. „Müller sei erneut vernommen worden", heißt es von nun ab in den Protokollen der Vernehmungen. Mielke wird unsichtbar, agiert aber weiter im Hintergrund. „Frage: Bis jetzt haben Sie uns nicht die Wahrheit gesagt. Sie haben Gründe, uns die Wahrheit zu verheimlichen. Welches sind denn die Gründe? Antwort: Ich habe keinerlei Gründe, ich habe die Wahrheit gesagt. Frage: Warum sagen Sie nicht offen, worum es ging. Was gibt Ihnen die Veranlassung zum Verschweigen? Antwort: Ich habe alles gesagt. Ich weiß, worin ich gefehlt habe und worin meine Schuld besteht."[30]

Die Vernehmungen vom 28., 29., 30. und 31. März, vom 13. und 18. April, vom 12. Mai, vom 7. und 18. August 1950 führen zu keinen weiterführenden Ergebnissen. Das ermüdende Fageritual nach eventuellen Hintermännern Müllers läuft ins Leere, weil es eben keine Hintermänner gibt. Trotz Verhören über fünf Monate, bei denen manchmal auch ein sowjetischer „Untersucher" erscheint, kommt nichts Neues heraus. Das kann man auf mehr als tausend Seiten der „Verschlusssache Mielke“ nachlesen, wie der Vorgang „Müller“ in den Akten genannt wird. Auch immer dreistere Drohungen nützen nichts. Kurt Müller kann sich in seinem Bericht aus dem Jahr 1956 noch an ihren Wortlaut erinnern. Mielke habe sich gebrüstet, ein alter Tschekist und Schüler Berijas zu sein, früher in der Ljubjanka (dem berüchtigten Gefängnis und Hauptquartier des russischen Geheimdienstes) gearbeitet zu haben, und erklärt, dass Müller nicht der Erste sei, den er „fertigmachen“ würde. Auf seinen Einwurf, er sei schließlich Abgeordneter des Deutschen Bundestages und man könne ihn nicht so einfach festhalten, habe Mielke schließlich zynisch geantwortet: „Das interessiert uns hier nicht. Ich bin erst dann zufrieden, wenn ich den ganzen Bonner Laden hier bei mir sitzen habe.“[31] Über seine Weigerung, sich schuldig zu bekennen, sei Erich Mielke schließlich so erbost gewesen, dass er Kurt Müller angeraunzt habe: „Ich verbiete Ihnen, das Wort unschuldig hier noch einmal zu gebrauchen. Sie wissen nicht, was Sie aussagen sollen? Ich habe Ihnen doch das Protokoll des Rajk-Prozesses übergeben lassen.“[32]

Was soll nun mit Müller geschehen? Wie mit einem Mann umgehen, den man nicht für die Säuberung der eigenen Partei instrumentalisieren kann? Zwar erklärt Wilhelm Pieck auf dem dritten Parteitag der SED im Juni 1950, dass „die Entlarvung und Verhaftung Kurt Müllers“ als „aktiver Trotzkist in der Vergangenheit und Agent imperialistischer Westmächte in der Gegenwart“ eine Lehre für die Partei sei, jederzeit gegen Trotzkisten und andere parteiinterne Gegner wachsam zu sein.[33] Zu einem Schauprozess kommt es nicht. In der Nacht vom 23. zum 24. August 1950 wird Kurt Müller von Erich Mielke persönlich der sowjetischen Geheimpolizei übergeben, die im Hof in einem Wagen auf ihn wartet. Er wird wieder monatelang verhört, diesmal von der sowjetischen Sicherheitspolizei. Auch hier fallen die Ergebnisse mager aus. Das sowjetische Militärtribunal in Berlin-Lichtenberg verkündet dem Angeklagten schließlich am 18. März 1952 ein Fernurteil aus Moskau, „durch Sonderberatung des Ministeriums für Staatssicherheit der UdSSR": Es lautet „25 Jahre wegen Terrors, Spionage, Sabotage, Gruppenbildung und trotzkistischer Tätigkeit". Zur Strafverbüßung wird Müller im Frühjahr 1953 über Brest und Moskau nach Wladimir verbracht, wo er zunächst mit sowjetischen Dissidenten zusammengelegt wird, später mit deutschen Kriegsgefangenen.[34]

Anlässlich des Besuches von Konrad Adenauer 1955 in Moskau werden die Modalitäten für die Entlassung der deutschen Kriegsgefangenen ausgehandelt. Die Abmachungen kommen auch Müller zugute, er kann am 13. Oktober 1955 in die Bundesrepublik zurückkehren. Aus Kurt Müller, dem Spion, Agenten, Trotzkisten und Verräter, wird ein Kriegsgefangener, den Adenauer wie die anderen mit nach Hause nehmen kann. Welche Ironie der Geschichte. Ein Kriegsgefangener war er im gewissen Sinn aber doch geworden, im Klassenkampf gefangen von seiner eigenen Partei, der er solange gedient hatte.

Mehr als fünf Jahre war Kurt Müller verschwunden gewesen, ein Niemand. Keiner hatte wirklich gewusst, wo er steckte, ob er überhaupt noch am Leben war. Selbst als das Zentralorgan der SED, das *Neue Deutschland*, in einer Meldung vom 13. Mai 1950 berichtet hatte, Kurt Müller sei vom Ministerium für Staatssicherheit verhaftet worden, sorgte man sich im Westen nicht allzu sehr um ihn. Nur die Verlobte Kurt Müllers war aktiv geworden.

Heta Fischer geht in die Offensive, bittet die DDR-Stellen um persönliche Sprecherlaubnis. Die Angelegenheit sei dringend. Schließlich hätten Müller und sie heiraten wollen, es ginge auch um die Versorgung des gemeinsamen Kindes, und – in diesem Zusammenhang wichtig – um seine schriftliche Zustimmung für die ihm gerade vom „Kreissonderhilfsausschuss Hannover zugesprochene Haftentschädigung für die Jahre im Zuchthaus Kassel-Wehlheiden und im Konzentrationslager Sachsenhausen."[35]

Sie erhält keine Antwort. In einem Einschreiben an das Ministerium für Staatssicherheit bietet sie sich als Entlastungszeugin an. „Als engste und vertrauteste Gefährtin Kurt Müllers war ich mit all seinen Handlungen vertraut und über seine Schritte ständig informiert. Es wäre demnach äußerst wichtig, mich zu den Beschuldigungen zu hören." Am gleichen Tag appelliert sie auch an den Präsidenten der DDR, Wilhelm Pieck, mit bewegenden Worten: „Da Sie, Herr Präsident, den Verhafteten gut kennen [...] glaube ich keine Fehlbitte getan zu haben in dem Vertrauen, dass Sie es bestimmt nicht zulassen werden, dass hier ein Mensch zu Unrecht verurteilt wird."[36] Auch hier bleibt die Antwort aus. Ihre letzte Hoffnung ist der KPD-Politiker Max Reimann, der Leidensgenosse im KZ Sachsenhausen, der sich freilich am 10. Mai 1950 auf einer außerordentlichen Parteiversammlung von Müller distanziert hat. Müller sei ein Agent, „Spitzel der Kapitalisten" und ein „Doppelzüngler" gewesen. Reimann hat auch dafür gesorgt, dass Müller aus der Partei ausgeschlossen wurde und dass ihn die Genossen in der Zentrale in Frankfurt bei der Krankenkasse und Sozialversicherung abgemeldet haben. So will Reimann für die Partei ein paar Mark sparen.[37] Trotzdem schreibt Heta Fischer mehrmals an den „werten Genossen Reimann", zunächst am 31. Mai 1950 mit der Bitte um eine persönliche Unterredung. Am 6. Juni will sie Klarheit in den Angelegenheiten ihres Verlobten und fordert Papiere an, damit sie endlich Versorgungsfragen wegen ihres Kindes mit dem Jugendamt regeln und die vor der Entführung beabsichtigte Heirat einleiten kann. Am selben Tag noch kommt eine Antwort der Parteikontrollkommission. Im Auftrag des Genossen Reimann gibt sie bekannt, dass demnächst eine Aussprache mit ihr in Aussicht stünde. „Die [...] erwähnte Aussprache fand trotz telefon. Abmachung nicht statt", notiert Heta Fischer am 6. Juni 1950. Am 11. Juni fordert sie ultimativ vom Reimann, dass er ihr Zugang zu ihrem Verlobten verschaffe, damit sie „mit ihm wenigstens die primitivsten menschlichen persönlichen Angelegenheiten regeln kann". Am 19. Juli appelliert Heta Fischer schließlich an Max Reimann – diesmal nennt sie ihn nur noch „Bundestagsabgeordneter" und siezt ihn –, er solle alles tun, um „dieses Unrecht zu verhindern", anderenfalls sei sie, noch immer ganz disziplinierte Parteigenossin, gezwungen, sich nach bisheriger „allergrößter Zurückhaltung“ an die breite Öffentlichkeit zu wenden. Auch diesmal schweigt Reimann.[38]

Heta Fischer initiiert schließlich Ende Juli 1950 eine Pressekonferenz mit dem Bundestagsabgeordneten Heinrich Ritzel (SPD), in der über den „Fall Kurt Müller“ berichtet werden soll. Von der KPD wird ein Genosse geschickt, der später den Verlauf der Pressekonferenz schildert, ein Bericht, der von der Bonner Pressestelle der KPD-Fraktion an den Parteivorstand weitergereicht wird.

Die Pressekonferenz ist schwach besucht, wie der Genosse notiert. Es habe kaum Fragen gegeben, die meisten anwesenden Journalisten hätten Heta Fischer als Kommunistin betrachtet, „die eben Pech gehabt hat“. Im Weggehen habe einer in einem größeren Kreise gesagt: „Was wollen die? Die quälen tausende Menschen zu Tode und wenn ihnen dann etwas passiert, dann wollen sie den ganzen demokratischen Apparat für sich in Bewegung setzen.“ Auch die Klage Heta Fischers, „dass die konstruierten unbeweisbaren Beschuldigungen Reimanns gegen Müller in der Lage seien, vier Menschen zugrunde zu richten“, hätten keinen großen Eindruck gemacht. „Sie nannte Müller, sich selbst, das gemeinsame Kind und die Mutter Müllers.“[39]

Margarete Müller, die Mutter von Kurt Müller, schreibt herzbewegende Briefe an ihren Sohn und hofft auf ein Lebenszeichen. Auch hier kommen keine Antworten. In ihrer Not wendet sie sich ein Jahr nach der Entführung an den damaligen Minister der Staatssicherheit, Wilhelm Zaisser, und benutzt das vertraute „Genossen-Du“: „Als Mitglied der SED, als Frau von 72 Jahren, die seit 30 Jahren politisch organisiert ist“, möge man ihr endlich mitteilen, ob ihr Sohn lebt und wann möglicherweise ein Prozess stattfindet. In einem weiteren Schreiben an den werten Genossen Zaisser, zwei Jahre „nach dieser Reise nach Berlin“, wie sie sich ausdrückt, fordert sie erneut ein Lebenszeichen. Der Sohn solle ihr doch endlich Briefe schreiben dürfen. Zeitgleich bittet sie den „Herrn Ministerpräsidenten Genosse Otto Grotewohl“ um eine Nachricht und schließt in ihrem Brief vom 21. Januar 1952 mit den Worten: „Ich verstehe, dass du kaum Zeit hast, Briefe irgendwelcher Briefschreiber zu beantworten. Die Tatsache jedoch, dass ich seit der Verhaftung meines Sohnes [...] keinerlei Nachricht von ihm erhielt, hat mich körperlich und seelisch fast erschöpft. Ich weiß nicht mehr, an wen ich mich zu wenden habe, über wen ich irgendein Lebenszeichen von meinem Sohn erhalten könnte und warte daher noch immer auf Deine Antwort. Mit sozialistischem Gruß, Margarete Müller."[40] Auch mit dieser Bitte stößt sie auf eine Mauer des Schweigens.

Diese hält auch noch, als Kurt Müller in seinem Einschreiben an DDR-Ministerpräsident Grotewohl vom 31. Mai 1956 nach ausführlicher Darstellung des Unrechtes, das ihm, wie er darlegt, durch die Partei und die Staatssicherheit der DDR widerfahren sei, Rehabilitierung und Wiedergutmachung einfordert.[41] Gewisse Hoffnungen kann er sich machen, hatte doch gerade die 3. Parteikonferenz der SED unter dem Einfluss der Entstalinisierungspolitik Nikita Chruschtschows sozialistische Rechtssicherheit postuliert.

Eine Schuld will sich die SED jener Jahre aber nicht eingestehen. Am besten, man vergisst Kurt Müller ganz einfach. Ziemlich schwammig ist die Antwort, die der Parteiarchivar der SED von einem der Entführer, Hans Rosenberg, in den 70er Jahren bekommt. Ja, Müller habe sich im KZ Sachsenhausen als „guter Charakter" erwiesen, aber die Sünden der Vergangenheit hätten doch überwogen, schließlich sei er dann aber wieder „zurückentlassen worden, nach Westdeutschland," da sei er nun „Politologe bei der Friedrich-Ebert-Stiftung", und in Bonn, heißt es, „solle er eine große Villa haben".[42] Auch mit Seitenhieben dieser Art kann man sich nicht aus „Geschichte" stehlen, die in diesem Fall eine traurige Geschichte ist.

Es muss erst der gesellschaftliche Umschwung 1989/90 kommen, bis Kurt Müller Gerechtigkeit widerfährt. Am 31. März 1990 wird er durch die Zentrale Schiedskommission der PDS rehabilitiert. Müllers Verfolgung sei Ausdruck stalinistischer Willkür gewesen, heißt es in deren Beschluss.

KLEINE FISCHE

Herbert Kerst, am 25. November 1949 nach Ost-Berlin gelockt

Ein Sturz, ein Schrei, dann Stille. Ich blättere in den Akten des Ost-Berliner Polizeikommissariats. In ihnen wird das Ende von Herbert Kerst beschrieben, der am 7. März 1950 durch den Sturz in einen Treppenschacht eines Ost-Berliner Polizeigefängnisses zu Tode kam. Wer ist dieser Herbert Kerst, und warum erregt sein Fall so viel Aufsehen? Sind es die grausamen Umstände seines Todes? Oder ist es vielmehr der Anfang dieser Geschichte, die ich recherchierte?

Sieben Wochen und ein paar Tage nach Gründung der DDR wird ein Mann verschleppt, den nicht viele kennen, ein Fall aber, der in der West-Berliner Tagespresse zum Thema wird. Die Geschichte von Herbert Kerst scheint nebulös zu sein und ist schon deshalb vielen Interpretationen ausgesetzt. Unbestreitbar ist, dass sie tragisch enden wird. Für die Bundesstelle „Freiheit"-Aktion der Jugend in Bonn[43] ist sie ein gutes Beispiel für Verschleppungen, die noch von einem der Vorläufer der Staatssicherheit durchgeführt werden, von der Abteilung K5 im Kriminalkommissariat in Ost-Berlin.[44] Die politische Polizei arbeitet auch dem sowjetischen Geheimdienstapparat zu – vor allem bei der Aufklärung von Sabotageaktionen und bei der Entnazifizierungskampagne durch die SMAD seit Kriegsende.

Ab Anfang 1948 hat sich bei der russischen Besatzungsmacht die Erkenntnis durchgesetzt, dass die ostdeutschen Sicherheitsapparate und Nachrichtendienste wie die Abteilung K5 zur besseren Effizienz selbstständiger operieren sollten: nicht nur bei der Verfolgung von Naziverbrechen, sondern auch beim Aufspüren von dem Sozialismus auf deutschem Boden „feindlichen Elementen". Freilich behält der „große Bruder" die Kontrolle über die deut-

schen Genossen. Sowjetische Instrukteure sind den Leitern deutscher Dienststellen beigeordnet und das wird auch im Ministerium für Staatssicherheit, das am 8. Februar 1950 gegründet wird, so sein.
In diese Gemengelage hinein gerät im November 1949 Herbert Kerst. Er ist eines der ersten Opfer der Methode „Menschenraub", die von langer Hand geplant wird.
In ihrer Broschüre „Menschenraub" schildern die Autoren der „Freiheit"-Aktion der Jugend in Bonn das Geschehen in drastischen Worten. Sie berichten, dass der ehemalige Mitarbeiter der sowjetischen Wirtschaftskommission zum Potsdamer Platz gelockt und dort entführt worden sei, schließlich in den Verhörzellen des Ost-Berliner Kriminaldezernates landete. „Der entführte und gemarterte Flüchtling beging im März 1950 Selbstmord, als er im Polizeipräsidium des Ostsektors zu neuer Vernehmung geführt wurde."[45] Unglaubliche Dinge geschehen im Nachkriegsberlin, die in der Schilderung der Broschüre jedermann Angst einflößen sollen. Im Subtext steht: „Auch dir kann das passieren. Pass nur auf und lass dich nicht über die Sektorengrenze in den Osten locken." Aber war es wirklich so?
Ich muss mehrere Schritte zurückgehen, um das Drama um Herbert Kerst zu begreifen und in die gesamtdeutschen Verhältnisse um 1949/50 einzuordnen. Kerst wandert wie so viele damals zwischen Ost und West hin und her, gezeichnet vom Krieg und desorientiert durch instabile wirtschaftliche Verhältnisse in allen Besatzungszonen. Einen sicheren Hafen finden, dieses Ziel bestimmt ihn wie viele andere. Die Vereinigung volkseigener Erfassungs- und Aufkaufbetriebe landwirtschaftlicher Erzeugnisse (VVEAB) in Ost-Berlin ist vielleicht so ein sicherer Hafen.
Herbert Kerst ist gerade im wehrfähigen Alter, als der Krieg beginnt. Das ergibt sich aus dem Lebenslauf, den er am 28. April 1949, ein halbes Jahr vor seiner Verschleppung, für seinen Arbeitgeber, die VVEAB, schreibt. Geboren am 10. Oktober 1920 als Sohn des Dentisten Georg Kerst. „Vollabitur" habe er gemacht, notiert er stolz, dann die Universität Berlin besucht und dort

National-Ökonomie studiert. Die Angaben über seine Kriegserlebnisse sind auffallend dürftig. Angehöriger des Arbeitsdienstes und der Wehrmacht, wegen einer Verwundung Studienurlaub, den er für die Ablegung eines Staatsexamens in Nationalökonomie habe nutzen können. Nach 1945 Geschäftsführer in einer Lederfabrik bis 1947 in Rheydt am Niederrhein, dann angestellt im Planungsamt Hamburg, Wechsel zum Kaufmännischen Abteilungsleiter der Fleischmann Werke Berlin (einem Lebensmittelhersteller), ab 1948 Gruppenleiter in der Handelsorganisation Ost-Berlin (in diesem Fall tätig für Schuhe und Leder). Politisch habe er sich gleich nach Kriegsende engagiert, als Referent in einer KPD-Studentengruppe in Hamburg, später in der SED als Kreisreferent für wirtschaftspolitische Themen im West-Berliner Bezirk Friedenau. „Obenstehende Angaben sind wahr“, schreibt er unter diesen Lebenslauf vom 28. April 1949. Als Wohnadresse gibt er die Mommsenstraße in West-Berlin an, von der er täglich zu seiner Arbeitsstelle in Ost-Berlin fährt.[46] Grenzüberschreitende Arbeitsverhältnisse sind in den Jahren nach dem Krieg durchaus nicht ungewöhnlich, bis zum Mauerbau werden sie ein Teil der Realität im geteilten Berlin sein.
In einer Denkschrift vom 6. Juli 1949 lobt Herbert Kerst die Vereinigung volkseigener Erfassungs- und Aufkaufbetriebe in überschwänglichen Worten und zeigt sich damit als williger Mitarbeiter. Die VVEAB habe nach dem verlorenen Krieg in Zeiten der Not die Versorgung der Bevölkerung mit landwirtschaftlichen Gütern in der sowjetischen Besatzungszone sicherstellen können. Damit trockne sie auch den schwarzen Markt aus, der in West-Berlin gang und gäbe sei. In seiner Denkschrift rechnet Kerst auch mit der Westpresse ab, die würde „mit ihren unproduktiven Hetzkritiken […] im Goebbels'schen Sinn“ nur dokumentieren, dass sie die „fortschrittliche volkseigene Vereinigung“ von landwirtschaftlichen Betrieben nicht verstehe, die doch den Lebensstandard der Bevölkerung ohne irgendeinen Profitgedanken sichere. Seine Betrachtungen: „Warum VVEAB?“, sind auch eine Ergebenheitsadresse an den Leiter der Haupterfassung der VVEAB, Hermann

Streit, der wie kein anderer „Wirtschaftsführer" für seine Aufgabe qualifiziert sei.[47]

Herbert Kerst scheint im Osten angekommen zu sein. Und nun das: In einem undatierten, anonymen Bericht im Aktenbestand der Staatssicherheit, der wohl vom Kriminalkommissariat übernommen wurde, wird ein ungeheuerlicher Vorfall gemeldet. Im West-Berliner *Abend* sei eine Glosse veröffentlicht worden, die die Erfassungsbehörde diskreditiere. „VEAB-Melker Streit melkt die Ostfront", zitiert der Bericht die Überschrift der Westzeitung vom 29. Juni 1949. In dieser Glosse würden auch Zahlen genannt, die nur von einem „Insider" stammen könnten. Steckt Kerst dahinter? Immerhin sei er nach der Erscheinung der Glosse der Arbeit ferngeblieben. Er habe sich dann mit dem Leiter der Hauptverwaltung Erfassung und Aufkauf, jenem Herrn Streit, in Verbindung gesetzt und erklärt, dass er es wegen seiner persönlichen Sicherheit vorziehe, „bis zur Klärung des Falles nicht zu seiner Arbeitsstelle im Ostsektor zurückzukehren", obwohl er sich persönlich „völlig unschuldig" fühle. Er sehe „in der Veröffentlichung des betreffenden Zahlenmaterials eine Intrige ihm übelwollender Personen, die er in den Reihen der Angestellten der HV Erfassung und Aufkauf vermute".[48]

Nun kommt in dem Bericht eine Freundin von Herbert Kerst ins Spiel, eine gewisse Flora Krafczyk, die in allen weiteren Berichten zum Fall „Kerst" in verschiedenen Rollen auftauchen wird, mal als seine Geliebte, mal als sein Opfer, schließlich als Drahtzieherin der Verschleppung. Fräulein Krafczyk sei eine Freundin von Kerst, heißt es zunächst, die ihn 1943 während eines seiner Fronturlaube kennen gelernt habe. Es habe sich dann eine „persönliche Beziehung zu Kerst entwickelt", „obwohl er verheiratet war". Nach seiner Scheidung habe dann zeitweilig die Absicht bestanden zu heiraten. Kerst habe sich auch sehr bemüht, „Fräulein K." eine Stelle bei der VVEAB zu verschaffen, was schließlich gelungen sei. Im Bericht ist auch die Ansicht von Flora Krafczyk zu lesen, dass das Fernbleiben von Kerst von seinem Arbeitsplatz unklug sei, weil er „dazu keine Veranlassung hat".[49]

In diesem Bericht bleibt einiges in der Schwebe. Eine Durchsicht der Schreibtische von Kerst und Krafczyk wird angeordnet. Sie findet am 7. Juli 1949 statt, neun Tage nach dem Erscheinen des Zeitungsartikels. Es ergeben sich daraus aber keine Verdachtsmomente. Im Protokoll der „Schreibtisch-Durchsicht" ist akribisch festgehalten: Neben den üblichen Büroutensilien seien auch „5 leere Aktendeckel" gefunden worden, und Unterlagen, die Herbert Kerst für seine Arbeit brauche, wie. z. B. „1 Mappe Verschluss-Sachen (Preise und Kalkulationen)", oder Mappen in Blau und Rot zur „Kalkulation Obst-Gemüse". Der Schreibtisch eines ordentlichen Sacharbeiters, so scheint es mir, nicht der eines Spions, Agenten oder Überläufers, wo in der untersten Schublade chiffrierte Berichte lagern. Auch der Arbeitsplatz der Krafczyk gibt nichts her. Im Bericht heißt es nur lapidar: „2 Stenogramm-Blocks und 5 Notiz-Zettel mit verschiedenen Notizen." Die Durchsuchung „ergab nichts Besonderes".[50]
Bedrohlich wird für Herbert Kerst die Lage erst durch die Aussage Krafczyks vom 1. Oktober 1949 im Ost-Berliner Polizeikommissariat. Hat man sie unter Druck gesetzt? Wurde sie umgedreht? Oder gibt es andere Gründe für ihren Sinneswandel? Fragen, auf die ich in den Akten des Kriminalkommissariats keine Antwort finde. Jedenfalls liest sich diese Aussage wie eine Abrechnung mit ihrem Geliebten. Sie habe nun die Verbindung zu ihm gelöst, erklärt sie, weil er sich ihr gegenüber als Mitarbeiter des amerikanischen Geheimdienstes zu erkennen gegeben habe. Aussage der Krafczyk: „Die unmittelbaren amerikanischen Chefs des K. sind die Mr. Collins und Lie. Seine gegenwärtige Mission gemäß Direktive nach seiner erfolgten direkten Anstellung (Monatsgehalt DM-West 1.000.–) besteht darin, Verbindungen und Wege auszuforschen, an die Kammer der Technik heranzukommen und Personen ausfindig zu machen, die erwünschte Materialien liefern." Sie sei nun in einer „dubiosen Lage, in die mich K. durch seine nachrichtendienstliche Tätigkeit gebracht hat". Wie bei diesen Aussagen zu erwarten, verurteilt sie dann die Handlungen ihres Exfreundes und verpflichtet sich gleichzeitig zur

Spitzeltätigkeit. Sie wolle „laufend über die Vorkommnisse aus dem Kreis der Tätigkeit des K. Bericht erstatten". Sie werde daher den Kontakt aufrechterhalten und unter Ausnutzung des Vertrauens, das Kerst ihr immer noch entgegenbringe, „jede Gelegenheit wahrnehmen, um seiner schädigenden Tätigkeit entgegenzuwirken".[51] Was sich hinter „der Kammer der Technik" verbirgt, wird im Bericht vom 1. Oktober 1949 nicht weiter ausgeführt. Nur so viel wird hier klar, es handelt sich hier wohl um eine Art Labor für neue Entwicklungen, die der Landwirtschaft zugutekommen sollen.[52]

Wie aber ist Flora Krafczyk in diese Geschichte hineingeraten? Warum wird sie zur Schlüsselfigur bei der Verschleppung von Herbert Kerst? Ihr Lebenslauf gibt dazu keine Auskunft, auch in der Abschrift des Personalfragebogens vom 15. Mai 1949 und in ihrem Lebenslauf vom 5. Mai 1949, ebenfalls abgelegt im Dossier „Kerst", lässt sich keine Antwort finden. Sie beschreibt sich als junge Frau, die in der Nazizeit aufgewachsen sei, sich nach Kriegsende irgendwie habe zurechtfinden müssen. Geboren wurde sie 1923 als Tochter des Werkmeisters Carl Krafczyk in Berlin-Erkner; es folgen in späteren Jahren Volksschule, Eingliederung im Bund deutscher Mädchen (BDM), Mittlere Reife, Besuch der Handelsschule der Stadt Berlin, guter Abschluss, der ihr eine Einstellung als Direktionssekretärin in der Bakelite GmbH, einem in Erkner ansässigen Unternehmen zur Kunststoffherstellung, bis Kriegsende einbringt. Anschließend arbeitet sie bei Firmen wie Radiophon und Weltliteratur GmbH, schließlich auch als Intendanzsekretärin im Theater am Nollendorfplatz in West-Berlin, bis das Theater den Spielbetrieb einstellt. Politisch sei sie unbelastet, schreibt sie abschließend in ihrem Lebenslauf vom 5. Mai 1949.[53] Vielleicht ist sie auch deshalb eine brauchbare Entführerin. Auf einem Foto, das *Der Abend* am 23. November 1953, dreieinhalb Jahre nach dem Tod von Herbert Kerst, veröffentlicht, macht sie eine schicke Figur, auf dem Kopf ein Hut, so groß wie ein Wagenrad. Unter dem Foto die Zeile: „Merkt euch ihr Gesicht", eine Bildunterschrift, die zu diesem Bild nicht recht passt. Als Draht-

zieherin der Verschleppung ist sie inzwischen entlarvt. Man sucht sie in West-Berlin.
Nachdem sie sich 1949 mit dem Ost-Berliner Kriminalkommissariat eingelassen hat, stellt sie in dessen Auftrag ein Entführungstrio zusammen. Dabei helfen alte Verbindungen zu ihrem ehemaligen Freund Cornelius Mey und dessen damaliger Freundin Gerda Scharfenberg, die in der Gastronomie in Potsdam arbeitet. In einer Akte des Ministeriums des Inneren der DDR vom 10. April 1951 wird später ein Spitzel ein zwiespältiges Bild von Cornelius Mey zeichnen, das ihn nicht unbedingt als Entführer prädestiniert. Im Grunde sei ihm nicht über den Weg zu trauen, er habe sich in Diensten der sowjetischen Besatzung gleich nach dem Krieg unkorrekt verhalten, „so dass er entlassen wurde". Später habe er sich als Liquidator einer Schmelzkäsefirma hervorgetan und mit guten Beziehungen zur HO und zu Überwachungsorganen renommiert. Tatsächlich habe er dann als Vertreter von westdeutschen Käsekaufleuten bei den Behörden der DDR im Interzonenhandel eine Rolle gespielt und gegen Provision Geschäfte vermittelt.[54]
Initiiert vom Kommissariat K 5 im Ost-Berliner Polizeipräsidium, tüfteln die drei Entführungspläne aus. Hatte man keine Besseren? Es gibt einen Bericht vom 21. November 1949 der Abteilung K, Dezernat AK 4,[55] in der die Planungen zwischen Mey, Krafczyk und Scharfenberg festgehalten sind.
Variante eins: Die Krafczyk verabreicht bei einem gemütlichen Beisammensein dem Kerst in einem Getränk ein Schlafmittel, nach eingetretener Wirkung wird Kerst mit einem Pkw in den Ostsektor gefahren. Ein Mitarbeiter des Ost-Berliner Kommissariats gibt zu bedenken, dieser Plan gefährde die Krafczyk, da sie ja „im Hause Kerst gut bekannt ist". Das würde also zu ihrer Dekonspiration beitragen. Im Westen sei sie danach nicht mehr einsetzbar.
Variante zwei: Gerda Scharfenberg wird in Stellung gebracht. Krafczyk und Mey sind sich schnell einig, sie auf Herbert Kerst anzusetzen, um ihn dann mit ihrer Hilfe über die Sektorengrenze zu bringen. Die Beziehung sei leicht herzustellen, Kerst interessiere sich offensichtlich für Gerda Scharfenberg, er habe sie

„wiederholt schon um einen Treff gebeten". Sie soll nun engere Bande knüpfen und sich bei der ersten sich bietenden Gelegenheit von ihm nach Hause in den Ostsektor begleiten lassen, den Kerst seit seinem Verschwinden aus der VVEAB nicht mehr betreten hat.[56]

Dieser Plan wird gutgeheißen, ein Kommissar Erdmann von der Abteilung K 5 setzt als Datum der Festnahme in Ost-Berlin den 25. November 1949 fest.

Doch die Verschleppung läuft nicht so glatt ab, wie man es sich im Ost-Berliner Kommissariat vorgestellt hat. Der Mann wehrt sich. Im Bericht der Abteilung K, Dezernat AK 4 vom 26. November 1949 über die Festnahme Kersts am S-Bahnhof Potsdamer Platz, d. h. in aller Öffentlichkeit, wird protokolliert: „K setzte seiner Festnahme heftigen Widerstand entgegen und versuchte zu fliehen. Als ihm dies nicht gelang, rief er einige Male: ‚Ich heiße Herbert Kerst und werde verschleppt.' " Kerst landet beim Dezernat AK 4 der Volkspolizei in der Ost-Berliner Neuen Königstraße. Im Bericht vom 26. November 1949 werden auch die Hauptgründe für seine Festnahme genannt, die hauptsächlich auf Aussagen von Flora Krafczyk beruhen. Zu den alten Belastungsaussagen (Zusammenarbeit mit den Amerikanern) kommen neue hinzu: Er habe sich ihr gegenüber gerühmt, 18 KZ-Häftlinge gegen Kriegsende erschossen zu haben, denn ein deutscher Offizier habe die Pflicht, „Verbrecher zu erschießen". Außerdem, so der Befund auf dem Revier, „wurden bei ihm Abrechnungen über erhaltene Geldbeträge vom *RIAS* gefunden". Cornelius Mey schließlich sagt aus, dass „seitens der sowjetischen Besatzungsmacht wegen dieser Erschießung (der KZ-Häftlinge) ein Kopfgeld auf K. ausgesetzt sei". All diese Verdachtsmomente rechtfertigten die Verhaftung von Kerst.[57]

Dass die Aussagen von Mey und Krafczyk zu einer NS-Vergangenheit von Herbert Kerst zumindest fragwürdig sind und deshalb auch keine Legitimation für dessen Verschleppung liefern können, ergibt sich schon aus dem Umstand, dass die Entnazifizierungskommissionen in der Sowjetischen Besatzungszone (SBZ) ihre

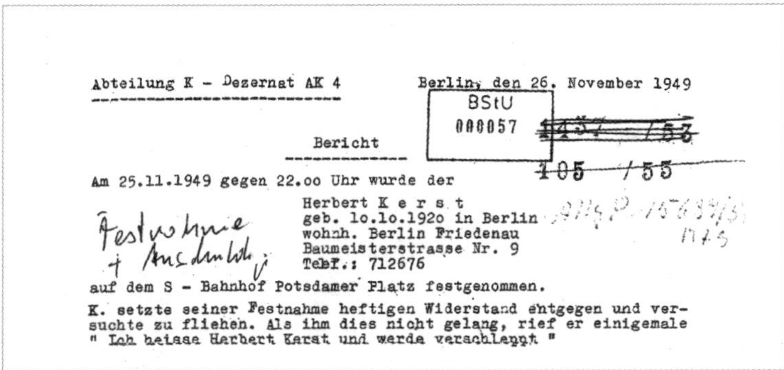

Abteilung K - Dezernat AK 4

Berlin, den 26. November 1949

BStU
000057

105 / 55

Bericht

Am 25.11.1949 gegen 22.oo Uhr wurde der

Herbert K e r s t
geb. 1o.1o.192o in Berlin
wohnh. Berlin Friedenau
Baumeisterstrasse Nr. 9
Telef.: 712676

auf dem S - Bahnhof Potsdamer Platz festgenommen.

K. setzte seiner Festnahme heftigen Widerstand entgegen und versuchte zu fliehen. Als ihm dies nicht gelang, rief er einigemale " Ich heisse Herbert Kerst und werde verschleppt "

MfS-Festnahmebericht vom 26. November 1949 (Quelle: BStU, MfS, AP 15637/56, S. 57)

Arbeit zum Zeitpunkt der Verhaftung 1949 längst abgeschlossen haben und in ihren Unterlagen der Name Herbert Kerst nicht auftaucht. Auf Befehl 35/48 der Sowjetischen Militäradministration in Deutschland (SMAD) wurden diese Kommissionen am 26. Februar 1948 aufgelöst. Die Erschießung von KZ-Häftlingen am Ende des Krieges wäre im Fall von Kerst sicher ans Licht gekommen, da die Kommissionen auf Anordnung der Militäradministration anfänglich am schnellsten und konsequentesten die Säuberung ihres Zuständigkeitsbereichs von Nazis und Kriegsverbrechern vorantrieben. Auch in den Akten der Staatssicherheit, die Entnazifizierungsvorgänge festhalten, finde ich bei einer weiteren Recherche keinen Hinweis auf Herbert Kerst. Bei einer Anfrage im Bundesarchiv, das Bestände des ehemaligen NS-Archivs der Staatssicherheit übernommen hat, werde ich an das Thüringische Hauptstaatsarchiv Weimar und das Landesarchiv in Berlin verwiesen. Die Antworten fallen mager aus. Das Landesarchiv meldet Fehlanzeige, und das Archiv in Weimar bestätigt lediglich ein Blatt zu Kerst. Es enthalte neben Angaben zur Person und Passbild folgende Informationen: Mitglied der HJ 1933–1945, Fallschirmjäger und Ritterkreuzträger. Kein Wort zu möglichen Kriegsverbrechen. Des Weiteren ist auf dem Blatt festgehalten, was auch Flora Krafczyk wiederholt aussagte: „Kerst arbeitete als amerikanischer

Agent für einen gewissen Collins. Lieferte Unterlagen der ehemaligen Deutschen Wirtschaftskommission (DWK) an die Zeitung *Der Abend* und an den *RIAS*".[58]

In seiner ersten Vernehmung, drei Tage nach seiner Verschleppung, liefert Herbert Kerst einen Lebenslauf, in dem er ausführlicher als bisher auf seine Wehrmachtszeit eingeht. „Zur Person" steht als Überschrift im Vernehmungsprotokoll, der detaillierte Angaben folgen: erste Ausbildung als Infanterist, dann Luftkriegsschule in Dresden-Klotsche, Funker und Bombenschütze, Einsatz im 1. Fallschirmjäger-Regiment, Absprung über Kreta, Verwundung, Urlaub zum Studieren als Belohnung, später wieder Einsatz in Frankreich und Russland, erneute Verwundung bei Orel im Mittelabschnitt der russischen Front, erneuter Studienurlaub und Examen, danach Einsatz in Italien, vor allem bei der Front in Monte Cassino, Verbleib in Italien bis Kriegsende. Auszeichnungen wie das Ärmelband Kreta, das Erdkampfabzeichen der Luftwaffe, das Panzervernichtungsabzeichen in Silber, 1945 schließlich noch die Nahkampfspange in Gold und kurz vor der Kapitulation das Ritterkreuz. Herbert Kerst, ein tapferer Krieger? Vielleicht ist er nur einfach einer der vielen Soldaten, die an den Endsieg der Nationalsozialisten glauben oder sich einfach nur ihrer Haut wehren. Aus all diesen Tapferkeitsmedaillen lässt sich jedenfalls kein Kriegsverbrecher zimmern.

Die Vernehmer fragen jetzt nach seiner Beschäftigung in der VVEAB, die Kerst ausführlich beschreibt. Ja, er habe sich um Preise und Kalkulation gekümmert, Planwirtschaft im Kleinen betrieben. Herbert Kerst vergisst bei diesem Verhör verständlicherweise nicht, seine antiamerikanische Haltung herauszustreichen. Während seiner Zeit in West-Berlin hätte er auf dem Flugplatz Tempelhof auch mal als Transportarbeiter gearbeitet und dort gegen Arbeitsbedingungen der Amerikaner protestiert. Schließlich geht er auf den Artikel im *Abend* über den Melkerstreik ein, dessen Verfasser er im Auftrag seines Vorgesetzten, Hermann Streit, herausfinden sollte. Das sei ihm nicht gelungen. Er habe nun Repressalien von seinem Arbeitgeber befürchtet und sich nicht mehr zurück an seinen alten Arbeitsplatz getraut. Im Westen habe ihn Flora Krafczyk, jetzt Kronzeugin der Anklage, an einen gewissen „Schröder-Collings“ vermittelt: „Nachdem ich einige Zeit arbeitslos war, arrangierte Frl K., mit der ich zu dieser Zeit eine gemeinsame Wohnung bewohnte, eine Zusammenkunft zwischen einem Herren Schröder-Collings und mir in meiner Wohnung.“[59] So sei er ein „Investigate“ geworden. Er habe als Kraftfahrer bei der Berliner Militärpost angefangen, verbunden mit dem Auftrag, Informationen über die Abteilung „Kohle, Energie“ bei der Deutschen Wirtschaftskommission einzuholen. Dies, so Kerst, sei aber unmöglich gewesen, weil er ja bei der Beschaffung relevanter Informationen in Ost-Berlin sofort verhaftet worden wäre. Im Übrigen bestreite er alle Anklagepunkte, die gegen ihn vorgebracht werden. Er habe dem *Abend* keine Materialien übergeben; weiterhin nennt er Zeugen für seine Zeit bei der Wehrmacht bis Kriegsende, die bestätigten, dass er an Erschießungen von KZ-Häftlingen nicht beteiligt gewesen sei. Zum Spionagevorwurf meint er lapidar: „Mir war nicht bekannt, dass ich für den amerikanischen Geheimdienst tätig war.“ Er habe Collins für einen amerikanischen Presseoffizier gehalten. In einem Vermerk vom 29. November 1949 über sein Erscheinungsbild bei den Verhören wird Herbert Kerst als ein innerlich zerrissener Mensch beschrieben. Mal gebe er etwas zu, wie z. B. seine Funktion als Ermittler für den amerikanischen Geheimdienst, dann streite er wieder ab, jemals für die Amerikaner tätig gewesen zu sein. Mit den Zeugenaussagen von Krafczyk und Scharfenberg konfrontiert, habe er behauptet, er könne sich an nichts erinnern. Angaben, die er mache, ziehe er mit dem nächsten Satz wieder in Zweifel. Auch der Vernehmer scheint zu resignieren: „Eine ordnungsgemäße Vernehmung war nicht mehr möglich und diese wurde schließlich abgebrochen.“[60]

Erneut wird nun Flora Krafczyk vernommen. In ihrer Aussage vom 28. November 1949 beschuldigt sie ihren ehemaligen Geliebten erneut als Kriegsverbrecher und Spion. Von den erschossenen KZ-Häftlingen habe er selbst seiner ersten Frau erzählt. Diese habe ihn deshalb in der Hand gehabt. Die Veröffentlichung im *Abend* über den Melkerstreik ginge auch auf sein Konto, er habe ihr auf dem Weg von der Arbeitsstelle in die gemeinsame Wohnung in Schöneberg selbst den Artikel gezeigt und zugegeben, dass er dafür Unterlagen geliefert habe. Im Widerspruch zur Aussage von Herbert Kerst betont sie, der Kontakt mit Collins sei auf seine Initiative hin zustande gekommen. Sie habe ihn in der gemeinsamen Wohnung angetroffen, Kerst habe sie dann gebeten, das Zimmer zu verlassen, er müsse mit Collins allein sprechen. Schließlich geht sie noch auf eine Veröffentlichung im *Telegraf* vom 14. November 1949 ein, einen Bericht „über eine angebliche Atombomben-Herstellung in Erkner". Dieser Artikel sei auch sein Werk. Bei einem Besuch ihres Vaters, der dort in einer Fabrik arbeite, die „Pharmazol" herstelle, habe Kerst diesen über die Produktion dieser Chemikalie ausgefragt und aus den Informationen den besagten Artikel zusammengebastelt.[61]

Gerda Scharfenberg wiederum beschuldigt in ihrer Vernehmung am gleichen Tag „Fräulein Krafschick" (falsche Schreibweise in der Akte). Die Sache mit dem *Telegrafen* ginge auf ihr Konto. Kerst sei aber ein Spion, ganz sicher, das habe er ihr selbst erzählt. Außerdem habe er ausgeplaudert, dass er „auf Anraten des amerikanischen Geheimdienstes […] in Hamburg der KPD" beigetreten sei, um auf seiner Dienststelle (der Kriminalpolizei) glaubwürdiger zu wirken. Aus Kerst wird laut Aussagen von Gerda Scharfenberg ein Geheimdienstler der ersten Stunde, und alles, was ihn betrifft, steht unter dem Generalverdacht der Spionage. Kerst habe sie immer über die Deutsche Wirtschaftskommission ausgefragt, weil er annahm, dass sie für diese Einrichtung arbeite, er habe außerdem erzählt, dass er eine „kolossale Wut" auf die Russen habe. Er würde auch deshalb gegen den Osten arbeiten, weil seine Eltern in einem „Ostzonen-KZ" umgekommen seien.[62]

Aus den Aussagen von Kerst, Krafczyk und Scharfenberg ergibt sich kein klares Bild. Jeder beschuldigt jeden, verwickelt sich und die anderen in Widersprüche. Ja, sogar das Schreckgespenst der damaligen Zeit, die Atombombe, muss als Objekt angeblichen Ge-

heimnisverrats herhalten. Allen gemeinsam ist wohl die Absicht, unter allen Umständen aus den Vernehmungen im Ost-Berliner Kriminalkommissariat heil herauszukommen.
Herbert Kerst sollte das auch bei den nächsten Vernehmungen nicht gelingen. Im Gegenteil, sie zermürben ihn. Bei meinem Studium dieser Verhörakten kommt ein Mensch zum Vorschein, der immer unruhiger wird. Ahnt er, dass er aus dieser Verhörmühle nicht mehr herauskommt?

Einen Tag nach den Vernehmungen vom 28. November 1949 entwickelt Kerst in seiner Zelle handschriftlich ein Szenario, um freizukommen. Dessen Bestandteile zeigen einen dramatischen Realitätsverlust des Angeklagten. War so etwas in den Zellenverliesen von Staatssicherheit und Kriminalkommissariat üblich?
Kerst listet für das Ost-Berliner Kriminalkommissariat Entlassungsmöglichkeiten unter den Rubriken „Flucht“ und „ordentliche Entlassung“ auf: Man könne ihn bei Tage unrasiert, mit Mantel und ohne Hut zu Fuß zur Sektorengrenze laufen lassen. Kriminalbeamte sollten folgen, da er ja weder Ausweis noch Geld bei sich haben dürfe. Glücklich in den Westsektor gelangt, würde er sich dann bei einem Polizeirevier melden. Oder: Bei Nacht solle man ihn im Pkw zur Sektorengrenze fahren und dann laufen lassen. Bei ordentlicher Entlassung bietet er Zusammenarbeit an, will mit fingierten Berichten das Vertrauen der Amerikaner in ihn wiederherstellen. Er hätte auch „ungeahnte Möglichkeiten bei der Westpresse, Leute, die aus dem Osten kommen. Vor allem Rias.“ Dann gibt er sein Wissen über Personalstrukturen im *RIAS*, beim *Abend* und beim *Telegrafen* preis. Es ist ganz offensichtlich, er bietet sich auf diesem Papier als Spitzel an. Fast rührend ist ein bei seinem Vorschlag geäußerter Wunsch: „Ich möchte ein Zimmer im Ostsektor haben. Für meine Verlobte ebenfalls und für sie hier in Berlin oder Zone einen Platz in Apotheke oder Institut. Daneben würde ich mein Zimmer in Schönberg behalten.“[63] Die Vernehmer reagieren nicht auf seine Angebote.

In einem Bericht vom 5. Dezember 1949 droht Kerst bei der Überführung in eine andere Zelle mit einem Fluchtversuch noch am nächsten Tag. Ein Polizeihauptmann zeigt sich über die Verfassung des Häftlings Kerst verwundert. Dieser habe ihm gegenüber doch tatsächlich geäußert, dass er, falls er fliehen wolle, nur richtig zielen solle, „damit ich ihn ins Herz treffe". Dann habe Kerst ihn nach Selbstmorden anderer Häftlinge gefragt. Wenn er aussage, was man von ihm wissen wolle, sei es wohl aus mit ihm, dann würde er sich doch lieber selbst umbringen. Schließlich habe er aufgetrumpft, der Vernehmer „Reddmann könne lange warten, bis ich ihm das schreibe, was er von mir wissen will". Er könne ja schließlich nicht zugeben, was nicht stimme, wie die Sache mit dem Artikel im *Abend*. Und übrigens sei er die letzte Woche hier, man würde ihn bestimmt bald entlassen. „Sonst gibt es diplomatische Verwicklungen zwischen der amerikanischen und der sowjetischen Militärverwaltung."[64]
In der Zusammenfassung bisheriger Vernehmungen vom 27. März 1950 vom Kriminal-Dezernat AK 2 zeigt sich ein Mensch, der offensichtlich verwirrt ist. Am 24. Februar 1950 sei er sehr ruhig gewesen und habe sachlich geantwortet; „bei dieser Vernehmung war Kerst durchaus geistig rege", heißt es. Am Mittwoch, dem 1. März, sei seine Mutter erschienen und habe ihrem Sohn Kuchenstücke mitgebracht. Am 6. März habe er jedoch bei der Vernehmung einen verstörten Eindruck gemacht. „Auf die Frage, was mit ihm los sei, habe er geantwortet: ‚Ich habe zu viel Gas geschluckt.' Er behauptete, dass in seine Zelle Gas eingelassen werde, durch das er beseitigt werden sollte." Auf die Fragen des Vernehmers habe er mit neuen Verdächtigungen geantwortet. Er würde nun nichts mehr essen, da man ihn vergiften wolle. Schließlich habe Kerst erklärt, dass er nicht mehr in seine alte Zelle zurückwolle. Daraufhin hätte er eine neue Zelle bekommen. Einen Tag später, am 7. März 1950 stellt der Beamte, der ihn zur Vernehmung holen will, fest, dass sich Kerst in seiner Zelle verbarrikadiert hat. Am gleichen Tag wird entdeckt, dass der Häftling einen Kopierstift gegessen hat, um sich zu vergiften. Man bringt

ihn nach der gewaltsamen Öffnung der Zelle gefesselt in das Krankenhaus der Volkspolizei. Dort wird ihm der Magen ausgepumpt. Danach sei wieder mit der Vernehmung begonnen worden, Kerst habe zum wiederholten Mal geäußert, er käme nie mehr frei. Mit einigen Frühstücksstullen und Zigaretten der Vernehmer habe man ihn schließlich beruhigt, und er sei dann konzentriert bei der Sache gewesen.[65]

„Selbst gelesen, genehmigt, selbst unterschrieben", steht unter dem letzten Lebenslauf, den Herbert Kerst seinen Vernehmern am 7. März erzählt hat. Es scheint so, als wolle er in letzter Minute das Blatt noch einmal wenden und die Ankläger milde stimmen. Er korrigiert seine bisherigen Angaben. Er habe 1937 nicht ein halbes Jahr an der Volkshochschule studiert, dadurch verschöben sich verschiedene Daten seiner Aussagen, er habe auch seine Zugehörigkeit zum Jungvolk vordatiert, um bei den Nazis als alter Kämpfer zu gelten, er sei schon am 27. November 1938 zur Wehrmacht gekommen. Es geht im Grunde genommen um Lappalien, bei denen er „mea culpa" sagt. Seine Unterschrift unter dieser „Beichte" fehlt allerdings. Warum, wird in einem Vermerk angegeben: „Die Unterschrift des Kerst konnte nicht mehr vollzogen werden, da er durch Selbstmord sich dieser entzog."[66]

Ein Sturz, ein Schrei, Stille. War dieses Ende nicht vorauszusehen? Bei den Verhaltensauffälligkeiten des Angeklagten, die die Vernehmer in ihren Berichten selbst ausführlich beschrieben haben?

Das Kriminalkommissariat jedenfalls gibt sich alle Mühe, den Selbstmord als Unfall darzustellen. Man wäscht seine Hände in Unschuld: Im ausführlichen Bericht des Volkspolizeikommissars Kallies vom 8. März 1950 ist festgehalten: Die Vernehmung des Kerst am 7. März 1950 sei gerade beendet gewesen, da sei der Kerst mit einem Satz über den Schreibtisch gesprungen und habe das dahinterliegende Fenster zerschlagen. Er habe aus dem Fenster springen wollen, doch herbeieilende Kameraden hätten dies verhindert. Nun habe er geschrien, er solle heute ermordet werden, man werde ihn ins kalte Wasser stecken. Um weitere Fluchtversuche zu verhindern, habe man eine „Schließacht" geholt, der Kamerad Seidel sei mit Kerst auf den Flur gegangen, um ihn vom Fenster wegzubringen. Da habe der Kerst dem Kameraden Seidel einen Stoß vor die Brust versetzt, sei den Gang entlanggerannt, bis zu einer Treppe, und habe sich dann über das Geländer in den Treppenschacht gestürzt. Kamerad Mathys, der dem Kerst entgegenstürzte, habe ihn noch am Arm erwischt, ihn dann aber nicht halten können. Zitat: „Kerst wurde sofort mit einem Auto zum Polizeikrankenhaus gebracht, wo er nach 10 Minuten verstarb. Als Todeszeit wurde 18.50 angegeben und als Todesursache Schädelbruch."[67]

Zweifel am Ende von Herbert Kerst werden noch lange nach seinem Tod im „Westen" geäußert. Es beginnt ein Kampf um die Deutungshoheit der Ereignisse im Ost-Berliner Polizeikommissariat. „Selbstmord oder Mord?", fragt die West-Berliner Tagespresse, als den Entführern Mey und Scharfenberg vor dem West-Berliner Landgericht 1953 der Prozess gemacht wird. Er sei mit einem Bleirohr erschlagen und in einen Lichtschacht geworfen worden, um einen Selbstmord vorzutäuschen, heißt es reißerisch in einem Artikel des *Abends* vom 25. November 1953. In anderen Presseberichten zum Prozess ist man zurückhaltender und zitiert wie *Die Welt* vom 22. November 1953 den Bericht „ostzonaler Dienststellen: Selbstmord durch Sturz aus der Höhe – Schädelbruch". Das *Spandauer Volksblatt* ist in seinem Bericht am 24. November 1953 ebenfalls vorsichtig in der Bewertung des Endes von Herbert Kerst. Selbst im Prozess, schreibt die Zeitung, sei die Frage „Mord oder Selbstmord?" nicht zu klären gewesen.

Wie ergeht es den Entführern? Bis zum Prozess 1953 vor dem West-Berliner Landgericht führt Cornelius Mey ein unstetes Leben. Die Stasi behält ihn im Auge, er gilt in der Behörde weiter als unberechenbar. In dem Bericht eines Zuträgers vom 10. April 1951 wird festgehalten, er habe jetzt auch ein Verhältnis mit einer westdeutschen Agentin, über die er einen Ausweis für die Westzonen erhalten habe. Damit bereise er ständig Hamburg, Hannover und Düsseldorf, er sei im Interzonenhandel aktiv, lebe auf großem Fuß. „In den verschiedensten Bars hat sich C. M. so auffällig benommen, dass ihn der badische Hof in Baden-Baden herausgeworfen hat." Um sich in Gesellschaft besonders interessant zu machen, erkläre er öffentlich, „Stalin sei ein Idiot [...], er selbst sei in Diensten von Lore Pieck [...] u. s. w.", hält der Informant weiter fest. Da geriete jemand außer Kontrolle. Am Schluss seines Berichtes fordert er „Einschreiten". Von wem, wird nicht klar. Es würde aber „allerhöchste Zeit". Das mögliche Einschreiten erledigt sich schließlich, als Mey 1953 in West-Berliner Polizeigewahrsam gerät und wegen der Mittäterschaft an der Verschleppung von Herbert Kerst angeklagt wird.[68]

Sein Anwalt versucht in einem Schreiben vom 8. Mai 1953 an die Kriminalpolizei in Ost-Berlin Entlastungsmaterial für seinen Mandanten zu sammeln. Flora Krafczyck soll als Haupttäterin hingestellt werden. Sie sei die treibende Kraft gewesen, habe Gerda Scharfenberg überredet, den Lockvogel zu spielen, und Beamte des Ost-Berliner Kriminalkommissariats von der Ankunft Herbert Kersts auf dem S-Bahnhof Potsdamer Platz unterrichtet. Der Anwalt bittet um Akteneinsicht der damaligen Vernehmungen in Ost-Berlin. Ein Volkspolizeirat quittiert die Anfrage handschriftlich mit der Bemerkung „Eine Beantwortung erfolgte vom Unterzeichneten nicht – Unterschrift".[69]

Mey bleibt auch nach seiner Verurteilung zu fünf Jahren Zuchthaus wegen Beteiligung am Menschenraub unter Beobachtung der Stasi. Sie weiß, dass er Zellennachbar eines anderen Entführers ist, der an der Verschleppung eines gewissen Helmut Metz im Oktober 1951 beteiligt war. Die beiden Menschenräuber scheinen sich laut Stasi-Erkenntnissen gut zu verstehen. Nach ihrer Entlassung haben sie weiter Kontakt, der von der Staatssicherheit sorgsam registriert wird. Cornelius Mey lebt zunächst in West-Berlin im Haus seines Rechtanwaltes Robert Kohl. Die Stasi verliert ihn wohl etwas aus dem Blick. Dann, nach einer langen Pause, am 7. Januar 1974, wieder ein Lebenszeichen in den Akten. Es wird notiert, dass Cornelius Mey sich bei der Beratung eines Flüchtlings hervorgetan habe, der wieder zurück in die DDR wollte. Mey habe den Mann in seinem Wunsch bestärkt, ihm sogar angeboten, mit ihm persönlich nach Berlin zu fahren. Da könne man Freunde aufsuchen, vielleicht fände sich ein Weg, dass er wieder bei seinen Eltern in der DDR wohnen könne. Aus dem Auftreten Meys und in seinem Besitz befindlichen Banknoten der DDR folgert der Flüchtling allerdings, Mey sei wohl für die Aufklärungsorgane der DDR tätig.[70] Ein mysteriöser Eintrag. Plötzlich ist da wieder der Cornelius Mey aus alten Tagen sichtbar, der mit seinen Verbindungen angibt, politisch progressiv auftritt und den Flüchtling höchstpersönlich zum Bahnhof in Duisburg begleitet, offensichtlich sein Wohnort zu dieser Zeit, ihn dann aber seinem Schicksal überlässt.

Auch Gerda Scharfenberg gerät bei einem Aufenthalt in West-Berlin in Polizeigewahrsam. Sie kommt wie Cornelius Mey vor das West-Berliner Landgericht und soll über den Menschenraub, der nun über zwei Jahre zurückliegt, aussagen. Anders als Mey versucht sie nicht, Schuld abzustreiten oder sich mit irgendwelchen Tricks aus der Affäre zu ziehen. Im Nachhinein werden hier die Umstände der Entführung noch einmal aufgerollt, wohl eher der Realität entsprechend als das Schwadronieren von Cornelius Mey. Gefühle werden sichtbar, Menschenraub ist eben nicht nur ein Vorgang in den Akten.

Gerda Scharfenberg gibt im Gericht an, sie hätte sich zunächst gegen die ihr zugedachte Rolle bei der Verschleppung gewehrt, Mey habe auf sie einreden müssen. Dann habe sie sich gefügt. So kam es wie geplant. Sie ließ sich mit Kerst in dessen Wohnung auf ein „ausgedehntes Plauderstündchen“ ein, wie *Die Welt* sie am 22. November 1953 in ihrer Prozessberichterstattung zitiert. Danach habe er sie auf der Heimfahrt in der S-Bahn zum Potsdamer Platz begleitet. Scharfenberg in ihrer Aussage vor Gericht: „Als der Zug am S-Bahnhof Potsdamer Platz einfuhr, verließ ich mit Kerst das Abteil.“ Dann schnappte die Falle zu. Laut Gerda Scharfenberg ein für sie traumatisches Erlebnis: „Ich hörte noch, wie er um Hilfe

rief, ich selbst war aber nicht in der Lage durch das Erlebte fortzugehen, lehnte mich an eine Säule, weil ich dem Zusammenbruch nahe war." Freund Mey wartete im Hintergrund und brachte Gerda Scharfenberg fürsorglich in ihre Wohnung zurück.[71]
Auch aufgrund ihrer Aussagen findet Gerda Scharfenberg milde Richter. Sie wird 1953 wegen Beihilfe zum Menschenraub zu einem Jahr und sechs Monaten Gefängnis verurteilt, später auf Bewährung freigelassen. Danach verliert sich ihre Spur.
Flora Krafczyck geht straffrei aus. Nach der Verschleppung von Herbert Kerst meidet sie den Westteil von Berlin und macht Karriere im Osten. Im Vorschlag der Abteilung VI der Staatssicherheit vom 6. Oktober 1950 wird sie für ihre Rolle im Fall Kerst gelobt. Leider sei sie dann, weil vom *RIAS* genannt, enttarnt gewesen und deshalb für weitere Westeinsätze nicht mehr brauchbar. Sie habe aber bewiesen, dass sie als Informantin geeignet sei. Man solle sie darauf ansprechen, weil sie noch nützliche Verbindungen habe. Auch beruflich sorgt man für sie, sie wird in den Verlag der *National-Zeitung*, des Zentralorgans der NDPD, „eingebaut", wie es treffend formuliert ist. Bis dahin arbeitete sie als „1. Sekretärin beim Landesvorstand der NDPD in Berlin"[72] Die National-Demokratische Partei Deutschlands ist eine 1948 gegründete Partei, die vor allem frühere NSDAP-Mitglieder, ehemalige Offiziere und Heimatvertriebene in die ostdeutsche Gesellschaft/DDR integrieren soll. Hier lernt sie auch ihren Mann kennen, Herbert Stösslein, ein führender Funktionär dieser Partei und ehemaliger Major der Wehrmacht, der 1950 aus der Sowjetunion zurückgekehrt war, wo er im Nationalkomitee Freies Deutschland eine wichtige Rolle gespielt hatte. Flora Krafczyck, nun Flora Stösslein, ist im „sicheren Hafen" gelandet, den sie Zeit ihres Lebens nicht mehr verlassen wird.

Karl Pawlik, am 23. Juli 1959 entführt

In der Entführungsgeschichte von Karl Pawlik wimmelt es von Ungereimtheiten. Sie beginnen mit dem Opfer und enden mit den Tätern. Vieles erscheint im Zwielicht. Aber zwielichtig war im Kalten Krieg vieles, wie ich auch der West-Berliner Tagespresse der Zeit entnehmen kann. Zunächst ist von zwei Menschenräubern die Rede, von Günter Benke und Hans Warnest. Benke sei der Sohn der Frau, mit der das Verschleppungsopfer Pawlik zusammengelebt habe. Zum Tatmotiv soll Günter Benke geäußert haben, Pawlik habe Verwandte von ihm, die noch in der DDR lebten, zur Spionage angestiftet. Hans Warnest wiederum sei Flüchtling aus der DDR, so die Tagespresse, und habe Unterschlupf bei der Mutter von Günter Benke gefunden. Obwohl als politischer Flüchtling anerkannt, führe er als Fernfahrer weiter durch die Sowjetzone.
Karl Pawlik schließlich, der seit seiner Flucht aus der DDR mit der Mutter Günter Benkes zusammenlebe, habe für westliche Nachrichtendienste gearbeitet, ein Umstand, dem die West-Berliner Polizei nicht widersprechen würde.[73]
Noch etwas anderes ist auffällig an diesem Entführungsfall und entspricht nicht den Gepflogenheiten der DDR-Staatssicherheit, die Menschenraub als Festnahme vernebelt. Hans-Joachim Warnest (wie er richtig heißt) liefert drei Tage nach der Verschleppung einen detaillierten Bericht bei der Staatssicherheit ab. Der Menschenraub wird hier in allen Einzelheiten ausgebreitet. Ein überstürztes Manöver sei er gewesen, freilich mit glücklichem Ausgang.

Am 20. Juli 1959 wird Hans-Joachim Warnest von der Stasi beauftragt, Karl Pawlik in den „demokratischen Sektor" zu bringen. Zudem wird er in Ost-Berlin schriftlich zur Zusammenarbeit verpflichtet, im Beisein seines Bruders Uwe Warnest. Er wählt sich selbst den Decknamen Dieter Hainholz. „Dazu machte er noch den Vorschlag, daß man ihn entweder mit dem Pawlik zusammen verhaften soll oder aber nach circa 6 Tagen eine Gegenüberstellung mit dem Erstgenannten vornimmt, wobei der Kandidat in

Häftlingskleidung erscheint."[74] Dies sichert man Warnest auch zu, der damit seine Täterschaft verschleiern will. Ein Täuschungsmanöver, das die Staatssicherheit hin und wieder anwendet, um die Verfolgung der Täter durch West-Berliner Behörden zu erschweren.

In seinem Bericht vom 25. und 26. Juli schildert der nunmehrige Geheime Mitarbeiter (GM) Dieter Hainholz die näheren Umstände der Menschenraubaktion. Die Voraussetzungen für die Verschleppung seien günstig gewesen. Er sei ja gut mit Pawlik bekannt, da er als „politischer Flüchtling" bei ihm und seiner Geliebten Martha Teidel untergekommen sei. Sie gingen auch regelmäßig „Saufen". So auch am 21. Juli. Bis 22 Uhr habe man in der Gaststätte Lenz „24 Glas Kocnak und Klare sowie die gleiche Anzahl Bier" konsumiert. Zu Hause hätte es dann Streit zwischen Martha Teidel und Karl Pawlik gegeben, sie hätte Pawlik zum Verlassen der Wohnung bis spätestens zum nächsten Tag aufgefordert, seine Sauferei sei nicht mehr zu ertragen. Weil Warnest befürchtete, beim Auszug von Pawlik könne er „schwer" an ihm „dran bleiben", habe er die Entführung bei der nächsten Möglichkeit, die sich biete, beschlossen. Eine gute Chance habe sich am 23. Juli ergeben, schildert er nun den Entführungstag. Er habe Pawlik mit einem inzwischen besorgten Leihwagen am frühen Morgen aufgelauert, als dieser zu seiner Arbeitsstelle fahren wollte. Er habe dem ahnungslosen Pawlik angeboten, ihn zu seiner Arbeitsstelle zu bringen, vorher habe man noch ein kleines Bier gezischt. Allerdings, und diese Bemerkung spricht Bände, habe er sich nicht mehr zugetraut, seinen Auftrag allein auszuführen, angesichts des „zu großen Fassungsvermögen[s] an Alkohol" des Pawlik. Er habe sich spontan entschlossen, Günter Benke, den Sohn der Martha Teidel, mit dem er das Zimmer teilte, anzuwerben. Er bekäme Geld, wenn er dabei mithelfe, „Karl in den demokratischen Sektor zu bringen." Bei der Fahrt zur ehemaligen Firma von Warnest, nun zu dritt, um dort seine Arbeitspapiere abzuholen, seien er und Pawlik in mehreren Lokalen eingekehrt, während Benke im Leihwagen sitzen blieb. Die ganze Angelegenheit habe sich bis 21.30 Uhr hingezogen,

Der Opel Rekord, mit dem Karl Pawlik über die Sektorengrenze geschafft wurde (Quelle: LA Berlin REP 058, Nr. 8547)

dann hätte Pawlik nach Hause gewollt. Er wäre nun auf Umwegen dicht an die Sektorengrenze herangefahren. Pawlik hätte das trotz seines angetrunkenen Zustandes bemerkt und protestiert. Benke, der auf dem Rücksitz saß, habe diesem daraufhin „eine Fahrradpumpe auf den Kopf geknallt“ und ihn festgehalten. Der Bericht schließt mit der lapidaren Bemerkung: Man habe die Kontrollstelle der Volkspolizei passiert und den Pawlik vorher informierten Mitarbeitern der Staatssicherheit übergeben.[75]

Bevor Hans-Joachim Warnest zu einem Stasi-Entführer wird, verläuft sein Leben wie das vieler anderer im Kriegs- und Nachkriegsdeutschland. Von der Volksschule wechselt er nach dem Krieg zur Oberschule, die er allerdings 1948 verlassen muss, weil die Mutter das nötige Schulgeld nicht mehr aufbringt. Er arbeitet als Bote in der volkseigenen Berliner Getränke-Industrie, später als Bügler im VEB Fortschritt-Werk in Berlin-Lichtenberg. 1949 wird er Mitglied der FDJ, geht zur Volkspolizei, die in Berliner Betrieben für

sich geworben hatte. Er wird nach Prora auf die Insel Rügen versetzt. Jetzt gerät plötzlich Unordnung in sein Leben; warum, wird in den Akten nicht erklärt. Nach nur fünf Wochen Dienst setzt er sich trotz Belobigung und Sonderurlaub nach West-Berlin ab und wird dort als politischer Flüchtling anerkannt. Über die Gründe kann ich nur spekulieren: War ihm der Dienst zuwider oder lockten ihn Verwandte im Westen nach drüben? Jedenfalls lässt er sich nach seiner Ankunft und einem kurzen Aufenthalt im Flüchtlingslager Marienfelde gleich wieder aus West-Berlin ausfliegen und landet bei einem Onkel in Düren in Nordrhein-Westfalen. Warnest macht den Führerschein für Lastkraftwagen und ist als Fernfahrer für mehrere Firmen unterwegs. Bei einer Dienstfahrt überlässt er den Wagen einem mitfahrenden Kollegen, der keinen Führerschein besitzt. Dieser fährt den Lkw jedoch eine Böschung hinunter und beschädigt dabei das Fahrzeug. Warnest übernimmt das Steuer und schafft es mit dem ramponierten Fahrzeug noch bis zu einer Raststätte bei Helmstedt. Per Anhalter macht er sich schließlich Richtung Ost-Berlin aus dem Staub und meldet sich dort als Rückkehrer. Seine Mutter, bei der er dort unterkriecht, missbilligt sein Verhalten. Warnest macht wieder „rüber", stellt sich der West-Berliner Polizei, wird schließlich wegen Kraftfahrzeugunterschlagung zu acht Wochen Haft verurteilt, die er in der Strafanstalt Tegel absitzt.
Nach seiner Entlassung arbeitet er als Fahrer bei West-Berliner Speditionen, findet Unterschlupf bei Martha Teidel und wird dort mit Karl Pawlik bekannt. Dieser Umstand macht ihn für die Staatssicherheit interessant, die von Pawlik weiß, dass er in der DDR Agenten anwirbt. Über seinen Bruder wird Hans-Joachim Warnest nun an die Stasi herangeführt. So schließt sich ein Kreis in seinem bewegten Leben.[76]

Wie aber steht es um den Mitentführer Günter Benke, der sozusagen in letzter Sekunde in das Entführungsauto einstieg und dann die Fahrradpumpe schwang? Er wird gleich nach der geglückten Schleusung Karl Pawliks von einem Oberleutnant der Staatssicherheit vernommen. In diesem Bericht wird er bereits als „Kontaktperson“ (KP) geführt. Er beschreibt in diesem Verhör seine Motive. Er selbst habe mit Pawlik öfter Streit gehabt und ihn schon lange entführen wollen, sich die Tat allein aber nicht zugetraut. Bei Kneipenbesuchen habe dieser geplaudert und mit dem vielen Geld geprotzt, das er für seine Informationstätigkeit vom amerikanischen Geheimdienst erhalte. Dann habe er mitbekommen, wie Karl Pawlik Kontaktpersonen in der DDR anwarb. Pawlik habe auch aus Dresden Besuch bekommen, von Verwandten von Martha Teidel, von einem Teil der Familie Benke, die er allesamt als Informanten gewann. Pawlik habe sie wie auch andere mit einem gewissen „Doktor“ vom englischen Geheimdienst zusammengebracht. Jedenfalls sei nicht nur Alkohol, sondern auch viel Geld geflossen. Das alles missbillige er.[77]

Nicht nur aufgrund dieser Aussage werden Informanten von Karl Pawlik aus der DDR verhaftet. Die Staatssicherheit war schon vor der Entführung Pawliks seinen Nachrichtenbeschaffern auf der Spur. Der Teil der Familie Benke, der im Osten geblieben war, würde zunächst beobachtet, dann verhaftet und wegen Spionage vor Gericht gestellt. Karl Pawlik hätte also gewarnt sein müssen, weil seine Kontaktpersonen aus der DDR plötzlich ausblieben. Auf Günter Benke, den Bruder von Martha Teidel und Namensvetter ihres Sohnes, hatte man es besonders abgesehen. Dieser Günter Benke sen. war erst bei der Personenschifffahrt (Weiße Flotte) beschäftigt und fuhr später auch Kähne mit Frachtgütern auf allen Wasserstraßen der DDR bis hin zur Grenze nach Polen und zum Berliner Osthafen. Grenzberührungen hatte er jede Menge. Damit sei er für die Kontaktleute Karl Pawliks aus westlichen Geheimdienstkreisen besonders wertvoll geworden. Nachrichten aus erster Hand über Schiffsrouten und Frachtgüter wolle man im Westen schon lange haben, hieß es im Vorschlag zur Festnahme der für Spionageabwehr zuständigen MfS-Abteilung II/4, Frankfurt/Oder vom 24. April 1959.[78]

In den Vernehmungsprotokollen vom 19. Juli 1959, die später im Prozess gegen Pawlik Verwendung finden, schildert Günter Benke sen. detailliert die Abmachungen mit Pawlik und dem „Doktor" und listet die Geldsummen auf, die er für seine Spionagetätigkeit erhalten hat. Schließlich spezifiziert er auch die Berichte, die er ablieferte. Unter anderem habe er Objekte der sowjetischen Armee an der Elbe vom Kahn aus fotografieren sollen. Dazu habe er von Pawlik einen Fotoapparat der Marke Welta erhalten.[79]

Mit der Festnahme und Aburteilung des Großteils der Informanten in der DDR ist das Feld für den Prozess gegen Karl Pawlik bestens bestellt.

In der Anklageschrift vom 30. Juli 1960 wird Karl Pawlik als Hilfsarbeiter geführt. Ein bescheidenes Leben wird da aufgeblättert: Sein Vater sei Müller gewesen. Ob Pawlik den Volksschulabschuss geschafft hat, ist unklar. Die achte Klasse habe er jedenfalls durchlaufen. Danach arbeitet er, laut Anklageschrift, als Kutscher auf einem Gut, später als Drahtseilbahnführer in einem Steinbruch, schließlich wird er von 1939 bis 1945 in einem Rüstungsbetrieb zur Arbeit abkommandiert. Im Volkssturm muss er noch Kriegsdienst leisten, die Amerikaner nehmen ihn gefangen. Nach dem Krieg ist er zunächst in einer Maschinenfabrik in Grimma tätig. Man habe ihn dann als Erfasser in der VEAB in Grimma beschäftigt. Eine staatliche Organisation, die wie schon im Fall Kerst geschildert, flächendeckend in der DDR arbeitet, um u. a. durch Festpreisbindung die Lebensmittelversorgung der Bevölkerung auf der Grundlage der Planwirtschaft sicherzustellen, was aber auch zur Verstaatlichung von Privatbetrieben genutzt wird. Dort wird er wegen Diebstahls entlassen, schließlich vor Gericht gestellt und zu einem Jahr und zwei Monaten Zuchthaus verurteilt, allerdings vorzeitig entlassen. Bis 1954 liegt er in einem Krankenhaus, dann ist er offensichtlich wieder arbeitsfähig und ist bis zu seiner Republikflucht am 17. Juli 1955 als Elektromonteur beim VEB Starkstrom beschäftigt.

Sehr allgemein geht die Anklage auf die Beweggründe der Flucht ein. Pawlik habe wegen negativer Diskussionen über Werbekampagnen der Nationalen Volksarmee angeblich eine Verhaftung gefürchtet. Die Ankläger legen den Schwerpunkt in dem von ihnen formulierten Lebenslauf auf die Anwerbung des Pawlik in West-Berlin. Seitenlang schildern sie die Winkelzüge westlicher Geheimdienste, die in den Notaufnahmelagern Flüchtlinge wie Pawlik ansprachen. Er habe wegen Geldgier und der Feindschaft zum Arbeiter-und-Bauernstaat eine schriftliche Verpflichtung unterschrieben, heißt es weiter in der Anklageschrift, und dann den Decknamen „Franz“ erhalten. Auch ist von einem besonders geformten Manschettenknopf die Rede, den Pawlik als Erkennungszeichen tragen sollte. Der Schlusssatz in der Anklageschrift macht aus Menschen wie Pawlik dann gemeingefährliche Subjekte für die sozialistische Gemeinschaft: „Pawlik ist ein politisch und moralisch völlig haltloser Mensch, der bereit ist, für Geld bedenkenlos sein Vaterland zu verraten.“[80]

Am 19. Oktober 1960 verkündet das Bezirksgericht Frankfurt/Oder, dem auch eine Maschinistin und ein Pförtner angehören, um Volksnähe zu demonstrieren, das Urteil: Der Angeklagte wird wegen Spionage zu zwölf Jahren Zuchthaus verurteilt. Karl Pawlik verzichtet auf Berufung und nimmt das Urteil an.[81]

Pawlik muss seine Strafe nicht ganz absitzen. Am 20. August 1964 wird sie in einem Gnadenentscheid vom Vorsitzenden des Staatsrates Walter Ulbricht von zwölf auf zehn Jahre verringert, am 1. November 1968 durch Beschluss des Bezirksgerichtes Frankfurt/Oder schließlich ausgesetzt, die Bewährungszeit auf vier Jahre festgesetzt.[82]

Wenn man einem Papier der Staatssicherheit folgen will, handelt es sich bei dem Beschluss vom November 1968 um ein Täuschungsmanöver. In einer „Liste über die entlassenen Personen im 800-Komplex“, die von der Bundesrepublik zumeist freigekauft wurden, ist unter der Nummer 514 auch ein Karl Pawlik verzeichnet, am 1. September 1964 entlassen in die DDR, also zeitnah zu dem Gnadenentscheid Walter Ulbrichts. Dass Karl Pawlik in den Akten der Staatssicherheit bis 1968 weitergeführt wurde, wird wohl ebenfalls ein Täuschungsmanöver gewesen sein, um die Freikaufaktion von 1964 zu verbergen. Warum aber wurde Karl Pawlik nicht in die Bundesrepublik, sondern in die DDR entlassen?

Diese Frage bleibt ungeklärt. Auch bei weiteren Nachforschungen finde ich keine Antwort.[83]

Während Karl Pawlik zunächst ins Gefängnis muss, werden die Entführer aus West-Berlin abgezogen, die Staatssicherheit will eine Dekonspiration verhindern. Die Vorsichtsmaßnahme ist vergebens. Durch West-Berliner Presseberichte werden die Namen beider Entführer bekannt. Beide Entführer werden auf Anweisung des stellvertretenden Ministers für Staatssicherheit, Bruno Beater, in eine Wohnung nach Schwerin verfrachtet. Günter Benke erhält einen neuen Familiennamen, er heißt jetzt Berg, wird dann nach Wernigerode umquartiert und „verbleibt" hier bis zum 26. August 1959. An diesem Tag geht es weiter nach Rostock, wo ihm eine Arbeitsstelle in der Seebaggerei angeboten wird. Unter keinen Umständen solle Benke alias Berg, nach West-Berlin zurückkehren, wird ihm eingebläut. Dort würde nach ihm gefahndet, und bei Ergreifung drohe ihm eine erhebliche Zuchthausstrafe. Es wird über die Zukunft beider Entführer beraten: Warnest sei zuverlässig, ein Dienst bei der Volkspolizei denkbar, für Benke käme dieser Dienst allerdings wegen seines instabilen Charakters nicht infrage. Überhaupt wisse man nicht, woran man bei ihm wirklich sei.[84]
Trotz dieser Skepsis, das geht aus einem Vorschlag der Staatssicherheit vom 24. August 1959 hervor, wird außer Warnest auch Benke für die Verschleppung belohnt. Warnest erhält 3.000 DM, abzüglich bereits erstatteter Ausgaben für Kleidungsstücke in Höhe von 1.700 DM, Benke 2.000 DM, abzüglich einer bereits erhaltenen Summe von 1.300 DM.[85] Doch das ist noch nicht das Ende der Geschichte.

„Endlich gefasst", heißt es in der *Berliner Zeitung* am 2. September 1959. Es geht um die Festnahme von Günter Benke in West-Berlin. Trotz eindringlicher Warnungen der Staatssicherheit habe er dort einen seiner Brüder besucht. Bei dieser Gelegenheit hätte er geprahlt, die Staatssicherheit habe ihm in Großenhain bei Dresden eine komplette Wohnung eingerichtet. Außerdem hätte er neue

Aufträge bekommen, die er aber nicht ausführen wolle. Er würde sich jetzt der Polizei stellen. Tatsächlich begibt er sich zur Wohnung seiner Freundin, die er dort nicht antrifft. Bei der Rückkehr zum Bruder wird er von mehreren Polizisten mit schussbereiten Pistolen empfangen.[86]

Von der zweiten großen Strafkammer des Landgerichtes Berlin wird Benke am 11. Juni 1961 „wegen gemeinschaftlicher List- und Gewaltverschleppung in Tateinheit mit schwerer Freiheitsberaubung zu einer Jugendstrafe von vier Jahren verurteilt".[87] In der Urteilsbegründung geht das Gericht ausführlich auf die Vorgeschichte der Entführung ein. Zwei vergebliche Versuche habe es gegeben; ein Possenschreiber hätte keine besseren Geschichten erfinden können. Erstens: Am 22. Juni 1959 morgens habe man einen Opel Rekord ausgeliehen, am Abend dann den Pawlik allein in der Wohnung angetroffen und beschlossen, ihn betrunken zu machen und noch am gleichen Tag in den Osten abzutransportieren. Günter Benke sei, während Warnest mit ihm trank, in den Keller gegangen und habe versucht, die Verbindungstür vom Keller zur Wohnung freizuräumen, damit der Pawlik über den Keller direkt in den Vorderflur gebracht werden könne. Als Pawlik endlich betrunken war, sei dann leider Martha Teidel erschienen, hätte eine Szene gemacht und der Plan sei aufgegeben worden. Zweitens: Da die Teidel auch bei einem neuen Anlauf in der Kneipe dazwischenkam, habe Warnest ihn beauftragt, Pervitin zu besorgen, um den Pawlik auf diese Weise zu betäuben. Pervitin sei in der Apotheke aber nur gegen Rezept zu haben gewesen. Wieder also ein vergeblicher Versuch, bis die Entführung am 23. Juli 1959 dann endlich gelang, die Günter Benke vor dem West-Berliner Gericht in allen Einzelheiten schildert.[88]

Am 3. Dezember 1962 wird Benke zur Bewährung entlassen. Er wird jedoch während der Bewährung wieder straffällig, begeht drei Diebstähle, so dass er die gesamte Jugendstrafe absitzen muss.[89] Er scheitert auch, weil er, was aus seiner Biografie ersichtlich wird, die er beim Landgericht Berlin erzählte, nie eine geordnete Familie kennengelernt hat. Die Mutter, Martha Teidel, sei mit der Fürsorge für fünf Halbgeschwister überfordert gewesen, von denen drei wie Günter Benke unehelicher Herkunft seien. Nach der Flucht aus Breslau, Günter Benkes Geburtsort, habe er wie die Geschwister mehrere Vergewaltigungen der Mutter mit ansehen müssen. In Sachsen, dem Zufluchtsort der Familie, sei er dann erst mit acht Jahren eingeschult worden und habe die Grundschule mit der sechsten Klasse verlassen. Er habe dann hier und da gearbeitet, sei arbeitslos geworden, bis er mit seiner Mutter im Februar 1955 nach West-Berlin flüchtete. Dort habe er dann mit ihr zwei Jahre lang in verschiedenen Aufnahmelagern gelebt, bis sie endlich, verbunden mit einer Hauswartstelle, eine feste Wohnung ergattern konnte. Er wäre noch „auf Landarbeit in Westdeutschland“ gewesen, sei wieder zurückgekommen, wäre erneut bei seiner Mutter untergeschlüpft, habe sich mit Gelegenheitsarbeiten durchgeschlagen, bis er dann in diese Entführungsgeschichte hineingeriet.[90] In einem Gnadengesuch bittet die Ehefrau um die Abkürzung der Reststrafe, sie bringt als mildernde Umstände vor, von ihm schwanger zu sein. Das Gesuch wird abgewiesen. Man wolle ihn nicht noch einmal vorzeitig entlassen, argumentiert der zuständige Richter in seinem Beschluss vom 21. Januar 1966: „Für die Persönlichkeit des Verurteilten wäre es erzieherisch falsch, ihn erneut vorzeitig zu entlassen. [...] Dies liegt auch im Interesse der jungen Ehe des Verurteilten, deren Bestand gesichert erscheint, wenn noch einmal versucht wird, den Verurteilten nachhaltig zu beeindrucken und zu einem künftigen ordentlichen Lebenswandel anzuhalten.“[91]

Hans-Joachim Warnest landet nicht vor einem West-Berliner Gericht, aber ihn peinigen „tausend Ängste“. In einem handschriftlichen Bericht vom 4. September 1959 an die Staatssicherheit, vermerkt Warnest, ein Genosse habe ihn gewarnt und von einer möglichen Entführung seiner Person gesprochen. „Sie dürfen keinem Menschen die Haustür öffnen, wenn sie alleine im Hause sind. Es könnte jemand als Briefträger verkleidet sie bitten ein Telegramm in Empfang zu nehmen und im Hause haut er ihnen

irgendeinen Gegenstand auf den Kopf, sie verschwinden in einem Sack oder Wäschekorb, anschließend fährt einen Wagen vor und die Endstation ist Westberlin". Selbst von der Staatssicherheit wird dieser Bericht nicht ganz ernst genommen. Zu unwahrscheinlich scheint ihr diese Schilderung. Er überlässt sich aber seiner eigenen Paranoia, wendet sich, wie er im Bericht schreibt, Hilfe suchend an einen Genossen der Staatssicherheit, der ihn „hängen" lasse.[92]
Das Leben von Hans-Joachim Warnest scheint aus dem Ruder zu laufen. Er leidet unter Depressionen, spricht dem Alkohol zu, randaliert bei einer Festnahme durch die Volkspolizei auf der Wache, zerreißt seine Fahrerlaubnis und 80 Mark Ost, verursacht am 23. November 1959 schließlich einen schweren Verkehrsunfall auf der Strecke Schwerin–Ludwigslust. In einem Bericht der Staatssicherheit vom 12. Dezember 1959 wird lapidar vermerkt, man habe ihm alle Ausweise abgenommen. Er könne vonseiten des MfS keine Hilfestellung mehr erwarten, „da er in diesem Fall wiederum unser Vertrauen missbraucht habe".[93]
Nach dem Unfall kommt er bei seinem Bruder unter, der gleich Meldung erstattet. Uwe Warnest schreibt am 28. Januar 1960 in nebulösen Andeutungen, Hans-Joachim halte sich in letzter Zeit oft im Westen auf, er arbeite jetzt mit dem Secret Service (!) zusammen, würde nach Überschreiten der Sektorengrenze von einem Westwagen abgeholt und käme mit Westzigaretten in den Ostsektor zurück. Trotz seiner massiven Ängste vor einer Entführung verkehre er also weiter im Westen, trinke viel, schwadroniere hier und dort über die Verschleppung des Pawlik und seine Arbeit für die Staatssicherheit.[94] In einem Reuebekenntnis, das Hans-Joachim Warnest schließlich Anfang 1960 verfasst, räumt er ein, dass er viel falsch gemacht habe: „Heute sehe ich ein, wie dumm ich gewesen bin. Ich werde versuchen irgendwo als Arbeiter anzufangen bis ich meinen Führerschein wieder habe und werde dann stets an die Fehler denken, die ich gemacht habe. Vielleicht gelingt es mir doch noch mal den richtigen Weg zu finden."[95]
In einem Zwischenbericht vom 26. April 1960 sorgt sich die Staatssicherheit, man müsse Warnest von Berlin fernhalten. Zu-

nächst wird er in ein Heim eingewiesen (man kann Alkoholentzug vermuten, aus den Akten aber wird dies nicht ersichtlich). Danach käme eine Stelle in der Fahrbereitschaft der SDAG Wismut für ihn in Betracht. Trotz aller Eskapaden, die Staatssicherheit hält an ihm fest, man versucht Leute wie Hans-Joachim Warnest möglichst bis ans Lebensende unter Kontrolle zu haben. Es gäbe ja so viel auszuplaudern.[96]

KAMPF DER KAMPFGRUPPE GEGEN UNMENSCHLICHKEIT

Helmut Metz, am 24. Oktober 1951 über die Sektorengrenze gezerrt

1951 herrscht täglich Kleinkrieg an den Sektorengrenzen Berlins. Pöbeleien drüben und hüben, Prügeleien, Straßenschlachten, Provokationen mit Flugblättern, Stinkbomben, Büros der Freien Deutschen Jugend (FDJ) in West-Berlin werden demoliert. Denn auch die Jugendorganisationen aus West und Ost bekämpfen sich. Die offiziell unabhängige, praktisch jedoch SED-geleitete Freie Deutschen Jugend gegen die SPD-nahen Falken, die Falken gegen die FDJ. Anders als die FDJ, die in West-Berlin von den Alliierten zugelassen ist, sind die Falken – Sozialistische Jugendbewegung Deutschlands im Osten Berlins von der SMAD verboten.

Während der 3. Weltfestspiele der Jugend und Studenten vom 5. bis 19. August 1951 in Ost-Berlin eskalieren die Auseinandersetzungen, jetzt sind sie Ausdruck des grundsätzlichen Kampfes zwischen zwei Systemen. Der Kalte Krieg zeigt sein heißes Gesicht. Eine Entwicklung, die nicht überrascht, auch wenn die Weltfestspiele unmittelbar nach dem Zweiten Weltkrieg vom im November 1945 gegründeten Weltbund der Jugend als Treffen für friedlichen Austausch der Jugend verschiedener Länder geplant waren – als Zeichen der Hoffnung für den Wiederaufbau der Welt nach Kriegszerstörungen und Millionen Toten. Aber schon 1947, bei den ersten Weltfestspielen in Prag, nutzten die Ausrichter sie auch als Propagandamittel für den Sozialismus. Dies setzte sich in Budapest 1949 fort; 1951 in Ost-Berlin ist das Treffen dann Agitationsbühne und Propagandaschau für die noch junge DDR.

Bundesrepublikanische Behörden haben ihren Anteil an der Zuspitzung der Verhältnisse. Sie wollen nicht, dass Mitglieder der West-FDJ nach Ost-Berlin einreisen und erschweren den Zugang

zum Weltjugendtreffen durch verstärkte Grenzkontrollen. Hysterie macht sich breit. Die West-Berliner Kampfgruppe gegen Unmenschlichkeit, kurz KgU, schürt die Befürchtung, die Weltfestspiele seien als Startzeichen für den Einmarsch sowjetischer Truppen in West-Berlin gedacht. Es wird verbreitet, Mitglieder ihrer Organisation hätten, allerdings vergeblich, versucht, eine hölzerne Autobahnbrücke bei Finowfurt in der Nähe von Berlin in Brand zu stecken, um die Manövrierfähigkeit der russischen Truppen in der DDR zu erschweren. Auch sogenannte „Reifentöter", auf Straßen verstreute Stahlspitzen, werden von der KgU im Vorfeld in Stellung gebracht, um die Anreise von Teilnehmern zu stören.[97]
Während der Festspiele verstärken jugendliche KgU-Mitglieder die Demonstrationen gegen den Übergang von FDJ-Gruppen an den Sektorengrenzen in Kreuzberg und Neukölln. Unter den Augen der West-Berliner Polizei kommt es zu Schlägereien zwischen KgU- und FDJ-Mitgliedern, bei denen auch Polizisten verletzt werden, wie etwa das *Spandauer Volksblatt* am 17. August 1951 zu berichten weiß.

In diesem aufgeheizten Klima wird auch ein Helmut Metz aktiv, der in den Unterlagen der DDR-Staatssicherheit schon lange geführt wird.

In der Akte „Rowdie", die man für ihn angelegt hat, ist sein Lebenslauf festgehalten: Der am 11. September 1928 in Gera außerehelich (wie in der Vernehmungsakte vom 25. Oktober 1951 ausdrücklich vermerkt ist) Geborene kommt gleich darauf zu Pflegeeltern, besucht die Volksschule, erst in Gera, nach dem Umzug seiner Pflegeeltern in Berlin, wird nach der achten Klasse „schulentlassen", lernt Werkzeugmacher, schließt die Lehre ohne Gesellenprüfung ab, weil das Ende des Krieges dazwischenkommt. Im Mai 1945 sehen wir ihn wie unzählige Berliner in der zerstörten Stadt bei Aufräumungsarbeiten. Ab Dezember 1945 ist er in einer Elektrofirma als Hilfsmonteur beschäftigt, geht 1947 erst in Kurzarbeit und wird dann bis Sommer 1948 arbeitslos. In dieser Zeit lebt er von Schwarzmarktgeschäften, wie „Zigarettenschiebung en gros nach Westdeutschland". In den Jahren 1948 und 1949 wird er hin und wieder als Brückenbauschlosser und Transportarbeiter beschäftigt. Im Juli/August 1949 sitzt er dann wegen Schwarzhandel im Jugendgefängnis Berlin-Plötzensee ein, vom 5. September bis 23. Dezember des gleichen Jahres wird er wegen TBC im Waldkrankenhaus Spandau behandelt. Danach lebt er von Sozialunterstützung. Von Juli bis August 1950 wird er im Sekretariat der West-Berliner FDJ im Kreis Wedding registriert.[98]

Eine überraschende Wendung? Bislang führt Helmut Metz ja das typische Leben der Generation, die aus dem Krieg gerade noch einmal heil herausgekommen ist: lückenhafte Schulausbildung, ohne Berufsperspektive, hier und dort beschäftigt, meist als Hilfsarbeiter, im Schwarzhandel aktiv, um den Lebensunterhalt aufzubessern, von Lungentuberkulose befallen (eine Volkskrankheit in dieser Zeit), desillusioniert, oft auch zynisch, ohne Hoffnung auf Zukunft. Und nun ist er plötzlich bei der FDJ gelandet, einer Organisation, die zumindest politische Orientierung gibt. Wie kam es dazu?

Die Akten der Staatssicherheit geben mir erste Auskünfte. Ist jemand eines Operativen Vorgangs (OV) „würdig" – so nennt diese Behörde die kontinuierliche Bespitzelung einzelner Personen – werden Beobachtungen lückenlos dokumentiert. Jede Kleinigkeit ist wichtig, auch jede Äußerung von anderen Personen, die mit dem Zielobjekt in Berührung kommen. Nebenbei wird auch psychologisiert, die Protokollanten der Beobachtungen erlauben sich hin und wieder Schlüsse dieser Art. In einem Bericht vom 30. August 1950 heißt es über Metz: „Er ist aufgeweckt und pfiffig, aber sehr egoistisch und stets nur auf materielle Vorteile bedacht." Im selben Bericht wird auch seine Kontaktaufnahme mit der FDJ geschildert. Er habe sich im Januar 1950 in einem Schreiben an den Landesvorstand in Berlin gewandt und erklärt, dass er bisher in der SPD und der UGO (Unabhängige Gewerkschaftsopposition)[99] engagiert sei. Damit müsse nun Schluss sein. Er habe „die Verwerflichkeit des Treibens Schumachers [damals SPD-Vorsitzender] erkannt" und wolle von jetzt ab für den friedlichen Aufbau Deutschlands in der FDJ mitarbeiten.[100]

Trotz der skeptischen Beurteilung im Bericht: Helmut Metz wird im Juni 1950 zweiter Sekretär der FDJ im Kreis Wedding. Aus den Notizen der Abteilung K-Dezernat AK 2 vom 24. Februar 1950 geht weiter hervor: Nach Besuchen im Haus der Kultur sei Metz klargeworden, „dass der Feind der Arbeiterschaft nicht im Osten, sondern im Westen steht". Deshalb wolle er nicht mehr abseitsstehen, sondern am „großen Werk teilnehmen". Einen Tag später, am 25. Februar, übt Metz Kritik am ersten Zirkelabend der FDJ, den er erlebt. Der sei undiszipliniert verlaufen, der Zirkelleiter sei nicht erschienen, jeder habe gemacht, was er wolle, einige hätten sogar „Raspa" (einen Modetanz der damaligen Zeit) getanzt. „Den Höhepunkt aber leistete sich unser Kulturfunktionär, einen Witz, der so beschämend für mich als neues Mitglied war." Ein Witz mit der Pointe, ob Lenin Russland nicht lieber vor dem Kommunismus retten wolle als vor dem Kapitalismus. „Nun, meine persönliche Meinung ist, dass zu diesem Witz jeder Kommentar überflüssig ist", hätte Metz laut Bericht dazu gesagt.[101]

Spricht da ein schon Enttäuschter oder ein plötzlich Hundertprozentiger, der die gemeinsame Sache voranbringen will? Oder betreibt da jemand Mimikry, also Tarnung, damit er nicht vorzeitig als U-Boot aus dem Westen in den Reihen der FDJ auffliegt? Fragen, die die Stasi nicht beantworten kann oder will. Die Akten beschreiben zwar Details von Gruppenabenden der FDJ, aus denen sich jedoch keine Richtungsentscheidung herauslesen lässt. Man stellt Helmut Metz allerdings unter permanente Beobachtung. Am 19. Juni 1951 meldet sich ein Anonymus. Metz lasse die „Hosen runter", so der namenlose Zuträger: Er „bemerkte, dass er dort arbeite, […] wo man ihm das meiste Geld gibt." „Anonymus" registriert auch, dass Metz sich als einer darstellt, der mit allen Wassern gewaschen sei. Angeberei unter Jugendlichen vielleicht, hier aber im Spitzelbericht Verletzung eines Sakrilegs, Metz habe geprahlt: „Z. B. Ostern 1949, als ich an der Zonengrenze von der sowjetischen Grenzpatrouille festgenommen wurde, gelang es mir, denen etwas vorzugaukeln und zu entfliehen".[102] Am 4. Juli 1951 kündigt die Staatssicherheit Maßnahmen an. Metz wird nunmehr zum Feind erklärt, den man rund um die Uhr beobachten müsse. Drei Genossen werden hierfür eingeteilt. Am 26. September 1951 gibt es „Kleinteiliges" zu berichten. „8.40 Uhr. Zwei Mann zu Metz gekommen. Eine viertel Stunde kam ein Polizeiauto und holte Metz ab [...]. Inzwischen trafen vier Jugendliche in seiner Wohnung ein und verließen zu Mittag wieder die Wohnung. Ein Auto hielt vor dem Hause. [...] Bis 15.00 kam derselbe Wagen noch zweimal die Straße entlanggefahren. [...] Um 15.35 verließ Metz die Wohnung und begab sich in Richtung Badstraße. Metz verlässt das Haus nur in Begleitung zweier Jugendlicher. Gegen 16.45 erkannte Metz unseren Freund und rempelte ihn an. Daraufhin musste sich unser Jugendfreund absetzen."[103]

Ob hier bereits an eine Verschleppung an einer der Berliner Sektorengrenzen geplant war? Viele Indizien in den Akten sprechen dafür. Es gäbe außer der offenen Feindseligkeit von Helmut Metz gegenüber der FDJ, heißt es dort, noch einen anderen Grund, seiner habhaft zu werden. Er sei schon längere Zeit Sympathisant der KgU, bei den Falken gelte er als Rädelsführer.

Wegen diversen auffälligen Aktionen lebt Helmut Metz tatsächlich gefährlich. Er fällt bei den Weltjugendfestspielen als eifriger Verteiler von Zetteln an den Sektorengrenzen auf. Deren Inhalt: „Die ‚Weltjugendfestspiele' sind der größte Misserfolg der SED seit 1945. Die Organisation war schlecht, die Verpflegung war miserabel, der Unterbringung der Teilnehmer war katastrophal. Die Maulhelden der SED und des Zentralrats der FDJ haben eins aufs Maul bekommen."[104]

Helmut Metz beteiligt sich auch tatkräftig an Ausschreitungen gegenüber FDJlern, die während der Weltjugendfestspiele im Westteil der Stadt für „den Frieden" demonstrieren. Er mischt mit bei Brandanschlägen und Zertrümmerungsaktionen die FDJ-Einrichtungen, Zeitungskiosken, die Publikationen aus der DDR verkaufen, und HO-Läden an den Sektorengrenzen gelten. Schließlich ist er an dem Überfall auf einen SED-Genossen aus Ost-Berlin, einen Rentner, beteiligt, der dann auf ein West-Berliner Polizeirevier gebracht und dort in Untersuchungshaft wegen versuchten Menschenraubes festgehalten wird, schließlich erst nach zwei Wochen wieder freikommt. So verdreht, so verrückt ist die Berliner Welt in den heißen Augusttagen 1951. Ein Rentner aus dem „verruchten Osten", der Opfer einer Attacke von Jugendlichen aus dem Westen wurde, wird anschließend des Menschenraubes bezichtigt und in Polizeigewahrsam genommen![105]

Zur Zuspitzung der Situation an den Sektorengrenzen trägt auch die Kampfgruppe gegen Unmenschlichkeit selbst bei, die sich seit ihren Gründungstagen immer mehr radikalisiert hat. Als Rainer Hildebrandt die KgU 1948 gründet, stehen humanitäre Ziele im Vordergrund. Die KgU verfügt über einen Suchdienst, der das Schicksal inhaftierter Häftlinge in der Sowjetzone aufklären soll. Neben einer Häftlingskartei entsteht auch eine Kartei über SED-Kader und sogenannte Denunzianten. Es werden zudem Informationen über die politische und wirtschaftliche Lage in der Sowjetzone, dann in der 1949 gegründeten DDR gesammelt. Militärstützpunkte und Bewegungen der sowjetischen Truppen werden ausgeforscht. Hildebrandt selbst predigt gewaltlosen Widerstand, als sein großes Vorbild nennt er Mahatma Gandhi. Mit Ernst Tillich, seinem Nachfolger in der Leitung der KgU, den er selbst dazu geholt hatte, wird sich die grundsätzliche Ausrichtung ändern. Tillich, studierter Theologe, predigt aktiven Widerstand mithilfe von Flugblattaktionen, Sabotage an Schleusen und Schienen, Plakatkampagnen in Städten und Dörfern der DDR. Jugendliche aus Ost und West sind da mit ihrem opferbereiten Idealismus willkommene Helfer, aber sie leben gefährlich.[106]
Es gibt mehrere Entführungsszenarien bezüglich Helmut Metz, aktenkundig bei der Staatssicherheit und dem West-Berliner Landgericht, vor dem später gegen einen der Entführer ermittelt werden wird. Über die Person des Entführers gibt es schnell Klarheit, es ist der Volkspolizist Wachtmeister Heinz E. Wirth, der während der tumultartigen Verschleppung von Metz im Oktober 1951 der entscheidende Akteur ist.

Ist Wirth ein Zufallstäter? Oder ein von der Staatssicherheit ausgewählter Entführer? Die Akten der Staatssicherheit machen deutlich, dass er auch in ihrem Dienst steht. In seiner Schweigeverpflichtung vom 25. Februar 1951 unterschreibt er, „dass ich [Wirth] zu keinerlei Person auch nicht gegenüber meinen engsten Familienangehörigen über geführte Gespräche sprechen darf".[107]
Dass Wirth kein Vorzeigemitarbeiter der Stasi ist, wird in Akten aus dem Jahr 1958, lange nach dem Fait accompli von 1951, deutlich. Darin werden von der Staatssicherheit in Form eines Informationsberichtes vom 19. Mai 1958 und eines Sachstandberichts vom 4. September 1958 Minuspunkte in seinem Lebenswandel aufgeführt. Wirth sei „während seiner Tätigkeit 1950 bis 1952 [bei der Volkspolizei] des Öfteren disziplinarisch bestraft" worden heißt es etwa. Zu seinen Verfehlungen im Dienst zählen das „Einnehmen von alkoholischen Getränken während der Dienstzeit [...] Trunkenheit im Dienst und Schlafen auf Posten" und dass er „auf Grund des vergangene Nacht genossenen Alkoholes dem Tagesdienst unentschuldigt fernblieb".[108] Außerdem gäbe es Gerüchte, die ihn als korrumpierbar charakterisierten. Er habe bei seinem Dienst hin und wieder Schieber unkontrolliert die Grenze passieren lassen und dafür aus ihren Schwarzmarktgeschäften Geld kassiert.[109] Für die Aktion vom 24. Oktober 1951 spielt das jedoch keine Rolle.
„Ich, Heinz Wirth, bin der Sohn einer Arbeiterfamilie", gibt der Volkspolizist in seinem Lebenslauf an, den ich in den Aktenbeständen aus dem Jahr 1958 finde. Es folgen Angaben zu seiner Kindheit. Die Eltern haben ihn mit vier Jahren weggegeben. Bis zum neunten Lebensjahr ist er im Kinderheim, dann bis zum sechzehnten bei einem Bauern als Pflegesohn untergebracht. Er arbeitet danach im Erzbergbau bei der Wismut AG und geht schließlich als Achtzehnjähriger 1950 freiwillig, wie er betont, zur Volkspolizei. Seine Kindheit und Jugend seien traurig gewesen, stellt er in seinem Lebenslauf fest: „Ich möchte nur dies schreiben, wer seine Füße unter fremde Leute Tisch steckt, kann sich ja einen Begriff machen, wie mein bisheriges Leben verlaufen ist." „Unterschrift"

steht da noch, die handschriftlich in den Akten fehlt.[110] Ein armer Hund ist er wohl gewesen, lese ich aus diesem Lebenslauf heraus, aber tauglich, wenn man ihm Heimat bietet.

In einem Bericht der Volkspolizei-Inspektion vom 25. Oktober 1951 wird die eigentliche Verschleppung von Helmut Metz beschrieben. Die Festnahme, wie die Aktion im Stasi-Jargon verschleiernd genannt wird, verläuft, als würde sie aus einem Krimi stammen. Wirth sei nach Dienstschluss zur Sektorengrenze Brunnenstraße/Ecke Bernauer Straße gegangen und habe dort den Metz, hier wird er bereits als „gesuchter Anführer der Kampfgruppe gegen Unmenschlichkeit“ bezeichnet, gesichtet. Metz und ein Komplize seien auf Wirth zugegangen und hätten dabei die Sektorengrenze Richtung Osten überquert. Wirth habe sich als eventuelles Opfer einer Entführung selbst bedroht gefühlt und gerufen: „Kommen Sie mit oder ich schieße!“ – „Dieser Aufforderung wurde keine Folge geleistet“, heißt es weiter im Bericht, „die Verbrecher zogen sich einige Schritte in den französischen Sektor zurück.“ Wirth habe nun Hilfe herbeitelefoniert, drei Kameraden der Berliner Verwaltung seien erschienen, inzwischen hätten herbeigeeilte FDJler dem Volkspolizisten zugeraunt, dass er tatsächlich selbst als Opfer einer Entführung ausersehen sei. Die Gruppe um Wirth habe nun Metz und seinen Begleiter wieder in den Osten zum U-Bahneingang Bernauer Straße zurücklocken wollen, um sich dort ihrer zu bemächtigen. Wirth, so der Bericht, habe sich nun mit einigen „FDJlern, Freunden“ abgesetzt, sie seien dann in eine Straßenbahn eingestiegen, um in die Bernauer Straße zurückzufahren und aus ihr heraus einen Überraschungsangriff zu starten. Der sei dann auch gelungen. Sie seien von der Straßenbahn abgesprungen, als diese auf der Höhe des U-Bahneingangs Bernauer Straße vorbeifuhr. Man habe Metz und „einen Complizen“ hinterrücks überwältigt und in die U-Bahnstation hineingezogen. Metz habe aktiven Widerstand geleistet und um Hilfe geschrien. „5–6 Stummpolizisten“[111] seien unter Abgabe von zwei Schüssen auf Ost-Berliner Gebiet erschienen. Der Komplize sei entkommen, weil er auch geschossen habe, Metz aber nicht.

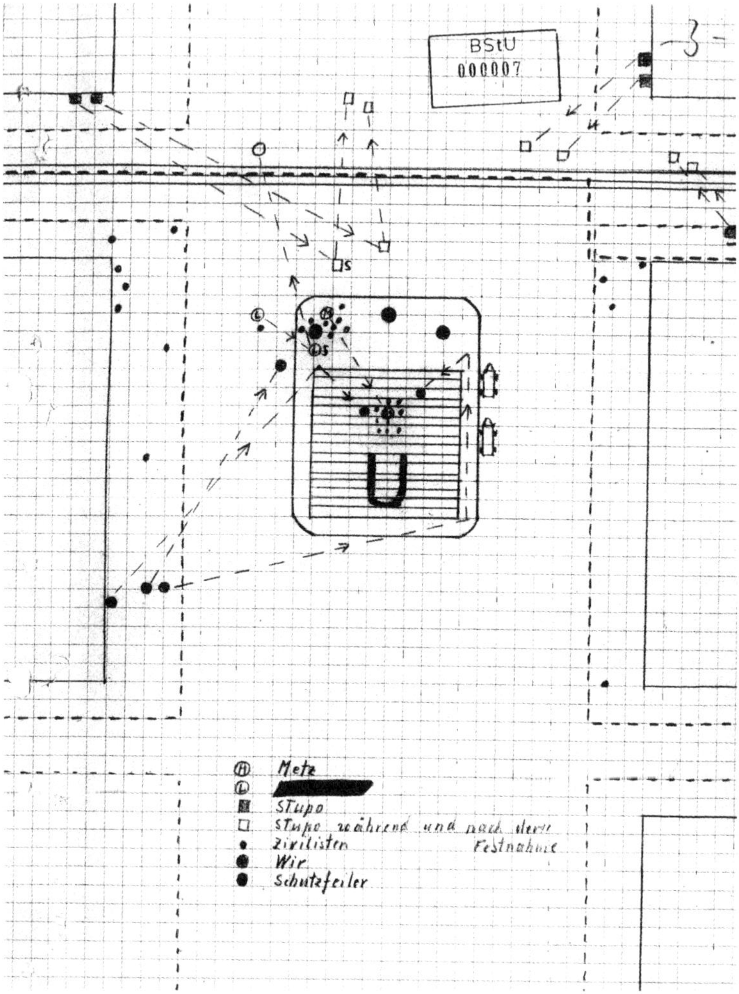

Der Tatort der Verschleppung, U-Bahnhof Bernauerstraße, Skizze der Staatssicherheit (Quelle BStU, MfS, AU 1377/58, S. 7)

Der Bericht der VP-Inspektion Mitte, Abteilung S vom 25. Oktober 1951 endet mit der Feststellung: „Der festgenommene M. wurde zur weiteren Bearbeitung der Angelegenheit der Berliner Verwaltung übergeben."[112]

Im Festnahmebericht, Tagebuchnummer 2580 der Abteilung VIII, noch am gleichen Tag unterzeichnet von Volkspolizeikommandeur Morgenthal, wird der Menschenraub, und um den handelt es sich ja hier, auch detailliert beschrieben. Hans Morgenthal, seit 1948 bei der Volkspolizei, ist ebenfalls Mitarbeiter der Staatssicherheit und an mehreren Entführungen beteiligt. Von dem Entführer Wirth ist in dem Bericht allerdings nicht die Rede, Namen werden bei der Beschreibung der Festnahme nicht genannt. Nur ein „Kurt" ist erwähnt, der die Verwaltung Groß-Berlin telefonisch informiert habe, dass sich Metz an der Sektorengrenze Bernauer/Ecke Brunnenstraße aufhalte. Dann sei ein Kommando zusammengestellt worden. Dem Bericht ist eine Skizze beigefügt, die den Ablauf der Festnahme festhält. „Wir" ist als dicker schwarzer Punkt gezeichnet, „Zivilisten" sind kleine schwarze Punkte, „Stupo" (West-Berliner Polizei) ist durch kleine Vierecke markiert. Alle Bewegungen sind als gestrichelte Linien dargestellt, sie führen in konzentrischen Kreisen zu „U", dem U-Bahnhof Bernauer Straße, zwei Autos sind am rückwärtigen Ausgang als „geparkt" ausgewiesen. Mit einem dieser Wagen wurde Metz offenbar zum Revier 14 und anschließend in die Haftanstalt gebracht.[113]

Helmut Metz ergeht es so wie allen anderen Entführten. Sie werden durch die Verhörmühlen der Staatssicherheit gedreht und auf einen öffentlichen Prozess vorbereitet, der dann mit einem geständigen Angeklagten als Propagandaauftritt des Regimes benutzt wird. In einem Verhör vom 25. Oktober, einen Tag nach der Verschleppung, wird Metz nach seinen Kontakten zur KgU befragt, dabei wird sichtbar, dass es den Vernehmern im Anklagekomplex „Metz" vor allem um die Abrechnung mit dieser „Feind"-Organisation geht, in der er als Kronzeuge für deren terroristischen Taten herhalten soll. Diese sind auch vor dem Prozess ständig Thema in den Ost-Berliner Zeitungen. So listet die *Tägliche Rundschau* vom 26. September 1951 „die Schandtaten" unter der Überschrift „Vandalentum an den Sektorengrenzen" auf. Dahinter stecke natürlich die KgU, „die Tillich-Banden", wie die Zeitung schreibt. Die Rede ist von Überfällen auf einen Kiosk mit Phosphorampullen, Steinbombardements in den demokratischen Sektor, Schießüberfällen mit schweren Katapulten und Schlägereien „mittels Totschlägern und Stahlruten“ mit zwei Volkspolizisten. Es entsteht der Eindruck, täglich fände an den Sektorengrenzen Groß-Berlins schon der heiße Krieg statt.

Kontakte zur KgU gibt Helmut Metz bereitwillig zu. In den ersten Augusttagen 1951, unmittelbar vor Beginn der 3. Weltjugendfestspiele, hätten erste Begegnungen stattgefunden. Metz räumt auch Provokationen an der Sektorengrenze in Absprache mit der KgU ein. „Ich sollte mit meiner Gruppe Unruhen an der Sektorengrenze hervorrufen“, führt er dazu aus.[114]

Als Beweismaterial, das die Aussagen von Helmut Metz verdeutlichen soll, werden Fotos zu den Gerichtsakten genommen. Man sieht ausgebrannte Kioske, an denen die Ostpresse, wie z. B. das *Neue Deutschland*, verkauft wurde. Zu sehen sind auch angekokeltes Mobiliar, umgestürzte Büromöbel, verwüstete Schreibtische, durcheinandergeworfene Akten und Papier auf dem Fußboden von FDJ-Büros.[115]

Die Karten für den Prozess gegen Metz und andere sind also gemischt. In der Anklageschrift des Generalstaatsanwaltes der Deutschen Demokratischen Republik vom 4. Mai 1952 werden die Aktionen der „organisierten Banden“ der KgU (neben Helmut Metz wird noch drei anderen Aktivisten aus dem Dunstkreis der Kampfgruppe gegen Unmenschlichkeit der Prozess gemacht) in einem Vorwurf zusammenfasst: „Die Angeschuldigten haben damit die Kriegsvorbereitungen der imperialistischen Kriegstreiber und ihrer deutschen Helfershelfer, die Lügenkampagnen und die Verleumdungen gegenüber der Deutschen Demokratischen Republik aktiv unterstützt.“ Auch handschriftliche Notizen sind in dieser Präambel der Anklage zu finden. „Boykotthetze“ steht da und dann wieder in Maschinenschrift: „Verbrechen strafbar nach Art. 6 der Verfassung der Demokratischen Republik und nach Art. III A III der Direktive 38.“[116]

In dem sehr auslegbaren Artikel 6 der DDR-Verfassung von 1949 heißt es u. a.: „Alle Bürger sind vor dem Gesetz gleichberechtigt.

Boykotthetze gegen demokratische Einrichtungen und Organisationen, Mordhetze gegen demokratische Politiker, Bekundung von Glaubens-, Rassen-, Völkerhass, militaristische Propaganda sowie Kriegshetze und alle sonstigen Handlungen, die sich gegen die Gleichberechtigung richten, sind Verbrechen im Sinne des Strafgesetzbuches."[117] Die Direktive 38 wurde nach dem Krieg von den Alliierten erlassen, um gegen Nazi-Aktivisten und ihre Kriegshetze vorzugehen und ganz allgemein den Prozess der Entnazifizierung voranzutreiben. Sie wurde dann umstandslos in das Strafrecht der DDR übernommen, um die innere Opposition als „faschistisch" zu brandmarken und abzuurteilen.

Das Gericht folgt der Argumentation des Generalstaatsanwaltes, ergänzt durch den Hinweis auf das Gesetz zum Schutz des Friedens von 1950. Unter dem Vorsitz von Hilde Benjamin (Vizepräsidentin des Obersten Gerichts der DDR und ab Juli 1953 Justizministerin) wird der 24-jährige Helmut Metz in nur zweitägiger Sitzung des Obersten Gerichts der DDR am 14. Mai 1952 zu lebenslänglichem Zuchthaus verurteilt.[118]

Auch einer der Akteure der Verschleppung, der Volkspolizei-Oberwachtmeister Hans Wirth, bleibt nicht lange in Freiheit. Er sei 1952 selbst Opfer einer Verschleppung geworden, führt er in einer Ergänzung zu seinem Lebenslauf vom 9. Juni 1957 aus, viele Jahre nach seiner Tat und kurz nach seiner Strafverbüßung in West-Berlin.

„Ich wurde am 30 Mai 1952 von den Agenten des westen, durch list und einnahme von Alkohol verschlept", gibt er an (Rechtschreibfehler im Original). „Ich wurde am 4.9.1952 vom Landesgericht Moabit von 6½ Jahren, auf Grund des Freiheitsschutzgesetzes [d.h. wegen Menschenraub] verurteilt." Nach fünf Jahren sei er dann freigekommen und nun bei der Deutschen Volkspolizei wieder angestellt, unter Anrechnung der Haft auf seine Dienstjahre.[119]

Dem Lebenslauf ist noch eine „Erklärung zu meiner Inhaftierung in WB" vom 13. Juni 1957 beigefügt, die die Verschleppung, diesmal von Ost nach West, noch geheimnisvoller macht. Ein Bekannter, „mit Vornamen Karl“, den er schon seit 1949 kenne, sei bei ihm erschienen, fabuliert er, und habe ihn zu einer Zechtour verführt: „Bier, Likör, Wein und Brandwein. Wir fingen mit dem Gelage am Zionskirchplatz an und endeten am Alexanderplatz.“ Im „HO Restaurang [sic!] Rosenthalerplatz“ hätte Karl ihn dann mit einem gewissen Fritz, den er später im Westen als seinen Vernehmer wiedererkannt habe, bekannt gemacht. „In der 7. Abendstunde“ sei ihm dann „ganz schlecht geworden“, und er habe Karl gebeten, ihn nach Hause zu bringen. Er könne sich nur noch an den Weg zur U-Bahnstation Alexanderplatz erinnern, aufgewacht sei er in einem Polizeigefängnis in West-Berlin am Tempelhofer Damm.[120] Was Heinz Wirth hier im Nachhinein für seine eigene Entlastung andeutet, hatte dessen Bruder schon bei der Vernehmung vom 3. Juni 1952 in der Volkspolizei-Inspektion Mitte, kurz nach Heinz Wirths Verschwinden, bestätigt. Sein Bruder Heinz sei mehrmals in West-Berlin gewesen, obwohl er dort mit Steckbrief wegen Menschenraubes gesucht wurde. Doch die Mutter lebe in West-Berlin und auch seine Freundin. In West-Berlin habe er sich mehrmals mit einem Bekannten seines verstorbenen Vaters getroffen und „im betrunkenen Zustand mitgeteilt, dass [...] auf seine Ergreifung eine Belohnung von 500 Westmark ausgesetzt“ wäre, wegen seiner Beteiligung an der Festnahme des Provokateurs Metz. Die Vermutung läge nahe, dass dieser Bekannte als Entführer infrage käme. Sein Bruder sei nach einer neuerlichen Verabredung mit diesem am Pfingstsonntag, dem 1. Juni, nicht wieder aufgetaucht.[121]

Dass die Volkspolizei-Inspektion Mitte sehr bald genau weiß, wo sich Heinz Wirth befindet, ergibt sich aus einem Bericht über die Sitzung des sogenannten Groscurth-Ausschusses vom 16. Juni 1952. Der Ausschuss entstand in Ost-Berlin zur Aufklärung von Polizeiübergriffen in West-Berlin während der 3. Weltfestspiele 1951.[122] Unter dem vollständigen Namen „Groscurth-Ausschuss zum Schutze der demokratischen Rechte und zur Verteidigung von Patrioten in Westberlin“ unterstützt er aber auch DDR-Bürger,

die in West-Berlin vor Gericht stehen. Darunter fallen nach dem Verständnis des Ausschusses auch Menschen wie der wegen Menschenraub angeklagte Heinz Wirth.
Auf der Sitzung des „Gross-Courth-Ausschusses“ (falsche Schreibung im Original) sei deutlich geworden, heißt es im Bericht der Volkspolizei-Inspektion Mitte, dass Wirth zweifellos entführt worden sei. Die nunmehr dritte Version der Geschehnisse um den Pfingstsonntag 1952 herum lautet, der Bekannte des Vaters, „der einarmige Karl“, habe Metz zu einem Kinobesuch in West-Berlin verführt. Auf dem Weg zum Kino sei man noch einmal in einem Lokal eingekehrt und dann sei die „Stumm-Polizei“ erschienen.
Der Ausschuss habe dann beraten, wie dem aus seiner Sicht zu Unrecht inhaftierte Heinz Wirth geholfen werden könne. Neben einem Anwalt stand dabei die moralische Unterstützung im Vordergrund. „Um Wirth jedoch moralisch zu unterstützen, wäre es notwendig, ihm einige zusätzliche Lebens- und Genussmittel zukommen zu lassen. Die Volkssolidarität Berlin ist bereit, die Mittel zur Verfügung zu stellen.“[123] Aus dem Beschriebenen wird gut ersichtlich, wie verhärtet die Fronten zwischen Ost und West damals waren, die nur eine Schwarzweißsicht erlaubten und auf der einen Seite zum Opfer stilisieren, was auf der anderen als Täter gesehen wird.
Im Juni 1952 wird Heinz Wirth der Prozess gemacht. Er muss sich vor dem West-Berliner Landgericht in Moabit wegen Menschenraub verantworten. Man kann von einer zeitlichen Parallelität beider Prozesse gegen Metz und Wirth sprechen, ohne dass der eine Angeklagte von dem anderen weiß. Für Helmut Metz wäre es sicherlich eine Genugtuung gewesen, zu erfahren, dass einer seiner Entführer in West-Berlin vor Gericht steht.
Aus den Akten des West-Berliner Landgerichtes wird deutlich, dass Wirth in Absprache mit der Verteidigung die Tat bestreiten sollte. Auch als ein Zeuge der Verschleppung, der Laborant Siegfried Lindemann, damals Begleiter von Metz, Wirth gegenübergestellt wird, bleibt dieser bei der Aussage, dass er mit der Verschleppung nichts zu tun gehabt habe. Im Verhandlungsprotokoll

vom 18. Juni 1952 ist Lindemanns Aussage festgehalten: „Der mir heute gegenübergestellte junge Mann war es, der seinerzeit Metz von hinten ansprang und ihn somit überwältigte." Heinz Wirth entgegnet später: „Ich bestreite entschieden, dass ich am 24.10.51 mit der Straßenbahnlinie 4 in den Abendstunden gegen 22.30 Uhr an der Brunnen-Ecke Bernauer Straße eintraf, von der Straßenbahn absprang und Helmut Metz von hinten überwältigt habe." Allerdings muss er einräumen, dass er sich schon ab 19.30 Uhr „mit einigen Unterbrechungen an der Sektorengrenze aufhielt". Damit widerspricht er früheren Aussagen vor Gericht, er sei am Tag der Verschleppung überhaupt nicht vor Ort gewesen, sondern bei seiner Freundin. Jetzt gibt er immerhin zu, dass er in dieser Angelegenheit die Unwahrheit gesagt hat. Mit diesem Herumlavieren macht sich der Angeklagte vor Gericht offensichtlich unglaubwürdig. Die Strafkammer in Moabit verurteilt Heinz Wirth schließlich wegen besonders schweren Menschenraubes zu sechseinhalb Jahren Zuchthaus.[124] In einem Kommentar zum Prozess fordert der *Tagesspiegel* in seiner Ausgabe vom 5. September 1952 noch strengere Strafen: „Die Teilnahme an einer Entführung muss als Beihilfe zum Mord ausgelegt werden, für die der Gesetzgeber lebenslängliches Zuchthaus vorsieht."

Nach seiner Verurteilung bleibt Heinz Wirth weiter unter Beobachtung. Nicht nur vom Wachpersonal im Gefängnis, wie es üblich ist, sondern überraschenderweise auch von der Staatssicherheit, die offensichtlich im Gefängnis einen Spitzel hat und ihren Mitarbeiter auch in West-Berliner Gewahrsam weiter im Auge behält. In einem Informationsbericht vom 19. Mai 1958 aus der Abteilung VIII ist von „einer uns bekannten Person P" die Rede, die einen bedenklichen Gesinnungswandel Wirths in der Haft festgestellt habe. „Nach seiner Verurteilung [...] begann Wirth böse zu werden, machte defätistische Äußerungen, sprach abfällig über Staatsfunktionäre der SED sowie der SU und an seinem Unglück wären alle schuld." Außerdem habe er sich auf seiner Arbeitsstelle in Tegel (hier ist in Klammern handschriftlich hin-

zugefügt: „Gefängnis“) mit einem gewissen Cornelius May angefreundet (zu Cornelius Mey/May siehe das Kapitel zum Entführungsfall „Kerst“). May bekenne sich zu Bucharin und Trotzki und schimpfe auch auf die Staatsfunktionäre. Höchst verdächtige Umstände seien das, die eine weitere operative Bearbeitung von Heinz Wirth nötig machten, gerade jetzt nach seiner vorzeitigen Entlassung aus West-Berliner Haft wegen eines erfolgreichen Gnadengesuchs seines Anwaltes und seiner Rückkehr in den Dienst der Volkspolizei.[125]
Am 22. Juli wird ein Maßnahmeplan zur engmaschigen Überwachung von Wirth aufgestellt, es wird überdies eine „Handakte“ angelegt. In einem Sachstandsbericht vom 4. September 1958 werden die Treffen von May und Wirth aufgelistet. Sie hätten sich allein in den Monaten März und April zwölfmal verdächtigerweise getroffen. Zudem gäbe es da noch einen Onkel, den Wirth oft um Geld und dessen Fotoausrüstung anging,[126] was wohl auch für Misstrauen bei der Stasi sorgt.
Der Arm der Staatssicherheit scheint wieder einmal sehr lang zu sein. Wer sich einmal mit ihr eingelassen hat, wird immer unter Beobachtung stehen. Im Selbstverständnis der Beschützer des Sozialismus, des Schilds und Schwerts der Partei, können Verdächtigungen nur weitere Verdächtigungen nach sich ziehen. Aus Wirth, immer noch im Dienst der Staatssicherheit, wird so ein Sicherheitsrisiko. Sein Onkel wird nun als Informant angeworben, der Wirth aushorchen soll, obwohl er, wie in einem Bericht über die Kontaktaufnahme am 7. Juli 1958 ausgeführt, den Neffen nicht ins Unglück stürzen will. Bei mehreren Treffen mit dem Onkel kommt dann aber nicht viel heraus, außer den Angaben zum familiären Umfeld von Heinz Wirth, die der Staatssicherheit längst bekannt sind. Der Onkel wird nun ebenfalls überprüft, weil seine Dienste nicht wirklich ergiebig sind. „Über seinen Leumund und seinen moralischen Lebenswandel kann Nachteiliges nicht gesagt werden“, heißt es in einem Ermittlungsbericht vom 10. Oktober 1958. Die Kontakte der beiden Entführer May und Wirth reichen als Verdachtsmomente nicht aus. „In der gesamten operativen Ar-

beit des Materials ‚Wirth' konnte W. keiner Feindtätigkeit überführt werden", lautet das Fazit im Abschlussbericht vom 20. März 1959.[127] Damit ist der Vorgang abgeschlossen. Schon drei Wochen vor dieser abschließenden Einschätzung hatte sich die Kreisdienststelle des MfS Treptow überlegt, Wirth wieder zu aktivieren. Weiß im weitverzweigten Reich der Staatssicherheit eine Stelle nicht, was die andere tut? Heinz Wirth zögert jedenfalls keine Sekunde, mit seinem Ja bei diesem erneuten Anbahnungsgespräch, über das in den Stasi-Akten am 1. März 1961 berichtet wird. „Er betrachtet es als Genosse und Angehöriger der Volkspolizei als selbstverständlich die Sicherheitsorgane zu unterstützen, wenn es um den Schutz unserer Republik geht."[128]

Helmut Metz soll seine Strafe vollständig absitzen. In mehreren Gesuchen versucht seine Pflegemutter beim Justizministerium der DDR eine Begnadigung zu erreichen. In der Kopie eines Antwortschreibens am 15. Dezember 1960 heißt es in einem handgeschriebenen Vermerk des zuständigen Sacharbeiters: „Weglegen (Keine Begnadigung)".[129]

Am 31. August 1964 ist die Kanzlei des Staatsrats der DDR, die jetzt mit der Begnadigungssache befasst ist, milder gestimmt: „Die vom Obersten Gericht der DDR gegen Helmut Metz ausgesprochene lebenslange Zuchthausstrafe [...] wird auf eine Freiheitsstrafe in Höhe von 15 Jahren herabgesetzt. Gez. Walter Ulbricht."[130] Zu diesem Zeitpunkt hat Metz fast dreizehn Jahre seiner Strafe abgebüßt. Er hat sich gut geführt in der Strafvollzugsanstalt Brandenburg, „ständig gleich bleibende gute Arbeitsleistungen" gezeigt, unter anderem als Werkzeugausgeber, Endkontrolleur und Fadenabschneider in der Gefängnis-Schneiderei, heißt es in der Beurteilung von Strafgefangenen vom 12. Oktober 1960.[131] „Daraus kann eingeschätzt werden, dass der Strafzweck beim Verurteilten erreicht ist", lautet das Urteil in einem Schreiben an den Präsidenten des Obersten Gerichts der Deutschen Demokratischen Republik, unterschrieben von einem Genossen Streit. Seltsamerweise ist dieses Schreiben undatiert, in dem beantragt wird, „die weitere

Strafverbüßung mit Wirkung vom 5. September 1964 bedingt auszusetzen".[132]
Zu diesem Zeitpunkt befindet sich Helmut Metz laut den „Transportlisten der 800 u. Einzeltransporte über S-Bhf. Friedrichstraße" bereits auf freiem Fuß, allerdings im Westen. Unter der Nummer 454 ist sein Name verzeichnet, mit dem Hinweis: „4.9.1964 BR", was im Klartext bedeutet: entlassen in die Bundesrepublik Deutschland.[133]
Zum Verwirrspiel in der Aktenführung der Staatssicherheit gehört auch der aufgeführte Beschluss des Obersten Gerichtes vom 2. April 1968 (!), in dem Helmut Metz bestätigt wird, dass er keinen Anlass gegeben hätte, die mit der Strafaussetzung vom 5. September 1964 ausgesprochene Bewährung von drei Jahren zurückzunehmen, ihm also nun die Reststrafe zu erlassen. Wie hätte Metz, kann man sich fragen, allerdings gegen die Bewährungsauflagen verstoßen können, da er zu dieser Zeit schon drei Jahre im Westen war? Der Höhepunkt der Mimikry ist ein Beurteilungsblatt zum Beschluss, in dem der Vermerk „keine operativen Bedenken" zu finden ist, handschriftlich bestätigt von Stasi-Chef Erich Mielke.[134]
Wenn man weiß, dass von 1964 bis 1989 33.755 Häftlinge aus DDR-Haftanstalten im Gegenwert von etwa 3,5 Milliarden DM freigekauft wurden, bekommt dieses Täuschungsmanöver in den Akten einen Sinn. Es soll vor der eigenen Bevölkerung möglichst verborgen bleiben, dass mit Strafgefangenen ein Geschäft gemacht werden kann, zunächst Mensch gegen Bargeld, dann gegen Waren, die in der DDR dringend benötigt werden.

DER UNTERSUCHUNGSAUSSCHUSS FREIHEITLICHER JURISTEN MUSS GESCHWÄCHT WERDEN

Wolfgang Kaiser und Wolfgang Baumbach, in der Nacht des 6./7. Mai 1952 verschwunden

Es waren einmal zwei Freunde, die sich gegenseitig der Staatssicherheit auslieferten, weil sie deren Versprechungen glaubten [...] So könnte diese Geschichte anfangen. Eine tragische Geschichte, für einen von beiden mit tödlichem Ausgang.
In der West-Berliner Presse wird sie groß aufgemacht. Wolfgang Kaiser und Wolfgang Baumbach seien nach einem Lokalbesuch in den frühen Morgenstunden des 7. Mai spurlos verschwunden. Von beiden fehle seitdem jedes Lebenszeichen, und nun bereite die Staatssicherheit in Ost-Berlin wohl einen Schauprozess vor. In der Broschüre „Menschenraub“ der „Freiheit“-Aktion der Jugend in Bonn ist über diese Nacht zu lesen, es wäre ein abgefeimter Plan umgesetzt worden, mit einem ahnungslosen Opfer und einem durchtriebenen Schurken. Das Opfer wäre Wolfgang Kaiser und der Schurke Wolfgang Baumbach. Beide hätten Chemie studiert. Kaiser an der Freien Universität in West-Berlin, Baumbach an der Humboldt Universität in Ost-Berlin. Sie seien befreundet gewesen und hätten sich nicht nur über das Studium ausgetauscht. Man sei auch beim Basteln von Knallkörpern in Kinderluftballons zusammengekommen, die man über die Grenze geschickt habe und die nach einer vorher festgelegten Zeit explodierten, um ihren Inhalt freizugeben: Flugblätter, die über das Unrechtssystem in der DDR aufklären sollten. Baumbach habe da allerdings schon für die Staatssicherheit gearbeitet, agierte als Agent Provocateur. Das habe er seinem Freund auch gebeichtet und damit das Vertrauensverhältnis zwischen beiden gefestigt. Anfang Mai 1952 habe man

dann wie üblich Baumbachs Geburtstag in West-Berlin gefeiert, diesmal mit selbst gemachtem Rhabarberwein und Apfelsinenlikör, später ging es auf einen Absacker in eine Ost-Berliner „Destille" dicht hinter der Sektorengrenze, dort habe Baumbach seinen Freund „dem SSD in die Klauen geliefert". Dramatische Vorgänge, zweifellos, ob die Schilderung in der Broschüre „Menschenraub" sich mit der Wirklichkeit deckt, ist aber mehr als zweifelhaft.[135] Ich muss hier weiter ausholen: Die „Freiheit"-Aktion der Jugend in Bonn, eine Außenstelle des Gesamtdeutschen Ministeriums, die sich auch mit Unterstützung amerikanischer Geheimdienstleute mit politischen Broschüren über das „Unrechtssystem in der DDR" und in Osteuropa hervortut, gehört in dieser Funktion zu den westlichen Propagandamedien im Kalten Krieg, der Anfang der 50er Jahre immer noch so intensiv geführt wird wie Ende der 40er Jahre. Zwei Ereignisse im Mai 1952, dem Monat, in dem die beiden Chemiestudenten verschwinden, belegen das: Das Ministerium für Staatssicherheit wird am 26. Mai vom Ministerrat der DDR beauftragt, an der verstärkten Bewachung der Grenzen der DDR mitzuwirken. Am 27. Mai kappen Arbeiter der Ost-Berliner Postverwaltung die Fernsprechnetze zwischen West-Berlin und der DDR einschließlich Ost-Berlins. Auch die Großwetterlage fühlt sich nicht besser an. Vorschläge der Sowjetunion zur Lösung der Deutschlandfrage, das heißt freie Wahlen in ganz Deutschland unter Aufsicht der vier Siegermächte, werden von den Westalliierten zurückgewiesen. Die Sowjetunion wieder-

Eine letzte private Aufnahme von Wolfgang Kaiser (Quelle: Der Tagesspiegel, 29.08.1952)

um reagiert ablehnend auf das Ansinnen der Westalliierten, diese Wahlen unter Aufsicht der UNO durchzuführen.
In der Geschichte der beiden Verschwundenen spielt auch wieder die Kampfgruppe gegen Unmenschlichkeit eine Rolle. Wolfgang Kaiser wird der Leiter eines Chemielabors dieser Organisation und Wolfgang Baumbach besorgt in Ost-Berlin Chemikalien für den Freund. Beide arbeiten damit für eine Gruppe, die sich zu dieser Zeit wegen verschiedener Aktionen zunehmend auch in der Westpresse unbeliebt macht. Es werden Fragen gestellt. Fragen nach dem Sinn und Zweck von Stink- und Nebelbombenanschlägen, der Herstellung von Brandsätzen und Laborversuchen mit Nervengiften, nach dem Einsatz von Jugendlichen, die in der DDR wohnen und von dort gegen sie agitieren.[136] Als diese Diskussionen aufkommen, ist das Schicksal von Kaiser und Baumbach längst besiegelt. Wolfgang Baumbach steht in den Augusttagen 1952 in Halle (Saale), Wolfgang Kaiser in Ost-Berlin vor Gericht. Das *Neue Deutschland* vom 9. August 1952 titelt zum Kaiser-Prozess: „Eine Bande von Mördern, Diversanten und Spionen des USA-Geheimdienstes vor dem Obersten Gericht der DDR. Sogenannte ‚Kampfgruppe gegen Unmenschlichkeit' als fünfte Kolonne des Generalkriegsvertrages entlarvt".[137] Einen Tag später wird in derselben Zeitung das Todesurteil gegen Kaiser verkündet. Die Vorsitzende des Obersten Gerichts der DDR, Hilde Benjamin, wird zitiert: „Hier tritt der Terror als besondere Form der Kriegsvorbereitung hervor [...] Der Hitler-Faschismus war Meister solcher Anwendung des Terrors zur Kriegsvorbereitung".[138] Diesmal läuft der Terror unter amerikanischer Regie, versteht sich. So martialisch tönt der Kalte Krieg in diesem Sommer 1952. Hinter den Wolken dieses Propagandagewitters verschwinden Menschen wie Wolfgang Baumbach und Wolfgang Kaiser einfach im Nichts. Keiner fragt in der Öffentlichkeit, wie es für diese beiden zu dieser Entwicklung gekommen ist. Warum sind sie in die Falle der Staatssicherheit getappt? Warum haben sie sich von der KgU missbrauchen lassen? Gab es andere Motive? Auch aus dem Studium beider Lebensläufe ergeben sich für mich keine Gewissheiten.

Zur Biografie Wolfgang Kaisers gibt es zwei Lesarten, beide sind ideologisch eingefärbt. Die eine stammt aus der Anklageschrift des Obersten Gerichts der DDR vom 4. August 1952. Die zweite ist eine propagandistische Replik auf den „Fall Wolfgang Kaiser", die der Gründer der KgU, Rainer Hildebrandt, dem ehemaligen Mitarbeiter dieser Organisation schuldig zu sein glaubt.

Hier nun die erste Version: Der am 16. Februar 1924 in Leipzig geborene Wolfgang Kaiser entstammt, wie die Anklageschrift in SED-Rhetorik vermerkt, „einer kleinbürgerlichen Familie". Er besucht das Gymnasium, macht Abitur, meldet sich 1942, knapp achtzehnjährig, zur Wehrmacht, dient dort im Luftwaffen-Ausbildungsregiment 51 in Antwerpen und Le Havre, später in anderen Luftwaffenschulen. Nach Kriegsende gerät er kurze Zeit in amerikanische Gefangenschaft, wird nach seiner Entlassung Hilfspolizist und Dolmetscher im bayrischen Schongau. Die Amerikaner können ihn wegen seiner Englischkenntnisse gut gebrauchen. „In Ausübung dieser Tätigkeit nahm er mit den amerikanischen Söldnern an Hausuntersuchungen und Razzien teil. Hierbei eignete er sich rechtswidrig eine schussfertige Pistole, Kaliber 6,35 mm, mit drei Schuss Munition an". Auf Bitten der Eltern kommt er Mitte 1946 nach West-Berlin zurück. An der Humboldt Universität in Ost-Berlin erhält er am 16. Oktober 1946 einen Studienplatz im Fach Chemie, „auf Kosten der Werktätigen", wie im Urteil süffisant vermerkt ist. „Im Frühjahr 1950 flüchtete er aus Furcht vor der Entlarvung in die Westsektoren Berlins. Dort fand er bei der Kampfgruppe sein Unterkommen und war bis zu seiner Festnahme als Ermittler und Chemiker tätig." Mit dieser Charakterisierung Wolfgang Kaisers ist das Urteil schon so gut wie gesprochen.[139]

Version zwei: Rainer Hildebrandt zeichnet in seinem Lebenslauf das Bild eines lieben Jungen, eines strebsamen und hilfsbereiten jungen Mannes, dem man gar nicht zutrauen kann, was das Oberste Gericht da vorbringt. „Wer ist Wolfgang Kaiser?", fragt er rhetorisch in seinem am 29. August 1952 im *Tagesspiegel* veröffentlichten Artikel. „In einem Gefängnis des sowjetischen Sektors wartet ein Student der Chemie auf seine Hinrichtung“, beginnt der Beitrag melodramatisch. Dann folgt Biografisches: Kaiser komme aus einer „angesehenen Beamtenfamilie“, er sei folgsamer als andere Kinder gewesen, „gewissenhaft und strebsam“, sein Spielzeug habe er nie zerbrochen, sondern stets sorgfältig aufgestellt, wenn er schlafen ging. Immer habe er die besten Noten in Chemie gehabt. Zusammenfassend schreibt Rainer Hildebrandt, sei er von Grund auf ein guter Mensch. Wenige Worte verliert er über dessen amerikanische Kriegsgefangenschaft. Er habe danach in einem Bergwerk gearbeitet, sich dort ein Magenleiden zugezogen. Warum er nach Rückkehr zu den Eltern nach West-Berlin von der Humboldt-Universität im Osten der Stadt zur Freien Universität in West-Berlin wechselt, bleibt bei Rainer Hildebrandt auch unkommentiert. Dass er dann an der Freien Universität nicht angenommen wird, erklärt der Autor mit „Überfüllung“. Schmallippig ist er auch bei dem Kapitel „KgU und Wolfgang Kaiser“. Er sei da halt beschäftigt gewesen, hätte Geld verdienen müssen. Er habe aber „trotz seines kleinen Gehaltes nie versäumt, bei Besuchen seine Eltern mit kleinen Aufmerksamkeiten zu erfreuen“.[140] Wie könnte ein solcher Mensch anderen schaden?, schimmert durch den Zeilen durch.

Wolfgang Baumbach ist knapp ein Jahr älter als Wolfgang Kaiser. Sein Lebenslauf ist im Schlussbericht der Staatssicherheit vom 29. August 1952 vermerkt. Es ergeben sich gewisse Parallelen: Wolfgang Baumbach kommt am 1. Mai 1923 im thüringischen Mühlhausen zur Welt, wächst in gutbürgerlichem Milieu auf, in Berlin macht er Abitur, während des Krieges dient er in der Fallschirm-Panzer-Grenadier-Division „Hermann Göring“, wie er seinen Vernehmern gegenüber aussagt. Wie Wolfgang Kaiser kommt er unbeschadet aus dem Krieg, die Gefangenschaft bleibt ihm erspart. Im August 1945 geht er nach Berlin, arbeitet dort zunächst neun Monate als Möbeltransporteur und schreibt sich 1946 dann an der Humboldt-Universität für das Fach Chemie ein. 1951 sitzt er an der Abfassung seiner Diplomarbeit.[141]

Wie aber kommen die Baumbach und Kaiser zusammen, wie werden sie Freunde? Im selben Studienfach an derselben Universität bleibt es nicht aus, dass sich die Kommilitonen über den Weg laufen. Man findet sich sympathisch, man freundet sich an. Weil Kaiser sich politisch verfolgt gefühlt habe, sagt Baumbach in einem Verhör der Staatssicherheit, das nicht mit Datum abgelegt ist, sei er nach West-Berlin gegangen. Am Anfang hätte er es dort schwer gehabt, für ein halbes Jahr als Nachtwächter gearbeitet, bei einer Firma, die für die Amerikaner Kasernen baut. Zum Ausheilen seines Magenleidens sei er für ein Vierteljahr zur Kur nach Westdeutschland geschickt worden. Dennoch habe man sich nicht aus den Augen verloren.[142]

Die Vernehmungsprotokolle von Baumbach und Kaiser, die an getrennten Orten verhört und gegeneinander ausgespielt werden, legen die Vermutung nahe, das hier kein Doppelspiel von zwei Agenten stattfand, sondern der Versuch von zwei Menschen, durch gefügige Aussagen mit geringen Strafen davon zu kommen. Ein Beleg dafür findet sich erneut in dem undatierten Vernehmungsprotokoll von Wolfgang Baumbach. Er habe von Kaiser selbst erfahren, dass dieser mit der Kampfgruppe gegen Unmenschlichkeit Verbindung aufgenommen habe. Es sei jetzt wohl besser, dass sein Freund nicht mehr nach West-Berlin komme, habe Kaiser geäußert, weil er beschattet und sein Umgang von der KgU „beleuchtet“ werde. Baumbach wiederum berichtet Kaiser, dass er jetzt für die Staatssicherheit arbeite, die ihm den Auftrag gegeben habe, mittels seines Freundes über die KgU zu berichten. Die Freunde halten zusammen, so Baumbachs Aussage, beide schreiben nun gemeinsam Berichte für die Staatssicherheit über die KgU, Baumbach liefert nichtsdestotrotz Chemikalien an Kaiser für die Herstellung von Sprengstoff, Stinkbomben und Brandsätzen.[143]

Unglaubliche Dinge treten im Vernehmungsprotokoll vom 10. Mai 1952 zutage. Sie lassen einen Blick auf das Labor der KgU zu, die sich in dieser Zeit in einer Art chemischer Krieg mit der DDR befindet. „Worin bestand die Tätigkeit Kaisers bei der sogenannten KgU?“, fragt der Vernehmer. Die Antwort von Wolfgang

Baumbach: „Während meiner laufenden Tätigkeit an der Humboldt-Universität und der Freundschaft mit Kaiser habe ich zu verschiedenen Zeitpunkten Eisenoxyd, Tetra-Chlor, Kohlenstoff, Aluminiumpulver, Schwefelsäure, Schwefelkohlenstoff, Benzol und andere Chemikalien verkauft." Ein ganzes Arsenal von Chemikalien wird da aufgezählt, mit denen man Sprengstoff herstellen kann. Baumbach berichtet weiter, dass Kaiser „im Auftrag der sogenannten KgU Scopolamin hergestellt hat, damit sollen 50 Personen anlässlich einer Feierlichkeit eingeschläfert werden. Wo, ist mir unbekannt."[144] Monströse Aussagen dieser Art dokumentieren, wie nah man damals an einem Krieg war. Dem jeweiligen Gegner im Kalten Krieg wird alles zugetraut, eben auch Szenarien, wie wir sie später aus James-Bond-Filmen kennen. Das Böse ist überall.

In diesem Vernehmungsprotokoll geht es nun auch um den Kern der Geschichte von den beiden Freunden. Man könnte von einer Überführung im gegenseitigen Einverständnis sprechen, Baumbach machte Kaiser eine Zukunft bei der Humboldt-Universität schmackhaft. Da ginge der sozialistische Aufbau voran, auch mit der Einrichtung eines neuen Labors. Überdies könne Kaiser bei seiner eventuellen Rückkehr dann wie er selbst mit der Stasi zusammenarbeiten. Schließlich erzählt Baumbach, wie es sich mit der Rückkehr von Kaiser nach Ost-Berlin zugetragen hat, für diesen eine verbotene Zone nach der Flucht nach West-Berlin. Kaiser „erklärte mir am 7.5.1952 gegen 1.30 Uhr, nachdem er seine Freundin nach Hause gebracht hatte, ‚Ich komme jetzt mit Dir mit'. Als ich ihn fragte: ‚Wohin?', sagte er zu mir ‚Magazinstraße', weil ich ihm schon berichtet hatte, dass ich von da aus mit der Staatssicherheit Verbindung bekommen konnte."[145]

Waren die beiden Freunde wirklich so naiv? In der Vernehmerdisposition, der Zusammenfassung der bisherigen Kenntnisse der Staatssicherheit, vom 10. Mai 1952, geschrieben zwei Tage nach der Ankunft der beiden in Ost-Berlin und ihrer Überstellung in Stasi-Gewahrsam, ist Kaiser für die Stasi jedenfalls ein gefährlicher Bursche, vor dem man auf der Hut sein muss, kein Überläufer. Er sei mit einer Pistole rübergekommen und mit einer kleinen Ampulle Gift, so dass die Befürchtung bestehe, er habe einen Mitarbeiter des MfS betäuben wollen, um ihn dann nach West-Berlin zu verschleppen. Eine krude, ziemlich unrealistische Vorstellung. Auch Baumbach wird hier zu einem Gangster gemacht, er habe ein „dolchartiges Messer" bei sich getragen. Keine Rede ist mehr von dem Auftrag an Baumbach, Kaiser zum Zweck der Anwerbung „hier her mitzubringen", wie in der Vernehmerdisposition auch ausgeführt wird, womit man sich selbst widerspricht.

Wie es mit den Freunden weitergehen soll, darüber wird dann Klartext geredet: Beide sind Agenten, haben sich in ihren Berichten an die Stasi abgesprochen, sind jetzt bei den Vernehmungen gegeneinander auszuspielen, bis ihre Geständnisse vorliegen, dass die KgU eine Verbrecherorganisation ist und sie zu ihren Protagonisten gehören.[146]

Die große Bühne für den Prozess gegen Wolfgang Kaiser und drei Mitangeklagte ist das Oberste Gericht der Deutschen Demokratischen Republik, die Hauptdarstellerin Hilde Benjamin, die den Vorsitz hat. Der Prozess gegen Wolfgang Baumbach wird abgetrennt und findet vor der Ersten Großen Strafkammer in Halle (Saale), bis Juli 1952 noch Landeshauptstadt Sachsen-Anhalts, nunmehr Bezirkshauptstadt statt. Er wird niedriger gehängt als das Spektakel in Berlin. Mit Baumbach will die Staatssicherheit vor allem als Verräter und Komplizen Wolfgang Kaisers abrechnen. Der Prozess gegen Wolfgang Baumbach findet im September 1952 statt, es ist der erste Akt des Dramas um die beiden Freunde. Er dauert dann allerdings wesentlich länger als der Schauprozess in Berlin. Am 4. November 1952 verurteilt das Gericht in Halle Baumbach zu acht Jahren Zuchthaus.

Wolfgang Kaiser steht am 8. und 9. August 1952 vor Gericht. Der Prozess wird zu Schulungszwecken aufgezeichnet und findet vor viel Publikum sowie Journalisten aus Ost und West statt. Man spart nicht an gruseligen Details über das „Waffenarsenal des

Feindes", wie es heißt. Generalstaatsanwalt Ernst Melsheimer, mit Richterin Hilde Benjamin schon ein eingespieltes Team bei Schauprozessen, nimmt sich Wolfgang Kaiser vor. Er sei der Leiter des chemisch-technischen Labors der KgU (obwohl Kaiser von der KgU nicht einmal angestellt war, seine chemischen Experimente im Aushilfsjob versah, entlohnt mit 50 DM monatlich). Es ist auch die Rede von Sprengkoffern, in Wirklichkeit primitive Brandsätze, die bei Anwendung höchstens einen Schwelbrand ausgelöst hätten. Kaiser habe auch im Labor an hochexplosivem Sprengmaterial gearbeitet. (Die Realität ist etwas profaner: Das Labor ist in einem Karnickelstall im Garten der KgU-Geschäftsstelle untergebracht, wo Kaiser hauptsächlich mit Säurelunten und Brandstoffen hantierte, die zum Absturz von mit Flugblättern gefüllten Ballons über DDR-Gebiet führen sollten.) Höhepunkt des Schauprozesses ist folgender Dialog zwischen dem Generalstaatsanwalt und dem Angeklagten Wolfgang Kaiser. Vor allem interessiert Melsheimer das Nervengift Canthardin, das u. a. aus der Spanischen Fliege (*Lytta vesicatoria*) gewonnen wird. Generalstaatsanwalt: „Sie haben von dem Gift Canthardin gesprochen. Wissen Sie, wie gefährlich dieses Gift ist?" Kaiser: „Ja." Generalstaatsanwalt: „Wissen Sie, wie viel nötig ist, um einen Menschen zu töten?" Kaiser: „Ein Milligramm." Generalstaatsanwalt: „Wie viel haben Sie gekauft?" Kaiser: „25 Gramm." Für den Generalstaatsanwalt ist damit klar, was Kaiser bezweckte: „Also mit einem Gramm kann man tausend Menschen töten, mit 25 Gramm 25.000 Menschen. (Empörung unter den Zuschauern.)."[147] Das Urteil verkündet die Vorsitzende Hilde Benjamin schon einen Tag nach der Eröffnung des Prozesses. „Im Namen des Volkes" wird Wolfgang Kaiser zum Tode verurteilt.[148]

Laut Auskunft von Kaisers Offizialverteidiger Dr. Büsing, der nach dem Prozess in den Westen flüchtet, war sie erst nicht vorgesehen. In einer Besprechung vor der Hauptverhandlung erklärt die Vorsitzende Hilde Benjamin den Verteidigern, die Todesstrafe sei bei dem bevorstehenden Prozess wohl nicht zu erwarten. Während einer Verhandlungspause informiert sie Büsing dann allerdings, er solle sich auf die Todesstrafe seines Mandanten einstellen. „Auf Anweisung meiner Freunde", wie sie weiter ausführt. Welch ein Spiel über Bande vor dem Obersten Gericht der DDR aufgeführt wurde, ergibt sich auch aus einer anderen Bemerkung des Offizialverteidigers. Kaiser sei wohl präpariert worden, alles, was man ihm vorwarf, papageienhaft zuzugeben. Dies scheint plausibel zu sein, denn der Mitangeklagte Joachim Müller sagte nach seiner Entlassung, Wolfgang Kaiser habe man versprochen, dass er nur zum Schein zum Tode verurteile werde, wenn er die KgU belaste.[149]

Die Vollstreckung des Todesurteils findet im Geheimen statt. In den Publikationen der Organisation „Freiheit"-Aktion der Jugend in Bonn fragt man immer wieder nach Wolfgang Kaiser. In der Broschüre „Menschenraub" vom März 1956 prangern die Autoren die Unmenschlichkeit der DDR-Behörden an. Zwei Jahre lang habe man den zum Tode Verurteilten im Ungewissen gelassen, ob die Strafe vollstreckt werde oder nicht. Die Eltern hätten zahlreiche Gnadengesuche an alle maßgeblichen Stellen gerichtet, auch an Staatspräsident Wilhelm Pieck. Man habe den Verurteilten und seine Eltern lange zappeln lassen. Erst knapp zwei Jahre nach seiner Verurteilung sei Kaiser schließlich hingerichtet worden, im Juni 1954.[150] Allerdings sitzt die „Freiheit"-Aktion hier einer bewussten Fehlinformation der Staatssicherheit auf. Die Wirklichkeit ist banal und schrecklich zugleich. In den Akten der Staatssicherheit ist eine Übergabebestätigung festgehalten. In ihr heißt es, dass Kaiser am 6. September 1952 hingerichtet wurde, knapp einen Monat nach der Urteilsverkündung.[151] Das Urteil wird in der zentralen DDR-Hinrichtungsstätte Münchner Platz in Dresden vollstreckt. Wolfgang Kaiser stirbt unter dem Fallbeil, seine Leiche wird verbrannt, die Asche auf einer Wiese als Dünger verstreut.

Wolfgang Baumbach erfährt vom Tod seines Freundes nichts. Ab 3. Januar 1955 befindet er sich in der Strafvollzugsanstalt Brandenburg, die in einem Führungsbericht vom 4. September 1959 anmerkt, dass er Leser der Zeitung *Neues Deutschland* sei.[152] Nach seiner Haftentlassung am 6. August 1962 stellt Baumbach einen Antrag auf Erlassung der Rechtsfolgen seiner Verurteilung. Gemeint ist damit die völlige Herstellung seiner Rechte und Pflichten als DDR-Bürger und die Tilgung seiner Strafe aus dem Register. Doch auch hier gerät Baumbach wieder in den Strudel politischer Ereignisse. Die Gnadenkommission in Halle stellt den Antrag zunächst zurück und begründet ihr Zögern mit dem Hinweis, Baumbach habe gleich nach seiner Entlassung eine Stelle in der Ost-Berliner Akademie der Wissenschaften in Aussicht gestellt bekommen. Professor Havemann habe sich sehr für ihn verwandt. Man müsse erst einmal herausfinden, „in welchem Zusammenhang diese einwandfreie Beurteilung zu den Machenschaften des Havemann" stehe.[153] Mit Machenschaften ist eine Vorlesungsreihe Robert Havemanns im Wintersemester 1963/64 an der Humboldt-Universität gemeint, die in der Bundesrepublik unter dem Titel „Dialektik ohne Dogma" publiziert wurde. Diese Veröffentlichung und ein Zeitungsinterview Havemanns in der westdeutschen Presse führten dann 1964 zu seinem Parteiausschluss.

Die Staatssicherheit kommt wieder ins Spiel, und Robert Havemanns Fall wirft auch einen Schatten auf dem Antrag, den die Gnadenkommission für Wolfgang Baumbach dann doch in Gang setzt. Bald besteht nach diversen Nachforschungen für die Staatssicherheit jedoch die Gewissheit, dass Baumbach nichts mit den Aktivitäten Havemanns zu tun hat. „Operative Bedenken zu einer positiven Gnadenentscheidung bestehen nicht", meldet sie am 1. Juni 1964 an den Staatsanwalt des Bezirkes Halle. Der „Verräter am deutschen Volk", wie Baumbach in der Anklageschrift vom 19. September 1952 genannt wurde, wird wieder mit allen Rechten und Pflichten eines Bürgers der DDR in die sozialistische Gemeinschaft aufgenommen.[154]

Walter Linse, am 8. Juli 1952 auf offener Straße gekidnappt

„Wäre der ganze Vorgang nicht dokumentarisch belegt, könnte er für schlecht erfunden gelten", lautet das Fazit von Siegfried Mampel in seinem Buch über den „Entführungsfall Dr. Walter Linse", den er darin detailreich beschreibt.[155]
Dass er nicht übertreibt, wird auch in der schon mehrmals zitieren Broschüre „Menschenraub" der „Freiheit"-Aktion der Jugend in Bonn aus dem Jahr 1956 deutlich. „Am 8. Juli 1952, gegen 7.30 früh", beginnt der dortige Bericht über die Entführung von Walter Linse, um die Faktizität der Schilderung zu unterstreichen, die dann aber doch an einen Wild-West-Film erinnert. „Wie an jedem Werktagmorgen verlässt der Rechtsanwalt Dr. Linse seine Wohnung in der Lichterfelder Gerichtsstraße, um sich zum Untersuchungsausschuss Freiheitlicher Juristen zu begeben, wo er das Wirtschaftsreferat leitet."[156] Der Menschenraub auf offener Straße spielt sich blitzschnell ab: „An der Kreuzung der Gerichts- mit der Drakestraße hält ein Opel Kapitän mit Westberliner Zulassungsnummer. Ein Mann steigt aus, bittet Dr. Linse um Feuer. Dieser fasst in die Tasche, um der Bitte zu entsprechen." Da geschieht Folgendes: „Der Mann mit der Zigarette umschlingt Linses Arm, ein Komplize springt den Überfallenen von hinten an, schlägt ihn zusammen und fasst ihn an den Beinen, und beide Menschenräuber zerren den Anwalt in das Auto." In der Broschüre wird dann beschrieben, wie sich Walter Linse wehrt, seine Beine steif macht, so dass die Entführer die hintere Wagentür nicht schließen können, wie schließlich einer in seine Beine schießt, um Linse nun ganz in den Wagen hineinzuziehen. Auch von einer Verfolgungsjagd mit einem Lieferwagen, dessen Fahrer den Vorgang beobachtet, ist die Rede, von Reifentötern, Schüssen auf den Verfolger, einer rasenden Fahrt durch ruhige Vorortstraßen und schließlich die Ankunft an dem innerstädtischen Grenzkontrollpunkt Teltow, bei dem sofort der Schlagbaum hochgeht und hinter dem der Wagen samt Menschenräuber und Linse auf

DDR-Hoheitsgebiet verschwindet. „Klappe zu, Filmende“, möchte man fast sagen.[157]
Was macht Walter Linse und den Untersuchungsausschuss Freiheitlicher Juristen (UFJ) für die östlichen Geheimdienste so interessant? Denn dieser Menschenraub, das wird später bekannt, ist eine Koproduktion von Staatssicherheit und NKWD, die von höchsten Stellen in der DDR und der Sowjetunion abgesegnet wurde. Die Geschichte des UFJ und die Funktion von Walter Linse erhellen das Warum.

Ein Rechtsanwalt aus Belzig gründet in West-Berlin, etwa zeitgleich mit der Gründung der DDR, die Juristenvereinigung Untersuchungsausschuss Freiheitlicher Juristen. Horst Erdmann, mit Decknamen Dr. Theo Friedenau, baut erst in Lichterfelde-West, dann in der Limastraße 29 in Zehlendorf den UFJ als Körperschaft auf, die dann einem privaten Verein unterstellt wird. Der UFJ ist im amerikanischen Sektor angesiedelt, und die Amerikaner interessieren sich für dieses seltsame Gebilde. Es bedarf einer Lizenz, die die amerikanische Besatzungsbehörde gerne gibt; der UFJ wird bald auch von der CIA mit beträchtlichen Geldmengen ausgestattet. Der Apparat wächst und umfasst in seiner Blütezeit 80 hauptamtliche Mitarbeiter: angehende Juristen, am Anfang überwiegend aus der DDR, Verwaltungsleute, Bürokräfte. Der UFJ sammelt Daten zu Rechtsverstößen in der DDR; er gibt Besuchern aus der DDR Rechtsberatung, diese informieren bei der Gelegenheit über das Leben in der DDR. Auf diese Weise gelangen Mitarbeiter an wichtige Wirtschaftsdaten in Justiz und Verwaltung, kommen sie Unrechtshandlungen auf die Spur. Vor allem interessieren sie sich Anfang der 50er Jahre für militärische Belange. „Ist die nach alliiertem Recht verbotene Rüstungsindustrie in der DDR wieder in Gang gekommen?“, wird z. B. gefragt. Auch Informationen zu Großbaustellen, Flug- und Truppenübungsplätzen, zur Qualität von Baustoffen und zu Produktionszahlen werden gern entgegengenommen. Relevante Daten dieser Art werden in Informationsbriefen und umfangreichen Dokumentationen auch via

Presse und Rundfunk veröffentlicht und an den amerikanischen Geheimdienst durchgereicht. Hin und wieder werden Besucher zur regelmäßigen Mitarbeit angeworben, falls sie als Informationsträger interessant erscheinen. Man führt überdies eine Belastetenkartei und eine Beurteilungskartei über DDR-Funktionäre, es werden Anklageschriften als Flugblätter verfasst, u. a. wegen Menschenrechtsverletzungen. Der Untersuchungsausschuss Freiheitlicher Juristen etabliert sich als wirksames Aufklärungsinstrument und gewissermaßen auch als Nachrichtenagentur im Kalten Krieg. Ins Zwielicht aber gerät die Juristenorganisation nicht nur durch die enge Zusammenarbeit mit dem amerikanischen Geheimdienst, sondern auch durch den Gründer, durch Horst Erdmann, selbst. Er hat seine Vergangenheit als NSDAP-Mitglied und HJ-Stammführer verschwiegen, ebenso seine Verpflichtung durch die CIA schon in den Anfangsjahren der Organisation. Dass er in seinem Pseudonym den Doktortitel führt, ohne promoviert zu haben, macht ihn ebenfalls anrüchig. Und auch seine Rechtsanwaltslizenz hat er sich erschlichen, er hat nie ein juristisches Examen abgelegt.

Dass Walter Linse in den Dunstkreis dieser Organisation gerät, ergibt sich aus seinem Lebenslauf. Geboren 1903 in Chemnitz, besucht er dort die Schule, macht Abitur, studiert anschließend an der Universität Leipzig Jura, Philosophie und Geschichte. Die große juristische Staatsprüfung besteht er 1931, ist dann Assessor in Stollberg und Leipzig. Während der Nazizeit promoviert er an seiner alten Universität in Leipzig, wird Referent bei der Industrie- und Handelskammer in Chemnitz, von 1938 bis 1940/41 ist er für die „Arisierung" von jüdischen Gewerbebetrieben im Bezirk Chemnitz zuständig. Im Oktober 1940 tritt er in die NSDAP ein. Bis Kriegsende bearbeitet er auch Anträge auf Freistellung „halbjüdischer" Mitarbeiter, die zu Einsätzen in der Organisation Todt vorgesehen sind. Die Organisation Todt ist zuständig für Baumaßnahmen in den von Deutschland besetzten Gebieten, später auch im Reich. Dazu werden auch Häftlinge aus Konzentrationslagern und Zwangsarbeiter eingesetzt. Diese Verquickung mit sogenannten „Judenangelegenheiten“ wirft einen Schatten auf die Biografie von Walter Linse. Laut jüngst gefundener Unterlagen wird er aber auch als Jurist beschrieben, der sich für „rassisch Verfolgte“ einsetzte. Nach Kriegsende wird Linse Hauptgeschäftsführer bei der Chemnitzer Industrie- und Handelskammer und bleibt trotz zweier Denunziationen, 1945 und 1948, die seine Nazivergangenheit betreffen, im Amt. Es entlasten ihn auch Zeugen, er habe z. B. zur Rettung eines Juden aus dem KZ Buchenwald beigetragen. 1949 verlässt Linse Chemnitz. Ihm wird klar, inzwischen ist er Mitglied der Liberaldemokratischen Partei, dass die Entwicklung der russischen Besatzungszone in einen von der SED dominierten Separatstaat nicht aufzuhalten ist. Er geht nach West-Berlin, versucht sich dort mit einem Bekannten in einer Betriebsgründung. Zum UFJ kommt er, weil er sich wegen einer Kreditaufnahme beraten lassen will. Ab 1. Januar 1951 ist er hier aktiv und wird bald Leiter der Wirtschaftsabteilung. In Vorträgen berichtet er über die Enteignungspolitik in der DDR, aber auch über den Abbau von Uran durch die Sowjetische Aktiengesellschaft Wismut im Erzgebirge, ein für die Russen besonders heikles Thema. Zum Zeitpunkt der Entführung ist er mit der Vorbereitung eines Internationalen Juristenkongresses beschäftigt, der in West-Berlin vom 25. bis 28. Juli 1952 stattfinden soll.

Linse sei ein Ersatzopfer gewesen, heißt es bei Siegfried Mampel, der selbst Mitglied des Untersuchungsausschusses Freiheitlicher Juristen war. Er kannte Walter Linse aus den Anfangszeiten des UFJ auch persönlich und kann deshalb bis heute als besonders verlässlicher Zeitzeuge gelten. Neben seinen persönlichen Erfahrungen zieht er für die Schilderung des „Entführungsfalls Dr. Walter Linse“ einen Bericht des Leiters der Abteilung V des MfS zu Rate, der in den Akten als „Ober-Rat“ geführt wird.[158] Sein Klarname ist Paul Marustzök, über dessen genaue Rolle bei der Entführung von Walter Linsen noch zu sprechen sein wird.
Ursprünglich soll nach den Planungen des russischen Ministeriums für Staatssicherheit (MGB) und des Politbüros der SED das

Opfer der Entführung Horst Erdmann alias Dr. Theo Friedenau sein. Dummerweise ist Friedenau zum Zeitpunkt der geplanten Entführungsaktion, der Internationale Juristenkongress in West-Berlin steht kurz bevor, kurzfristig nach Schweden verreist, man braucht Ersatz. Überdies gestaltet sich die Planung der Entführung Friedenaus schwierig, da dieser sich jeden Tag zu seiner Dienststelle in der Limastraße chauffieren lässt. Wie soll man da an ihn herankommen?

Walter Linse scheint ein besseres Entführungsobjekt zu sein, auf das man jetzt kommt, um den Untersuchungsausschuss zu schwächen. Er ist als Chef der Wirtschaftsabteilung des UFJ maßgeblich an den Vorbereitungen des Internationalen Juristenkongresses beteiligt, bei dem die Arbeiterrechte in den verstaatlichten Betrieben der DDR und im Speziellen auch die verheerenden Arbeitsbedingungen bei der Wismut AG thematisiert werden sollen. Linses Weg zur Arbeit biete zudem eine Fülle von Möglichkeiten, wird weiter argumentiert, weil er jeden Morgen, wie bereits ausgekundschaftet, immer allein zu Fuß zum S-Bahnhof Lichterfelde-West gehe, wo er dann mit zwei Kollegen die Fahrt zum UFJ fortsetze.[159]

Die Entführung selbst wird in den Akten detaillierter geschildert als sonst üblich in den Stasi-Unterlagen. „Kriminalgeschichtlich […] eine Rarität", wie Siegfried Mampel zutreffend feststellt.[160] Zunächst werden fünf Versuche genannt, die scheitern, weil Linse (in der Akte wird er unter dem Decknamen „Lehmann" geführt) entweder zu früh auf der Straße erscheint, das Entführungsquartett zu spät kommt, Linse überhaupt nicht kommt oder „angeblich Urlaub hatte". Es wird auch ein dreistes Täuschungsmanöver erwähnt, dass unmittelbar vor der dann geglückten Entführung stattfand. „Vor der Tat verübte das MfS noch ein Bubenstück", beschreibt es Siegfried Mampel.[161] Man hatte sich einen Pkw Opel Kapitän besorgt, aber nicht gleich ein unverdächtiges West-Berliner Nummernschild zur Hand gehabt. Einer aus der Entführungsmannschaft habe einen Taxifahrer aus dem Westen morgens um vier zu einer Fahrt in das östliche Berlin überredet, ihm ein stattliches Trinkgeld gegeben und in seinem Auto amerikanische Zigaretten deponiert. Am Fahrtziel seien dann zwei Männer auf „den Fahrgast" zugekommen, hätten ihn mit den Rufen: „Jetzt haben wir dich endlich, du amerikanischer Zigarettenschieber!", festgenommen und den überraschten Taxifahrer gleich mit. Dieser wurde dann zum Polizeirevier Prenzlauer Berg gebracht, hier verhört und bis zum nächsten Tag inhaftiert. In der Zwischenzeit montierten Stasileute die Nummernschilder des Taxis an dem Opel Kapitän. Nach der geglückten Entführung wurden die Schilder wieder am Taxi angebracht und der Fahrer wurde dann aus der Haft entlassen.[162]

Die Schilderung des Menschenraubes in den Akten der Staatssicherheit gibt weitere Details preis. Linse (Lehmann) wird um Feuer gebeten. „Als Lehmann in die Tasche griff, packte der Ringer dessen Handgelenk und riss ihn herum. Beide kamen in Richtung des Wagens zum Fallen, während der Boxer einige Boxhiebe gegen die Schläfe des Lehmann führte. Pelz fuhr noch einen Meter nach vorn und stürzte sich der Ringer mit dem Lehmann rückwärts in den Wagen". Wie man sich der Verfolger bei der Fahrt zur Sektorengrenze entledigte, wird nach Mampel so beschrieben: „Der Volkswagenfahrer hupte laufend und zog seinen Wagen mit hoher Geschwindigkeit nach links, schlug das Steuer nach rechts und versuchte unseren Wagen, der bereits fuhr, zu rammen. Barth wehrte diesen Rammversuch durch zwei Schüsse neben den Kopf des Fahrers ab." Leute laufen bei der Omnibushaltestelle Drake-/ Ecke Gerichtsstraße zusammen. „Barth gab einen Warnschuss in die Luft ab, der die Menge auseinanderlaufen ließ". Der Lieferwagen gibt die Verfolgung nicht auf. „Barth nahm ein Handvoll Reifentöter […] und warfen sie hinter unseren Wagen". Die Reifentöter waren übrigens „Beutegut" aus den Beständen der Kampfgruppe gegen Unmenschlichkeit, wie der Bericht in Klammern stolz vermerkt. Auch auf die Situation im Wagen wird eingegangen. „Durch sein Treten [von Linse] nach unserem Fahrer war die Sicherheit des Fahrers und damit der gesamten Besatzung gefährdet und der Erfolg in Frage gestellt. Nachdem das Umdrehen seines Beines keinen Erfolg hatte, zielte Barth nach dessen Wadenfleisch und gab zwei Schüsse darauf ab, von denen einer traf." Zum erfolgreichen Abschluss der Aktion nach Passieren der Sektorengrenze heißt es: „Genosse Sabath stieg in den Einsatzwagen über. Ich habe den Einsatzwagen gefahren. Linse blieb bis zur Haftanstalt am Boden des Einsatzwagens liegen. Der Einsatzwagen wurde sofort in die Garage gefahren und ist bis heute noch nicht wieder aus dieser herausgenommen worden."[163]

Natürlich wird dieser Menschenraub auch wegen seiner brutalen Begleitumstände der West-Berliner Tagespresse groß aufgemacht. „Mit Vollgas zur Zonengrenze" titelt *Die Welt* am 9. Juli 1952 und kritisiert die Sorglosigkeit der Polizei. Nachbarn von Walter Linse und Passanten in der abgelegenen Villengegend hätten schon Wochen vorher von verdächtigen Vorgängen in der Gerichtsstraße berichtet, immer wieder seien fremde Autos aufgetaucht, einmal mit Ost-, einmal mit West-Berliner Kennzeichen. Die hätten in der Gerichtsstraße vor dem Haus von Linse herumgestanden, die Insassen dieser Fahrzeuge hätten Fotografien mit vorbeieilenden Fußgängern verglichen. Seltsam, höchst verdächtig sei das gewesen, überdies habe ein drei Monate zuvor geflüchteter Student aus Potsdam der Polizei berichtet, die Staatssicherheit plane die Entführung von Walter Linse. Nichts sei geschehen, es habe keine Sonderbewachung der Wohnung oder so etwas wie Personenschutz für den bedrohten Rechtsanwalt gegeben.

Der Leiter des Untersuchungsausschusses Freiheitlicher Juristen, Dr. Theo Friedenau, fordert daher das Recht auf das Tragen einer eigenen Pistole für Menschen, die im öffentlichen Leben stehen, berichtet die *Neue Zeitung* am 9. Juli. *Der Tagesspiegel* kritisiert in seiner Ausgabe vom selben Tag ebenfalls das nachlässige Handeln der West-Berliner Polizei. Trotz zahlreicher Hinweise auf mögliche Entführungsaktionen habe man zwar die Gegend, in der Walter Linse wohnt, observiert, dies dann aber wieder abgebrochen. Das *Volksblatt* berichtet am 9. Juli über den Protest des Stadtkommandanten des amerikanischen Sektors, General Lemuel Mathewson, bei der Sowjetischen Kontrollkommission. Dass die Zonenschranken bei der fraglichen Entführung von Walter Linse offen gestanden haben, sei doch ein Beweis für das Zusammenspiel von ostzonalen Stellen mit eben jener Kontrollkommission. Mathewson fordert die sofortige Freilassung des entführten Rechtsanwaltes. Am 10. Juli protestieren dann Tausende von Menschen vor dem Schöneberger Rathaus gegen den Menschenraub. Am 17. August, nun schon über einen Monat nach der brutalen Entführung, dokumentiert die *Neue Zeitung* das perfide Zusammenspiel von Staatssicherheit und sowjetischer Kontrollkommission. Der DDR-Staatssicherheitsminister Wilhelm Zaisser habe auf eine Anfrage dieser Kontrollkommission geantwortet, Linse sei nicht aus West-Berlin verschleppt, sondern bei einer S-Bahnfahrt durch den Sowjetsektor von zwei Volkspolizisten erkannt und verhaftet worden, man habe in der sichergestellten Aktenmappe Linses Spionagematerial gefunden. Das könne jedoch nicht sein, so die Zeitung weiter, schließlich befinde sich diese Aktenmappe immer noch im Arbeitszimmer Dr. Linses.

Die Westmächte protestieren beim Chef der sowjetischen Hohen Kommission, Armeegeneral Wassili Tschuikow, der sich zunächst ahnungslos gibt. Er sei „sehr erschrocken“ gewesen, wird er in der Broschüre „Menschenraub“ zitiert.[164] Tschuikow habe dann eine Untersuchung zugesagt, die aber wohl schwierig zu bewerkstelligen sei, da sich der Vorgang (die Entführung Linses) im amerikanischen Sektor abgespielt habe. Trotz dieser abwiegelnden Reaktion legt sich die Aufregung nicht. Der Internationale Juristenkongress, der planmäßig vierzehn Tage nach der Entführung von Walter Linse stattfindet, verabschiedet eine Protestresolution. Auch im Bundestag wird der Fall Linse debattiert. Helga Linse, die Ehefrau schickt ein Telegramm an den Ministerpräsidenten der DDR, Otto Grotewohl, mit der Bitte um Aufklärung. Sie bekommt keine Antwort. Um die Weihnachtszeit herum schreibt der damals gerade ernannte amerikanische Hochkommissar Walter J. Donelly in einem sehr persönlich gehaltenen Ton einen Brief an General Wassili Tschuikow. In ihm schildert er die seelische Not der Frau des Entführungsopfers und bittet auch in ihrem Namen um die

Weitergabe seiner Brille, eines Paars Schuhe und von Lebensmitteln, die zusammen mit dem Brief als Paketsendung auf die Reise in den Osten gehen, an Walter Linse. Eine Antwort kommt lange nicht, und als sie kommt, kommt sie mit dem Vermerk, dass Paket sei „unbestellbar".[165]

Auch die Staatssicherheit macht durch ihre Praxis der Decknamenvergabe aus der Entführung ein Versteckspiel. Im Westen weiß man nur, dass das Verschleppungskommando offensichtlich aus vier Kriminellen bestand, die die Stasi angeheuert hat. In der West-Berliner Tagespresse fallen Namen wie Knispel, Dehnert, Liedtke, Nowak. Der *Telegraf* berichtet beispielsweise am 14. November 1952, mehr als vier Monate nach der Tat, eine Ost-Berliner Verbrecherbande habe in der Entführungsgruppe Weinmeister operiert, der Kopf der Bande sei ein SSD-Beamter, der unter den Decknamen „Paul" und „Liebig" geführt werde. Sein Stellvertreter sei ein gewisser Vahle, ein „rauschgiftsüchtiger, geistesschwacher Verbrecher". Der Artikel stützt sich auf Angaben des West-Berliner Polizeipräsidenten Johannes Stumm. Hinter „Paul" allerdings, das finden die Journalisten des *Telegrafen* nicht heraus, verbirgt sich der bereits kurz erwähnte Paul Marustzök, der unter dem Kommando des späteren stellvertretenden Ministers für Staatssicherheit, Bruno Beater, die Entführung Walter Linses organisierte. Auch im Bericht der Zeitung *Der Tag* vom gleichen Tag wird munter spekuliert, sämtliche Aktionen der Entführerbande seien „durch den Schwarzhandel finanziert". An der Verschleppung Linses hätten sich 17 Berufsverbrecher beteiligt. Man tappt im Halbdunkeln. Für Autor Siegfried Mampel ist in seiner Untersuchung etwas anderes die entscheidende Frage. Wer saß im sicheren Ost-Berlin und steuerte die Aktion? Er nutzt zur Beantwortung wieder die Stasi-Akten zum Fall Linse, die zum Zeitpunkt der Tat geheime Verschlusssache waren.[166] Es kommt Licht in die Angelegenheit.

Wieder tauchen die Namen von Marustzök und seinem Vorgesetzten Bruno Beater auf. Ein Harry Bennewitz, Deckname Barth,

Aus einem Zeitungsbericht zu den Entführern Linses (Quelle: Telegraf" 14.11.1952)

wird genannt, bei der Entführung der Chef vor Ort. „Es wurde mit ihm Verbindung aufgenommen und dabei über ihn Folgendes festgestellt: Bennewitz hat auf dem Gebiete seiner Arbeit [seine Verbrechen werden in den Stasi-Akten tatsächlich „Arbeit" genannt!] durch gesammelte Erfahrungen als Bandenführer und durch sein illegales Vorleben alle Perspektiven. Er überlegt kühl und es ist von ihm bekannt, dass er sich bei allen Dingen mit ganzer Kraft einsetzt, wenn er einmal ja gesagt hat." Er sympathisiere mit „uns", so die Feststellung des MfS in den Akten, dem Westen stünde er ablehnend gegenüber. Und dann der entscheidende Satz: „Hier [in Ost-Berlin] wohnt seine Mutter, an der er hängt, und drüben hat er noch Strafen abzusitzen."[167]

Unter dem Fußvolk der Entführung, das die Dreckarbeit machte, wird ein weiterer Name hervorgehoben, wie ich dem Aktenstudium der Unterlagen der Staatssicherheit, Außenstelle Schwerin entnehme: Herbert Nowack, Deckname Neumann, zuständig für kraftraubende Rangeleien. „Bei dem Nowack", lese ich, „handelt es sich um einen kräftigen untersetzen Menschen. […] besondere Merkmale wären die Unterarme, da diese sehr stark beharrt sind." Am 3. November 1951 notiert die Staatssicherheit: „Neumann ist ein Gewaltmensch. Viel denken oder lange Beobachtungen liegen ihm nicht. Wenn man ihm sagt, dort und dort befindet sich eine Person, die muss zusammengeschlagen werden, so tut er dies. Neumann besitzt den Westführerschein für PKW und ist ein sicherer Fahrer."[168] Unterzeichnet ist dies Schreiben von Paul Marustzök, wieder ein Hinweis auf den neben Bruno Beater eigentlichen Drahtzieher der Aktion „Lehmann". Zudem wird in einer Akte von 1949 der damals noch minderjährige Josef Dehnert angeführt. Dieser habe damals mit Nowack eine alte Frau in ihrer Wohnung überfallen und „mit einem festen Griff am Hals ein evtl. Schreien" verhindert. Ein Fall von „räuberischem Diebstahl" konstatiert die Staatssicherheit in Schwerin trocken.[169] „Sie waren wegen krimineller Delikte vorbestraft", charakterisiert Siegfried Mampel die Täter, „ihre Motive waren Versprechen auf Straffreiheit für noch nicht geahndete Straftaten und die Aussicht, dass bereits ergangene Strafurteile nicht vollstreckt würden, sowie auf finanzielle Belohnungen und Unterstützung nach der Tat."[170]

Nach seiner Ankunft in der Untersuchungshaftanstalt der Staatssicherheit in Berlin-Hohenschönhausen wird Walter Linse, der wegen der Schussverletzung in der Wade nicht gehfähig ist, vom Wagen in eine Zelle getragen. Noch am selben Tag ergeht ein Haftbeschluss – eine MfS-interne Anordnung zur Verhaftung, der dann ein Haftbefehl folgt, der von einem Richter ausgefertigt wird – mit der Begründung, Linse sei Abteilungsleiter in der „Agentenzentrale sogenannter Freiheitlicher Juristen", wie die Organisation im Jargon der Staatssicherheit genannt wird.[171] Das Schriftstück ist mit „Sabath, Oberrat“, unterschrieben, der Deckname für Paul Marustzök, gegengezeichnet von Leiter der Abteilung V, Bruno Beater, und dem Staatssekretär im Ministerium für Staatssicherheit, Erich Mielke.[172]

Walter Linse wird in seinem jämmerlichen Zustand zunächst ordnungsgemäß registriert, körperlich untersucht, persönliche Gegenstände werden ihm abgenommen. Dann wandert er in das „U-Boot“, wie der Trakt für Untersuchungshäftlinge in Hohenschönhausen auch genannt wird, und bezieht eine der stinkenden Zellen, die laut Aussagen von anderen Häftlingen wie Karl Wilhelm Fricke immer nach Kloake rochen und in die kein Tageslicht fiel. Da sitzt er nun, der bemitleidenswerte Walter Linse, immer noch unter Schock, von seiner Schusswunde gepeinigt, und weiß nicht, was auf ihn zukommt. Er bleibt aber nicht lange einsam, zwei Spitzel werden ihm, als Mithäftlinge getarnt, zugesellt. Ihre Unterhaltungen werden lückenlos aufgezeichnet, das Mikrofon ist immer in Betrieb. „1984“, der Roman von Georg Orwell aus dem Jahr 1949, scheint mir im „U-Boot“ von der Staatssicherheit schon umgesetzt. Das muffige Loch wird zur gläsernen Zelle. Die Staatssicherheit kann immer mithören, was Walter Linse bewegt, er aber kann nicht hinaushören in die Welt ringsherum. Er ist von jeder Information abgeschnitten und deshalb auch seinen Zellenmitbewohnern gegenüber vollkommen arglos. In den Stasi-Akten wird ein Vernehmungsplan vom 2. September 1952 genannt, der Hauptthemen der Verhöre festlegt. Im Wesentlichen geht es um die Struktur, um die Geschichte und um Aufgaben des Untersuchungsausschusses Freiheitlicher Juristen, um seine Verbindungen zu den Amerikanern, um die Werbung von Agenten und deren Aufdeckung in den volkseigenen und privaten Betrieben der DDR.[173]

Die Vernehmungen beginnen am Freitag, dem 11. Juli 1952, und enden erst am 2. Dezember 1952. Sie gehen Tag und Nacht, wie meist in Berlin-Hohenschönhausen, und oft sogar die ganze Nacht hindurch. Ein Mann vom sowjetischen Geheimdienst ist immer

dabei, „der Russe“, wie Walter Linse in den Zellengesprächen sagt. Vor dem habe er die meiste Angst.
In den Unterlagen der Stasi habe ich einige Abhörprotokolle gefunden, die auf Tonbandaufnahmen und Spitzelberichten beruhen. Authentische Quellen wie diese sind selten, die ich hier verkürzt und kommentiert wiedergebe. Ein Mensch soll gefügig gemacht werden, wie dies gelingt, zeigen diese Dokumente in unverstellter Direktheit.

4. September, 5. September 1952
Der Mensch solle zum Geständnis gebracht werden, unter allen Umständen, sagt Walter Linse. Man entzöge ihm alles, er erhalte „keine Zeitungen, keine Mitteilungen von seinen Angehörigen“. Dazu käme das unzureichende Essen. „Ich muss hier raus, ich muss so schnell wie möglich raus.“ Er grübelt dann darüber, wie hoch der Preis für seine Freiheit sei. „Ich müsste nur wissen, ich darf keine Fehler machen, [...] wie weit ich gehen kann.“ Er meint damit seine Geständnisse.

5. September 1952
Walter Linse befürchtet einen Zusammenbruch, „rein seelisch bei mir“. Er wolle seine Frau noch einmal sehen, seine Eltern, vor allem seine Mutter. Sein Vernehmer habe Sorgen. Er wolle seinen Chefs doch einen guten Bericht abliefern. „Ich habe ihn gefragt: ‚Was denken Sie denn, was aus mir wird?‘ “ Die Antwort ist sibyllinisch. „Sie haben viele Möglichkeiten.“ Walter Linse tröstet sich selbst mit der Aussicht, über Tatsachen sprechen zu können. Doch dann kommt ein Aber, das ihm sein Gewissen diktiert habe: „Ich kann keine Personen und keine Namen nennen.“

8. September 1952 (Im Original nennt der Protokollant das Datum 8. April 1952, doch da war Linse noch in seinem Büro in West-Berlin.)
Walter Linse hofft auf eine Amnestie. Er sei eben aus West-Berlin „geklaut“ worden, da hätte er eine Chance. „Man holt mich extra

rüber, das ist doch auch ein Verbrechen.“ Ganz anders wäre es, wenn er in Chemnitz oder Leipzig gefasst worden wäre. „Dann geb's keine Rettung, ist ganz klar.“

13. September 1952

Spitzel B und Walter Linse sprechen über ihr „Zellen-Zuhause“. Walter Linse hat ein paar Zeilen geschrieben, das er B. vorträgt. „Ein ummauertes Geviert, darinnen ein Mensch, hohlwangig und bleich, mit einer Pritsche und einem Möbel, mit Kot, Urin, Chlor und Gestank. Dies ist die äußerste Reduzierung eines menschlichen Daseins im 20. Jahrhundert.“

Dann spricht er über seine Wunde am Bein. Es sei ein Gefäß getroffen worden. „Mit der Folge, dass furchtbar viel Blut weg ist. [...] Das Auto war ganz blutverschmiert, die ganzen Sessel vorn, wo das so reingespritzt ist.“ Er habe deswegen zunächst nicht vernommen werden können, „weil das ganze Bein auf einmal wieder in einer Blutlache lag. Den ganzen Verband hatte es durchgetränkt“. Man habe ihm unterstellt, dass er nur Zeit gewinnen wolle. „In den ersten 48 Stunden müsse man schweigen, da würden die gefährdeten Mitarbeiter benachrichtigt.“ Linse erzählt B. dann von seinen Erfahrungen im Verhör. Die würden immer nach Namen fragen. „Die habe ich doch schon tausendmal gesagt, ich kenne keine mehr“, sei dann seine Antwort. Dann gäben sie Ruhe. Jetzt ginge es ihnen aber um die „innere Struktur des Untersuchungsausschusses“. Das mache ihm keine Schwierigkeiten, da sei er völlig ungehemmt. Aber der Russe, der sei „eine scharfe Persönlichkeit, [...] unbändig klug“, vor dem habe er Bammel. In den Verhören würde auch gedroht: Man habe ihn in der Hand, aber man wolle ihn nicht vernichten. „Es käme ihnen darauf an, mich zu bekehren.“ Es geht wieder um Namen, die Linse nicht kennt, er macht einen Gegenvorschlag: Die DDR habe noch ein Guthaben von 30 Millionen Mark an Waren, die „der Amerikaner beschlagnahmt hat“. Diesbezüglich könne er für die DDR nützlich werden: „Bitte, liefert mich aus, dann kriegt ihr so und so viel von diesen 30 Millionen frei." Ein verzweifelter Versuch, um einen Ausweg zu finden.

18. September 1952

Walter Linse ist allein in der Zelle, er betet. „Großer Gott, das bleibt doch nun bestehen, ich bin doch gestohlen und verschleppt worden. Dieser Menschenraubakt [...] der ist und bleibt doch entsetzlich, etwas Furchtbares. Ausgerechnet ich bin der gewesen, den es betroffen hat, wo es doch so viele tausend andere Menschen gibt. Aber ich will nicht verbittern. Wie immer sich die Dinge entwickeln, ich gehöre zu dir, ich bin dein Eigentum geworden, ich habe deine Gnade gespürt." Walter Linse fühlt sich von allen Menschen verlassen, da ist nur noch Gott.

24. September bis 25. September 1952

Bei den Verhören hätten seine Vernehmer auch Rücksicht auf ihn nehmen müssen, erzählt Linse. „Vielleicht ist es auch ein Glück gewesen, dass ich den Schuss ins Bein hatte, denn dadurch konnten sie mich nicht immer stehen lassen, da musste ich mal das Bein hochlegen und so." Er macht sich Hoffnung auf eine Freilassung. „Ich glaube nicht daran, dass sie mich hier verurteilen oder vielleicht aus meiner Sache einen Schauprozess machen, das können sie nicht, da würden sie sich ja ins eigene Fleisch schneiden". Hier spricht der Jurist, der sich nicht vorstellen kann, dass der Menschenraub bei einem eventuellen Prozess nicht zur Sprache kommt. Viele Beispiele belegen allerdings, dass das Oberste Gericht überhaupt kein Problem mit diesem Tatbestand hat. Wieso Entführung? Es ginge doch „nur" um Verhaftungen.) Dann kommt ein Spitzel auf seine mögliche Entlassung zu sprechen. Linse zeigt sich hilfsbereit. Er würde ihm Telefonnummern geben, von seinem Büro in dem UFJ, von seiner Frau. „Meine Frau wird aus der Besprechung mit dir wachsen und mir fallen tausend Zentner vom Herzen und dann hat sie die Gewissheit, etwas von mir gehört zu haben." Der Spitzel nutzt die augenscheinliche Naivität von Linse aus. „War noch etwas Besonderes, was ich ihr sagen soll?“, fragt er, in der Hoffnung ihn zum Reden zu bringen über Dinge, die er bisher nicht ausgesagt hat. „Eigentlich nicht“, antwortet Linse, „sie soll den Mut nicht verlieren, wir würden uns schon wieder durchbeißen, es würde schon alles wieder gut werden“.

3. Oktober 1952
Linse hat wieder „eine schöne neue Hoffnung“. Was er jetzt bei den Vernehmungen erzähle, würde ihn gar nicht betreffen. Stundenlang würde er Berichte über andere Abteilungen im Untersuchungsausschuss, über die Finanzabteilung, Versicherungsabteilung etc. verfassen. „Das hat ja mit mir gar nichts zu tun, da habe ich ja gar keine Verantwortung.“ Linse scheint zu denken, Hauptsache, es fallen keine Namen von Informanten aus der DDR. Und noch etwas hebt seine Stimmung. Sein Vernehmer hat angedeutet, man brauche einen „Residenten“ (ortsansässigen Spion), einen führenden Juristen. „Darauf sagte ich: ‚Das ist eben der gute, dumme Linse. Und da lachte er.‘“

7. November 1952
„Sie sind aufgestanden“, notiert der Abschreiber der Tonbänder. Linse zeigt sich an diesem Tag enttäuscht über ausbleibende Reaktionen aus dem Westen auf seine Entführung. Die andere Seite, die Stasi und der sowjetische Geheimdienst, hätten doch gewusst, dass sie ihn freilassen müssten, wenn Proteste kämen. „Das Versäumnis muss jedenfalls schnellsten nachgeholt werden“, hofft er. Der Stadtkommandant solle nicht so bürokratisch arbeiten. Die Zeit liefe ab. „Du weißt ja, dass ich in Einzelhaft kommen soll. Dort kann ich dann jahrelang schmoren.“

2. Dezember 1952
Dieser Dienstag ist der letzte Tag von Walter Linse in Berlin-Hohenschönhausen. Akribisch notiert der Tonbandabschreiber „6.00 Uhr, sind sie geweckt worden. Sie sind aufgestanden. Spre-

chen vor der Vernehmung." Die Vernehmer verlören die Geduld mit Walter Linse. „Die haben jetzt die Ansicht von mir, dass sie sich nicht auf Experimente einlassen können. Entweder ich werde noch verstockter, oder ich gehe geistig und körperlich vor die Hunde." Es geht den Vernehmern um eine Spezialabteilung im UFJ, die im Fall einer kriegerischen Auseinandersetzung im sowjetisch kontrollierten Gebiet Untergrundzellen mit Funkgeräten bilden solle. Linse ist in einem Dilemma. „Die Leute von der P-Abteilung erzählen ja nichts. Die haben doch bestimmt auch Anweisungen, gegenüber den Leuten vom Untersuchungsausschuss nichts zu sagen. Ich kann mir vorstellen, wenn einer von uns einmal gefragt hätte, was macht ihr überhaupt, dass dann einer von diesen Nachrichtenoffizieren instinktmäßig in Abwehr geht und nichts sagt." Linse will aus dem Dilemma heraus. Seinem Zellennachbar erzählt er, was er sich für einen Schlachtplan für die Vernehmung am Abend ausgedacht hat. Es wird das letzte Verhör der Staatssicherheit sein. Sein Schlachtplan: „Fallen Sie mir bitte nicht ins Wort, wenn ich noch einmal auf das zurückkomme, was ich Ihnen schon einmal gesagt habe, dass ich bereit wäre, für Sie Aufträge in der P-Abteilung zu übernehmen." Linse bietet sich also als Spion an, was bleibt ihm anderes übrig. Wenn sie ihn nur endlich einmal frei ließen, mag er gedacht haben, da ist jedes Mittel recht. Rührend und tragisch zugleich ist die Frage, die er seinem Zellennachbar stellt. „So ungefähr werde ich es sagen. Wie denkst du darüber?" Der Spitzel schlüpft in die Rolle des Vernehmers: „Ja, Sie haben Recht. Ich werde das dem Ministerium sofort vortragen und werde Veranlassungen treffen, dass Sie entlassen werden. Noch vor Weihnachten. Wir sind damit einverstanden. Sie können das schriftlich niederlegen. Das behalten wir dann hier und werden es Ihnen ewig vor Augen führen und Sie daran erinnern. Denken Sie ja nicht, dass der Arm der DDR nicht nach Westberlin reicht. Das haben Sie ja selbst verspürt, indem wir sie hierhergeholt haben. Also richten Sie sich danach und erfüllen Sie ihre Pflicht, werden Sie ein ehrlicher Mitstreiter."

Zum Schluss wird Linse also noch diese Schmierenkomödie vorgeführt, denn es ist schon längst entschieden, dass er den Russen übergeben wird. Am 3. Dezember 1952 ist es dann soweit.[174]

Während Walter Linse ein halbes Jahr im „U-Boot" in Berlin-Hohenschönhausen schmort, machen die Täter Urlaub. Nicht ganz freiwillig, die Staatssicherheit hat ihn angeordnet. Nach der gelungenen Entführung müssen sie aus dem Verkehr gezogen werden, „möglichst weit weg vom Tatort", wie es in den Stasi-Berichten zur Aktion „Lehmann" heißt. Auch der sowjetische Geheimdienst möchte die Entführer außerhalb Berlins wissen. Koordinator der „Landverschickung" ist wieder Genosse Marustzök. Die Gruppe, die unmittelbar an der Entführung beteiligt war, wird zunächst nach Heringsdorf an die Ostsee verfrachtet. Da sitzen sie nun mit Frau, Kind oder Schwägerin. Am Strand ist als Aufpasser mit Familie der Genosse Marustzök dabei, und alle lassen sich sechs Wochen lang von der Sonne bräunen. Neben diesem spendierten Urlaub erhält jede Familie noch 2.000 Mark Urlaubsgeld und wird zudem neu eingekleidet. Anschließend soll für die Strandurlauber Wohnraum besorgt werden, als Grundlage für eine neue Existenz in der DDR. Ihre Familien werden auf verschiedene Orte verteilt. Auch Personen, die nicht direkt an der Entführungsaktion beteiligt, im Umfeld aber nützlich waren, werden in diese Umsiedlungsaktion einbezogen. Als ein Entführer sich weisungswidrig doch in West-Berlin blicken lässt, verhaftet wird und schließlich wegen Menschenraub vor dem Landgericht West-Berlin landet, wird ein Gruppenmitglied nach Polen ausgelagert, vorsorglich, um neue Nachforschungen westlicher Geheimdienste im Keim zu ersticken.[175]
Bei Bennewitz (GM „Barth"), der die Entführung vor Ort leitete, treibt man das Versteckspiel besonders bunt. Er wird für tot erklärt und bekommt eine neue Identität. Er führt künftig den Namen Antonio Fernander mit der Legende, in Portugal, geboren zu sein. Als Bennewitz alias Fernander als Kraftfahrer bei Bauarbeiten am Rostocker Hafen tatsächlich tödlich verunglückt, kommt das der

Stasi nicht ungelegen, hat er doch die Kosten für seine verschiedenen neuen Existenzen immer weiter nach oben getrieben.[176]
Auch Nowack (GI „Neumann") kostet, wie aus den Unterlagen der Staatssicherheit in Leipzig und Schwerin hervorgeht. Da ist ein Leben zu besichtigen, das die Staatssicherheit mit ihren Mitteln immer vor dem Absturz bewahrt. Zwar macht Nowack sich als Zuträger weiter nützlich und beobachtet im Auftrag der Staatssicherheit verdächtige Personen, doch häufen sich Unzuverlässigkeiten infolge andauernder Ehekonflikte und seines Alkoholismus. In einer Aussprache mit Oberstleutnant Otto Knye, seit langem ein hauptamtlicher Mitarbeiter der Staatssicherheit und damit ein alter Kollege von Bruno Beater und Paul Marustzök, wird laut Aktennotiz vom 30. Juni 1955 eine Trennung der Eheleute vorgeschlagen. Die Staatssicherheit würde die Miete für ein möbliertes Zimmer der Ehefrau zahlen, ihr außerdem eine neue Arbeitsstelle besorgen. Beide würden zudem auch in Zukunft monatlich jeweils 150 Mark erhalten. Diese Zahlungen werden dann laut neuer Anweisung Ende 1956 eingestellt, da sich der GI „Neumann", der jetzt unter dem Namen der Ehefrau, Krebs, lebe, immer wieder dekonspiriert habe. Laut Notiz vom 26. Februar 1959 bittet er um eine erneute Aussprache. Er wolle dem Ruf der Partei folgen und nun als Industriearbeiter aufs Land gehen. Dafür brauche er aber Urkunden, mit denen er sich mit seinem Klarnamen (Nowack) ausweisen könne. Die Staatssicherheit besorgt die nötigen Papiere und nahe Schwerin eine Stelle bei der LPG Dalberg als Melker. In einem Bericht über das Verhalten des Ehepaars Nowack vom 23. Mai 1961 kommt der Berichterstatter zu dem Schluss, dass der Nowack aufsässig sei, ständig auf seiner Meinung beharre und zu gewalttätigen Handlungen neige. Er könne nicht weiter als Melker arbeiten, vielleicht könne man ihn im Viehstall einsetzen oder bei einer Feldbaubrigade. Am 22. Juli 1961 beschließt die Staatssicherheit, sich endgültig von Nowack zu trennen, da dieser, ohne sich abzumelden, erneut verzogen sei.[177]
Eine andere Schlussfolgerung der Staatssicherheit bezieht sich auf die hohen Kosten, die Entführer verursachten, wenn sie aus dem

Verkehr gezogen werden. Menschenraub war teuer, erfährt Siegfried Mampel aus den Akten. Für Bennewitz allein wurden einschließlich der Übernahme der Beerdigungskosten 42.377 Mark bezahlt, teils in Ost-, teils in Westgeld. Dazu kamen noch Ausgaben für den Kauf eines Taxis in Polen, mit dem er dort seinen Unterhalt verdiente, und für ein Haus in Oberhof nach seiner Rückkehr in die DDR.[178]

Auf zwei Täter lohnt es sich besonders einzugehen, auch sie verkörpern die typische Zusammensetzung eines Entführungstrupps bei der Staatssicherheit. Da ist zum einen der an der Tat unmittelbar beteiligte Kurt-Oswald Knobloch (GM Boxer), zum anderen der Lenker „der Schlacht gegen Linse“, Paul Marustzök.

Knobloch wird am 29. Mai 1952 verpflichtet. Laut Einschätzung der Abteilung V der Staatssicherheit ist er „ein körperlich gut durchtrainierter junger Mensch, den die äußeren Einflüsse auf Abwege gebracht haben. Er ist sehr ruhig und verschlossen, steht aber für seine Freunde ein. Sagt er einmal zu einer Sache ja, dann ist er bemüht sich mit ganzer Kraft für diese einzusetzen. Es ist Boxer.“ Auf das Vorleben wird stichpunktartig eingegangen: Sohn eines Kraftfahrers, Volksschule, Lehre als Zimmermann, abgebrochen wegen „einer strafbaren Handlung“, Flucht nach Westdeutschland, „da dort kein Mensch ein geregeltes und geordnetes Leben führen kann“, Rückkehr nach West-Berlin. Er wird wieder straffällig, sitzt zweieinhalb Jahre im Gefängnis, ist nach Entlassung Gelegenheitsarbeiter und Schieber auf dem Schwarzmarkt. Gerade dieses Vorleben qualifiziert Knobloch für die brutale Entführung von Walter Linse. „Knobloch wird eingesetzt zum ersten Angriff auf festzunehmende Person“, heißt es abschließend in der Einschätzung der Abteilung V vom 29. Mai 1952.[179]

Nach der gelungenen Entführung bekommt er wie die anderen drei Wochen Urlaub in Heringsdorf bezahlt, anschließend wird er mit seinen Eltern und seiner Braut nach Leipzig umquartiert. Dort soll er eine neue Existenz aufbauen. Trotz „Westverbotes“ lässt er sich von einem Freund überreden, für einen Einbruch wieder nach West-Berlin zu kommen. Dort wird er dann am 9. März 1953 verhaftet und ein Jahr später nach zweimaliger Vertagung des Prozesses von Richtern der zweiten Strafkammer des West-Berliner Landgerichtes zu 10 Jahren Zuchthaus verurteilt. Die Strafe sei viel zu milde ausgefallen, befindet der Oberstaatsanwalt. Für Verbrechen, wie Knobloch sie begangen habe, konkret eine versuchte und eine vollendete Entführung des Rechtsanwaltes Linse, müsse man wieder die Todesstrafe einführen.[180]

Der Prozess wird vom *RIAS* und vom *NWDR* mitgeschnitten. Aus diesem akustischen Protokoll wird noch einmal die Brutalität der Tat deutlich, aber auch die Windungen und Wendungen des Angeklagten Knobloch, der sein Geständnis vor dem Vernehmungsrichter widerruft und sich mit der Behauptung herauslügen will, er und sein Freund Brüggemann, der den beabsichtigten Einbruch der Polizei angezeigt hatte, hätten sich die Belohnung von 10.000 DM für die Ergreifung eines Mittäters verdienen und teilen wollen. Nur deshalb habe er sich der Tat bezichtigt. Der Richter verliest Knoblochs Geständnis, um ihn zur Einsicht zu bringen: „Ungefähr 14 Tage vor der Tat erschien ‚Meister' [ein weiterer Deckname von Bennewitz] bei mir, um mich mit seinem Chef ‚Paul' [Klarname Marustzök] bekannt zu machen. Dieser war im Besitz eines Aktenvorgangs gegen mich, 1947 wegen Einbruchsdiebstahl. […] Er gab mir zu verstehen, dass ich auf Grund dieses Verfahrens noch mit einigen Jahren Haft zu rechnen hätte. Er stellte mich vor die Wahl, bei ihm mitzumachen oder einer mehr als zweijährigen Strafverbüßung entgegenzusehen. […] In diesem Zusammenhang habe ich von Paul erfahren, dass ein Mitmachen bei ihm die Teilnahme an einer Entführung bedeutet." Knobloch: „Stimmt alles nicht." Richter: „Wie kommen Sie dazu, der Polizei alles zu erzählen, das ist doch furchtbar unwahrscheinlich." Knobloch: „Habe mir mit Brüggemann ausgemacht, mir die 10.000 Mark zu verdienen."[181]

Eine weitere Groteske am Rande dieses Prozesses ist noch erwähnenswert. Die Ehefrau Helga Linse, die inzwischen aus West-Berlin verzogen war und nun in Backnang/Württemberg lebt, wird um eine Zeugenaussage zur Identität ihres verschleppten Mannes gebeten. Kurt Knobloch habe nämlich behauptet, dass „Dr. Linse in Wirklichkeit gar nicht Dr. Linse, sondern ein in sowjetischen Diensten stehender Agent“ sei. „Seine Entführung sei vereinbart gewesen und sollte aus bestimmten Gründen in sensationeller Aufmachung erfolgen.“[182] Es werden noch andere Bekannte von Walter Linse wegen Identitätsfeststellung angeschrieben. Frau Linse schreibt zurück: „Ich musste mich 5 Monate nach der Verschleppung meines Mannes einer zweiten Kopfoperation unterziehen, war mich zusammen mit den Ereignissen gesundheitlich sehr mitgenommen hat.“[183] Sie bittet die Ladung zurückzunehmen, da sie in dieser Sache bereits vom Amtsgericht Backnang vernommen worden ist, selbstverständlich sei ihr entführter Mann Walter Linse. Auch die anderen Angeschriebenen bestätigen die Identität des verschleppten Rechtsanwaltes.[184]

Auch nach der Verurteilung wegen versuchter und wegen vollendeter Verschleppung hält die Staatssicherheit noch zu Knobloch. Wie aus einem Vermerk vom 15. August 1956 hervorgeht, sind an ihn monatlich weitere Zahlungen gegangen, 500 DM für seine Braut und noch einmal 100 DM für ihre Miete, inklusive Rechtsanwaltsgebühren wären wohl etwa 30.000 Mark, teilweise in West-Währung, teilweise in Ost-Währung für den Häftling Knobloch zusammengekommen. Später jedoch distanziert sich die Staatssicherheit von ihm. Im Abschlussbericht vom 31. Januar 1963 heißt es: „Im Verlauf der Untersuchung wurde er zum Verräter. Indem er seine Verbindung zum MfS und andere Einzelheiten aus der Zusammenarbeit preisgab.“[185]

Am 10. Juni 1963, 8 Uhr, wird Kurt Knobloch aus der Strafanstalt Tegel entlassen. Er hat seine Strafe voll abgesessen.

Der von seinem Vorgesetzten Bruno Beater mit der Organisation der Verschleppung betraute Paul Marustzök macht spät in seinem Leben noch einmal von sich reden. „Tod im Sprenggarten“ heißt ein Artikel von Jochen Staadt und Tobias Vogt in der *Frankfurter Allgemeinen Sonntagszeitung* vom 12. Mai 2013, in dem die Autoren auf einen seltsamen Unfall eingehen. Bei einem Experiment

mit einer Kofferbombe sei der Oberstleutnant der Staatssicherheit Paul Marustzök am 10. April 1974 ums Leben gekommen. Die offizielle Lesart, abgesegnet von Bruno Beater, lautete dagegen, er sei „beim Hantieren mit sowjetischen Handgranaten während der militärischen Ausbildung“ gestorben. Der damals 52-Jährige gehörte zur alten Garde der Staatssicherheit.
1945 tritt Marustzök der KPD bei und wird zum Aufbau der politischen Kriminalpolizei K 5 eingesetzt (eine Vorläuferorganisation des MfS, siehe auch das Kapitel „Herbert Kerst“). Seine Laufbahn bei der Staatssicherheit verläuft in Kurven. Mehrfach wird er befördert, mehrfach degradiert. Bruno Beater, der zweitmächtigste Mann nach Erich Mielke im Apparat, at offensichtlich einen Narren an Paul Marustzök gefressen. Er hält seine schützende Hand über Marustzök. Als dieser aus Disziplingründen aus dem MfS ausgeschlossen werden soll, tritt Beater für ihn ein und verweist auf seine schwierige Jugend. „Man muss wissen, aus welch trostlosen Verhältnissen er kommt. Dass er in seinen jungen Jahren nicht kriminell wurde, verdankt er nur dem Zufall. Seine Verhältnisse, die bekanntlich ja den Menschen formen, waren dazu angetan, aus ihm ein Tier zu machen. [...] Die Politik unserer Partei, der er sich 1945 anschloss, hat ihn erst zum Menschen gemacht, vorher war er es nicht. Um den Genossen Marustzök zu kämpfen, lohnt sich jedes Experiment.“[186] So bleibt Paul Marustzök im Ministerium für Staatssicherheit und bewährt sich immer wieder bei schwierigen Aufgaben, wie bei der Entführung von Walter Linse. Er ist der Mann für wagemutige Aktionen, die ihm 1974 schließlich zum Verhängnis werden.

Nach der Übergabe von Walter Linse an die sowjetischen Sicherheitsorgane beginnt für ihn eine noch schlimmere Leidenszeit als in Berlin-Hohenschönhausen. Wieder Verhöre, fast täglich, jetzt in Karlshorst. Es geht um den Internationalen Juristenkongress, der inzwischen in West-Berlin getagt hatte, es geht um Informationen über sogenannte „versteckte Rüstungsbemühungen“ in der DDR für die UdSSR. Wo hat er die her? Zermürbt von den fast zwei Jahre andauernden Verhören, antwortet er auf die Frage der russischen Vernehmer endlich das, was sie hören wollen: „Bekennen Sie sich schuldig?“ – „Ja, ich bekenne mich schuldig in allen Punkten der Anklage.“[187]

Ja, er sei ein Spion und der Untersuchungssauschuss Freiheitlicher Juristen ein Spionagering. Linse, eingesperrt und abgesperrt, als namenloser Häftling geführt, um seine Identität zu verbergen, weit weg von so etwas wie Heimat, die doch nur wenige Kilometer von Karlshorst entfernt im Westen der Stadt liegt, antwortet nun willfährig auf die Fragen, nennt auch Details. Man habe festgestellt, wo in der DDR Panzerplatten hergestellt würden, Militärstiefel, Uniformen und Sättel, Militär-Lastkraftwagen, Zelte und Rucksäcke; die im Wismarer Heimathafen angesammelten Hochseefischerboote würden zu Militärbooten umgerüstet.

Am 23. September 1953 tritt das Militärtribunal des sowjetischen Truppenteils 482 in Ost-Berlin in einer geschlossenen Verhandlung, sprich einem Geheimprozess, zusammen. Ein Dolmetscher ist zugegen, weil Linse kein Russisch spricht. Sein letzter Versuch, den Kopf aus der Schlinge zu ziehen, die für ihn bereits geknüpft ist, ist in den Verhandlungsprotokollen überliefert: „Ich kenne nicht die Artikel des Strafgesetzbuches, auf deren Grundlage ich strafrechtlich zur Verantwortung gezogen worden bin, aber ich habe volles Vertrauen in das Militärgericht und darin, dass mir eine gerechte Strafe zuteilwird. Das sage ich nicht, weil ich vor dem Militärtribunal stehe, sondern weil ich viel Zeit hatte, über meine Taten nachzudenken und zu dem Schluss gekommen bin, dass ich häufig nicht so gehandelt habe, wie ich hätte handeln müssen. Im Großen und Ganzem geriet ich in die Lage, weil Deutschland geteilt ist. Ich wollte meinem Vaterland helfen. Ich bin bereit, meine Schuld zu sühnen und bitte das Gericht um eine milde Strafe.“[188]

Die Worte bleiben ungehört. „Höchststrafe: Tod durch Erschießen“, lautet das Urteil. Nach dem Richterspruch wird Linse nach Moskau gebracht. Dort widerspricht er dem Urteil aus Karlshorst und legt Kassationsbeschwerde ein. Er bettelt in ihr nicht um sein Leben, er argumentiert als erfahrener Jurist. „Insbesondere bitte ich, die Prüfung auf die Frage zu erstrecken, ob ich auf Grund der mir zur Last gelegten Tatbestände verurteilt werden kann, obwohl ich sämtliche Taten in Westberlin, also in einem fremden Hoheitsgebiet begangen habe." Überdies fragt er noch einmal, warum er vor einem sowjetischen Militärgericht steht, da er, so seine Argumentation, „mit Gewalt und unter Anwendung von Schusswaffen, Verletzung des Hoheitsrechts von West-Berlin entführt worden" ist.[189] Diese Entführung und dies sich daraus eigentlich ergebenden juristischen Konsequenzen nimmt die russische Militärgerichtsbarkeit jedoch einfach nicht zur Kenntnis. Auch der Sachverhalt „fremdes Hoheitsgebiet" zählt bei den russischen Richtern nicht. Am 15. Dezember 1953 wird der Einspruch beim Kassationsgericht zurückgewiesen, am selben Tag wird Walter Linse erschossen, der Leichnam verbrannt und die Asche auf dem Friedhof des Klosters Donskoje beigesetzt.[190]

Die Gerichtsverhandlung in Karlshorst, der Transport nach Moskau, die Verhandlung vor dem Kassationsgericht und die Vollstreckung des Todesurteils erfolgten unter größter Geheimhaltung. Das wird auch durch eine Meldung der *Berliner Zeitung* vom 20. Oktober 1955 offenbar. Die West-Berliner Zeitung meldet in großer Aufmachung unter der Überschrift „Dr. Linse kehrt heim", ein „50-jähriger Russland-Heimkehrer" habe Linse in „einem Sammellager" gesehen, ihm hätte ein Arm amputiert werden müssen. Und weiter: „Mit einem der bereits gemeldeten Krankentransporte soll er Ende dieser Woche oder Anfang nächster Woche in West-Berlin eintreffen." Zu diesem Zeitpunkt ist Walter Linse schon fast zwei Jahre tot.

Erwin Neumann, am 20. August 1958 bei einer Segelpartie entführt

Es hätte so schön sein können. Herrliches Sommerwetter am Berliner Wannsee. Leider nicht genug Wind, aber das kann sich ja ändern. Der Segler steuert die Anlegestelle Heckeshorn an. Dort warten auf ihn ein alter Bekannter und dessen Freundin. Er hat Proviant dabei, eine Flasche Dujardin, viel Kaffee und Weinbrandbohnen. Man will nicht nur segeln und baden, der Segler hat eine Vorliebe für Aktfotos, und die Freundin wird sich, das hat der Bekannte versprochen, in einer entlegenen Bucht sicherlich ablichten lassen. Es geht an Bord bald hoch her. Unter anderem wird auch Bier und russischer Sekt getrunken, die der Bekannte mit einem Betäubungsmittel präpariert hat. Dem Segler wird schlecht, der Bekannte übernimmt das Ruder. Und da immer noch Windstille herrscht, paddelt er es mit seiner Freundin auf DDR-Gebiet an Land.

Der Bekannte und seine vorgebliche Freundin sind Wolfgang Weidhaas und Erika Schwarfschwerdt – beide Agenten der Staatssicherheit. Der Segler ist Dr. Erwin Neumann, Referent im Untersuchungsausschuss Freiheitlicher Juristen und nun weiteres Entführungsopfer der Stasi.

Der UFJ ist für die Staatssicherheit der DDR auch 1958 noch einer der Hauptfeinde des Sozialismus, der, wenn nicht vernichtet, zumindest geschwächt werden muss. Am besten geschieht dies durch die Ausschaltung der leitenden Personen dieser Juristenvereinigung. Nach der Entführung von Walter Linse 1952, der das Wirtschaftsreferat des UFJ leitete, gerät diesmal Erwin Neumann ins Fadenkreuz der Stasi. Er ist 1952 aus der DDR gekommen, republikflüchtig wohl aus gutem Grund, da er die Industrie- und Handelskammer in Halle (Saale) vertreten hat und damit die Interessen der privaten Betriebe, die in der DDR noch übrig sind. Laut Angaben der Staatssicherheit hat er schon von Halle aus für den UFJ gearbeitet, ihrer Lesart nach herumspioniert. In West-Berlin glücklich angekommen, erhält er im Untersuchungs-

ausschuss Freiheitlicher Juristen eine Anstellung als Referent, ist zuständig für Fragen des innerdeutschen Handels. Später wird er Leiter der Abteilung Wirtschaft, in dieser Funktion nimmt er die Aufgaben von Walter Linse wahr, ist quasi dessen Nachfolger. Neumann ist somit eine wichtige Person in der Juristenorganisation und hat sich zudem nach Ansicht des Abteilungsleiters 5 der Hauptabteilung V der Staatssicherheit Heinz Volpert schon lange als besonders aktiver Gegner der DDR entpuppt.
Wie kam Erwin Neumann mit seinen Entführern zusammen und wieso schenkte er ihnen so viel Vertrauen, dass er sich auf eine Segelpartie mit ihnen einließ?

Wenden wir uns zunächst Wolfgang Weidhaas zu, der als Geheimer Mitarbeiter der Stasi maßgeblich an der Entführung im Segelboot beteiligt ist.[191]
Weidhaas schreibt am 17. September 1958 für seine Dienstherren beim MfS einen Lebenslauf, er reicht ihn nach, seine Verpflichtung als Geheimer Mitarbeiter ist schon auf den 29. Oktober 1954 datiert. Aus dem Geschriebenen geht hervor, warum er für die Staatssicherheit so interessant ist: „Als zweites Kind […] wurde ich am 24. August 1929 zu Dresden-Streheln geboren." Der Vater ist Kaufmann, besitzt eines der größten Möbelgeschäfte in der Stadt. Er „verlebt sorglose Kinderjahre". Die Schullaufbahn hingegen verläuft nicht komplikationslos, wegen eigenwilligen Verhaltens wird Weidhaas in ein Breslauer Internat gesteckt und gerät dort unter den Einfluss katholischer und national-gesinnter Erzieher, alter Offiziere, die gegen Hitler sind, aber nicht gegen das Militär. Als die Front näher kommt, kehrt er nach Hause zurück. Nach Zerstörung des Geschäftes seines Vaters in Dresden durch den „Terrorangriff anglo-amerikanischer Bomber", wie er die Zerstörung seiner Heimatstadt ganz im Stil der SED-Propaganda beschreibt, soll er nach dem Krieg beim Aufbau eines neuen Geschäftes helfen. Doch er sei nicht zuletzt wegen politischer Differenzen mit seinem Vater aneinandergeraten. Um sich dem Vater und seinem Einfluss zu entziehen, absolviert er nach der

kaufmännischen Lehre ein Studium zum Textilingenieur. 1950 tritt er aus der evangelischen Kirche aus und beginnt eine kleine politische Karriere, zunächst in der FDJ. Er zum 1. Sekretär der Ortsleitung in Forst gewählt. Später bewährt er sich in einer Betriebsparteiorganisation der SED als Zirkelleiter und Propagandist. Nach seiner Anstellung in der VEH DIA Textil wird er Mitglied in der Betriebskampfgruppe und dort bald Gruppenführer, später ist er bei der Wiratex, einer Exportgesellschaft für Wirkwaren und Raumtextilien, tätig im Innen- und Außenhandel der DDR.[192]

(Quelle: Der Tagesspiegel, Bericht über das Verschwinden Erwin Neumanns, BStU, MfS, AU217/90, Bd. 1, S. 146)

Detlef Kühn, Präsident des Gesamtdeutsche Instituts, in dem der Untersuchungsausschuss Freiheitlicher Juristen 1969 aufgegangen ist, erfährt erst nach dem Ende der DDR vom Schicksal Ernst Neumanns. Was er da hört, motiviert ihn, weiter in den Akten der Staatssicherheit nachzuforschen, die für ihn nun zugänglich sind. Aus den Unterlagen wird für ihn deutlich, wer Wolfgang Weidhaas eigentlich war, welche Motive ihn antrieben. Da war ein Überzeugungstäter am Werk, keiner, der aus einer gewissen Zwangslage heraus handelte oder sich einfach materielle Vorteile verschaffen wollte. Wolfgang Weidhaas hat aus freien Stücken der Staatssicherheit seine Dienste angeboten. Wegen seiner bürgerlichen Herkunft und guten Verbindungen nach West-Berlin sei er bestens geeignet, hieß es damals. Ein Major Pompe präzisiert Weidhaas' künftige Aufgaben: „Der Kandidat soll mit der Perspektive angeworben werden, mit weiteren Personen in Westberlin bekannt zu werden, um diese in der Folgezeit in den demokratischen Sektor zu bringen." In dieser

Deutlichkeit ist über Menschenraub in den Stasi-Akten selten die Rede.[193]

In seiner Studie „Der Untergrundkampf des Ministeriums für Staatssicherheit gegen den Untersuchungsausschuss Freiheitlicher Juristen in West-Berlin“ von 1999 beschreibt Siegfried Mampel aus eigener Erfahrung, wie Weidhaas, Deckname „Weitzel“, an Erwin Neumann herangespielt wurde.
Mampel arbeitet in den 50er Jahren selbst im UFJ, seine ebenfalls geplante Entführung scheitert, weil er gegenüber Wolfgang Weidhaas misstrauisch bleibt. Dennoch, das räumt Siegfried Mampel in seinem Buch ein, stellt er selbst den Kontakt zu Erwin Neumann her. Weidhaas wird ihm von einer Schreibkraft des Forschungsbeirats für die Fragen der Wiedervereinigung Deutschlands als absolut vertrauenswürdig geschildert. Ein Flüchtling, der Hilfe brauche, heißt es, und der interessante Informationen zu bieten habe. Weidhaas äußert den Wunsch, mit einem anderen Mitarbeiter des UFJ in Kontakt zu kommen. Mampel 1999: „Der Verfasser muss bekennen, dass er in einer gewissen Blauäugigkeit W. diesen Wunsch erfüllt.“[194]
Wolfgang Weidhaas, nun erfolgreich mit Erwin Neumann bekannt gemacht, gewinnt schnell dessen Vertrauen. Detlef Kühn räumt in einem Gespräch mit mir ein, dass man mit ihm auch leichtes Spiel gehabt habe, er sei wohl ein wenig naiv gewesen, ganz im Gegensatz zu anderen Mitarbeitern des UFJ, die eingedenk der Tragödie um Walter Linse stets auf der Hut gewesen seien.[195] Es kommt zu privaten Treffs in Neumanns Wohnung, in denen Weidhaas Materialien übergibt, die ihm die Staatssicherheit vorher zugespielt hat. Weidhaas zeigt sich auch an Neumanns Hobbys wie dem Segelsport und der Fotografie interessiert, was die Beziehung weiter festigt. Alkohol wird von beiden auch gern und reichlich genossen. So verwundert es nicht, dass Erwin Neumann auch seinen wirklichen Namen preisgibt – im UFJ wird Neumann mit dem Decknamen „Berger“ geführt. Stolz berichtet er zudem, dass er Pistolenträger sei. Da sich die Kontaktaufnahme so günstig an-

lässt, plant die Staatssicherheit aktivere Maßnahmen, erwägt eine Entführung mit dem Pkw aus seiner Privatwohnung, in der Wolfgang Weidhaas oft zu Gast ist, schließlich wird die Variante „Segelboot" favorisiert. Am 20. August 1958 wird Erwin Neumann dann der gemeinsame Freizeitspaß zum Verhängnis.[196]

Im Maßnahmeplan der Staatssicherheit vom 8. Juli 1958 mit dem Codewort „Unruhe" heißt es: „Im Laufe des III. Quartals wird eine aktive Maßnahme durchgeführt, wo ein Hauptagent nach dem demokratischen Sektor geholt wird, welcher einer der aktivsten Hauptagenten beim UfJ ist und somit der DDR auch erheblichen Schaden zufügt."[197] Gemeint ist damit Dr. Erwin Neumann und seine Entführung. Laut Plan, „operative Maßnahmen gegen die Zentrale ‚UfJ' vom 12 August 1958", wird im Vorfeld der Entführung auch erwogen, das Opfer als Überläufer darzustellen: „Bei einem guten Gelingen dieser Maßnahme wird dahingehend verhandelt, dass er als Selbstdarsteller auftritt und eine entsprechende wirkungsvolle Erklärung über Presse und Rundfunk abgibt."[198] Dieser perfide Plan wird später am Widerstand Neumanns scheitern.

Wie sich die Schleusung en detail abspielt, wird im Bericht von Erika Schwarfschwerdt alias GM „Sylvia" vom 21. August 1958 akribisch festgehalten. Detlef Kühn hat diese Details in seinem Artikel für das Deutschlandarchiv ans Licht gebracht und somit das Dunkel, das bis dahin über dem Schicksal Erwin Neumanns lag, aufgehellt. Der Bericht der MfS-Mitarbeiterin zeigt in nicht zu überbietender Deutlichkeit, wie die Staatssicherheit bei diesen Schleusungsmanövern vorging. Nichts wird dem Zufall überlassen, auch die kriminelle Energie ist zu bestaunen, wenn einmal etwas nicht nach Plan läuft.

Die Geheime Mitarbeiterin Sylvia wird erst kurzfristig in den Entführungsplan einbezogen, weil Major Heinz Volpert, der diese Operation mit dem Segen des stellvertretenden Ministers der Staatssicherheit, Bruno Beater, leitet, Erwin Neumanns Faible für Aktfotografie bedienen will, wie von Agentenseite kolportiert wird. Im Bericht steht das W. für Weidhaas, und das E. für die

Berichterstatterin Sylvia. Dr. Neumann wird immer mit vollem Namen genannt und auch sein Tarnname „Berger" akribisch aufgeführt.
Treffpunkt für die gemeinsame Segelpartie ist der Badestrand Heckeshorn am Berliner Wannsee. Zunächst habe W. seine Begleiterin E. als seine intime Partnerin vorgestellt, heißt es im Bericht. Zwar habe sich E. anfänglich ein wenig geziert, aber zweideutige Witze und Cognac der Marke „Scharlachberg" hätten die Situation aufgelockert. Man sei schließlich in Richtung der Insel Kälberwerder aufgebrochen. „Auf der Fahrt entledigte sich E. ihrer Kleidung." Neumann schien an E. interessiert zu sein, heißt es im Bericht, er habe sich beim Ausziehen der E. trotz ihrer Bitten nicht abgewandt. Durchaus ein erfreuliches Resultat, meint Sylvia: „Bis zu dem Zeitpunkt, wo wir in Kälberwerder anlegten (ca. 13.45 Uhr) war es möglich, einen guten Kontakt herzustellen." Um ganz sicherzugehen, habe W. dann den Neumann gefragt, wie ihm die E. gefalle. Dessen Antwort: „Er ist ein flotter Käfer, mit dem man alles anstellen kann, und ich bin überzeugt, dass wir nette Filmstreifen drehen werden." Dann sei bei der Rast in Kälberwerder wieder getrunken worden, Kaffee vor allem, Neumann habe dann Weinbrandbohnen herumgereicht. Gegen 15 Uhr sei es schließlich zu Aktfotos gekommen: „E. im Schilf liegend, auf einer Luftmatraze, auf dem Boot." Dann heißt es wieder wörtlich: „E. bat W. doch etwas zu trinken zu reichen." Um 15.20 Uhr wurde eine mit Drogen versetzte Bierflasche herumgereicht, um Brüderschaft mit E. zu trinken: „Neumann trank von dem Bier 4. Schluck." Bald hätten sich bei ihm erste Wirkungen gezeigt. „15.30 Uhr strich sich Neumann mit der rechten Hand über Stirn und Augen." Neumann wurde nun laut Bericht misstrauisch, man habe ihm wohl etwas ins Bier getan, ihm sei schlecht. „W. wurde von ihm aufgefordert, sofort das Boot segelklar zu machen und nach seinem Bootsstand zu segeln." Nun gab es weitere Täuschungsmanöver, die die Abfahrt verzögern. „Das drückte sich dahingehend aus, dass W. den Anker nicht freibekam und das von Neumann zugereichte Messer zum Kappen des Ankertaus im Wasser verlor. Weiterhin ließ W.

das Schwert aus dem Schwertkasten fallen, so dass das Boot festsaß und segelunfähig war.“ Es habe schließlich bis 17.20 Uhr gedauert, bis das Boot startklar war. Da die Droge immer noch nicht richtig wirkte, habe W. zwischenzeitlich Neumann zum Trinken des sowjetischen Sektes aufgefordert, den dieser in seinem Boot hatte. Er habe eine Tasse damit gefüllt und zusätzlich die Hälfte der Droge hineingekippt, die er in seiner Badehose versteckt griffbereit hatte. Neumann habe die Tasse sofort ausgekippt und von einer zweiten Tasse nur einen Schluck getrunken. Die Wirkung der zusätzlichen Drogenzufuhr sei aber immer noch nicht ausreichend gewesen, heißt es wieder im Bericht. „Erst ab 17.20 Uhr schien seine Sprache lallend.“ Man habe ein Seerosenfeld zwischen dem Kälberwerder und der Pfaueninsel umschifft. Was schwierig gewesen sei, weil Windstille herrschte und ein Motor fehlte. Da Neumann die ganze Zeit über aufrecht im Boot gesessen und sich kaum bewegt habe, sei kein Verdacht von anderen Seglern aufgekommen, auch nicht von der letzten westlichen Polizeidienststelle in Höhe Jagdschloss Brünningslinden. Dann sei man auf den letzten Metern Richtung Staatsgrenze doch recht mühsam vorangekommen, erläutert Sylvia. Mit einem Paddel war „W. kaum noch in der Lage, das Boot […] weiterzubewegen.“ Schließlich erreichten sie DDR-Gewässer. „Von dieser Stelle wurden wir dann mit dem Motorboot zum Anlegelatz geschleppt. Wir erreichten das Ufer 17.50 Uhr“, schließt Sylvia ihren Bericht.[199]

Zunächst wird Erwin Neumann wie so viele vor ihm im Untersuchungsgefängnis der Stasi in Berlin-Hohenschönhausen erkennungsdienstlich behandelt. Es gibt ein Körperdurchsuchungsprotokoll vom 21. August 1958. „Dabei wurden folgende Gegenstände sichergestellt 1 Ring (gelb), 1 Armbanduhr (gelb) Marke Mauthe, 1 kleiner Schlüsselbund mit drei Schlüssel, 1 Geldbetrag von 5 DM 41 Pfennige der Bank-Deutscher-Länder.“ Viel hat er bei seiner Segelpartie nicht dabeigehabt. Auch die Kleidungsgegenstände entsprechen dem Anlass: „1 Trainingsjacke, 1 Trainingshose, 1 Oberhemd, 1 Unterhemd, 1 kurze Unterhose, 1 Paar Turnschuhe.“[200]

Noch am selben Tag wird der Haftbeschluss verkündet. Die Gründe der Inhaftierung, die hier vorgebracht werden, werden später Gegenstand der Vernehmungen, der Anklage und des Prozesses sein: Vor allem geht es um die Anwerbung von Agenten für Spionage in der DDR, der Generalvorwurf, der bei fast allen Entführten in den Gerichtsakten auftaucht. Auch das Drehbuch für den Neumann-Prozess entspricht den Vorgehensweisen in anderen Verfahren gegen die Opfer von Menschenraub. Da die DDR-Behörden leugnen, Neumann in ihrer Hand zu haben, wie übrigens lange Zeit auch im Fall seines Vorgängers Walter Linse, muss er geheim geführt werden, kann deshalb also nicht für Propagandazwecke herhalten.

Bald nach der Einlieferung beginnen die stundenlangen Verhöre – nächtelang, tagelang. Erster Fragenkomplex ist der Untersuchungsausschuss selbst, dessen Mitarbeiterstruktur, das Aufgabengebiet von Neumann (u.a. Bewertung von Informationen aus dem Wirtschaftsbereich, Analyse von DDR-Gesetzen und Verordnungen, Zusammenstellung von Informationen für die Medien, z.B. für den *RIAS*). Im zweiten Fragenkomplex geht es um Namen von Informanten aus der DDR. Neumann nennt einige, aber nur Decknamen. Er könne sich an Klarnamen nicht erinnern, führt er als Begründung an. Nur einmal nennt er Ross und Reiter. Er erzählt von „Wolfgang Weithaas“ (Schreibfehler in der Akte). Diese Information dürfte für die Vernehmer keine Überraschung gewesen sein. Auch bei der Beschreibung von Personen bleibt Neumann vage. Herkunftsorte und Wohnortadressen der Informanten aus der DDR seien ihm oft nur vom Hörensagen bekannt, präzise Angaben könne er deshalb nicht machen.[201] Schon am Tag nach der Entführung, dem 21. August, hat Neumann laut Vernehmungsprotokoll ein Teilgeständnis abgelegt, das allerdings sehr pauschal ausfällt. „Dass ich mich im Sinne der Gesetze der Deutschen Demokratischen Republik strafbar gemacht habe, ist mir klar. Abschließend bitte ich, die Untersuchung beschleunigt zum Abschluss zu bringen.“[202]

Die folgenden Auszüge aus den Vernehmungen dokumentieren

die Versuche der Stasi, Neumann relevante Informationen zu entlocken.

Vernehmungsprotokoll vom 24. August 1958; 10.30–13.00 Uhr, 15.45–18.00 Uhr, 21.00–2.30 Uhr am folgenden Tag
Neumann räumt ein, dass Informationen auch aus dem Ministerium der Finanzen stammten. Sie wären auf postalischem Weg „in einem neutralen bräunlichen Geschäftsumschlag in der Größe DIN A 5" auf seinen Tisch gelangt. Die Sendungen wären im Westteil Berlins aufgegeben worden, „sie waren mit Westberliner Postwertzeichen versehen."[203]

Zwischenbericht vom 26. August 1958
Neumann habe inzwischen Namen genannt. Drei Agenten wurden ermittelt und festgenommen. Bei anderen, von denen Neumann sprach, würden weitere Erkundungen eingezogen. Alle diese Personen informierten über verschiedene Aspekte der wirtschaftlichen Entwicklung (in Industriebetrieben, beim Handwerk, über die Lebensmittelversorgung beispielsweise).[204]

Vernehmungsprotokoll vom 30. August 1958
Wieder drei Verhöre an einem Tag. Es geht zum wiederholten Male um Informanten, um Örtlichkeiten der Treffen und Anzahl der Treffen. Die letzte Frage im dritten Verhör beantwortet Erwin Neumann mit der lapidaren Feststellung: „Mir sind […] keine weiteren Angaben des ‚UfJ' […] bekannt geworden. Darüber sagte ich auch bereits aus."[205] Diese Dinge wiederholen sich, sie ermüden den Angeklagten, nicht aber die Stasi. Die Stasi hat Zeit.

Vernehmungsprotokolle vom 18., 20. und 21. November 1958
Die Verhöre finden nicht mehr in der Nacht statt, sie sind auch nicht so ausgedehnt wie am Anfang. Es geht „gemütlich" zu. Jetzt wird der biografische Hintergrund Erwin Neumanns nach dunklen faschistischen Flecken ausgeleuchtet. Auch nach seinen Eltern wird detailliert gefragt: aus welchem Milieu sie stammen,

aus welcher Klasse. Der Vater Berufssoldat, Beamter, gibt er an, Leutnant im Ersten Weltkrieg, später im Zolldienst beschäftigt. Die Mutter Hausfrau. Nach Klärung dieser Fakten wird nach der politischen Gesinnung gefragt. Deutsch-national sei die Einstellung im Elternhaus gewesen. Auch die Vita von Neumann gibt nicht viel her, keine Auffälligkeiten feststellbar. Abitur, Studium der Betriebswirtschaft, Doktorarbeit. Und während der Zeit des Nationalsozialismus? Man kommt zum Wesentlichen. Neumann enttäuscht seine Vernehmer wiederum. Zwar sei er wohl im Reichsarbeitsdienst gewesen, in einer Studentenvereinigung, in einer SS-Reiterstandarte, aber andere Verbindungen zu den Nazis treten nicht zutage. Noch nicht einmal in der Partei sei er gewesen. Was er nach dem Studium, im Krieg, gemacht habe, fragen die Vernehmer. Auch hier das Übliche, etwa die Leitung in einer Betriebsabrechnung, Dienstverpflichtung im Amt für Raumordnung, die nach Kriegsbeginn in den Osten verlagert wurde. Bei Fronteinsätzen zweimal verwundet, bei Gomel und in der Hohen Tatra. Die Amerikaner finden ihn nach Kriegsende in einem Lazarett. Auch über seine Zeit in der DDR muss Neumann ausführlich berichten, dabei werden auch seine familiären Verhältnisse gestreift. Geburt der Tochter Hannelore 1945, Selbstmord der ersten Frau 1949, zweite Ehe 1951. Der DDR habe er von Anfang an ablehnend gegenübergestanden, räumt er schließlich ein, da sei die Flucht nur logisch gewesen.[206]

Im Schlussbericht der Vernehmungen wird bereits die Anklageschrift formuliert, die die Richter in ihrer Urteilsbegründung leicht abgewandelt übernehmen. Man hat demnach einen Spion unschädlich gemacht und auch dessen Agenten im eigenen Land. Erwin Neumann wird wegen Spionage im schweren Falle zu lebenslangem Zuchthaus verurteilt. Einen Etappensieg im Kalten Krieg, wie die Staatssicherheit immer wieder betont, kann man dieses Urteil sicher nicht nennen.[207] Detlef Kühn zieht in seinem Artikel diese Schlussfolgerung: „Wie schrecklich das Schicksal auch war, das das MfS Erwin Neumann bereitet hat, so muss man doch sagen, dass der

Wunsch Volperts, damit der Tätigkeit des UFJ nach Möglichkeit ein Ende zu bereiten, nicht in Erfüllung gegangen ist."[208]
Im Gegenteil: Der UFJ gruppiert sich neu und konzentriert sich nun auf Gutachtertätigkeiten „in Ostrechtsfragen". Dadurch gewinnt er neues Profil als Anlaufstelle. 1969 wird der Untersuchungsausschuss Unabhängiger Juristen mit seiner ausgewiesenen und über viele Jahre gewachsenen Fachkompetenz als Abteilung IV in das neu gegründete Gesamtdeutsche Institut übernommen. Die Staatssicherheit hat nun einen neuen Feind.[209]

Nach der gelungenen Entführung von Neumann wird Wolfgang Weidhaas mit einer Prämie von 2.500 Mark belohnt. Außerdem erhält er den Vaterländischen Verdienstorden in Bronze.[210] Am 18. Juli 1960 verpflichtet er sich eidesstattlich zum Dienst im Ministerium für Staatssicherheit. Zu seinen Verpflichtungen gehören voller Einsatz seiner Kräfte und Fähigkeiten im Kampf für die Parteitagsbeschlüsse und gegen den Klassenfeind, die Einhaltung der sozialistischen Moral, absoluter Gehorsam gegenüber den Vorgesetzten, stete Weiterbildung im Dienst der Arbeiterklasse, absolutes Stillschweigen über die Tätigkeit auch gegenüber der Familie und Wachsamkeit gegenüber feindlichen Diensten. Er akzeptiert auch das Reiseverbot für sich und seine Familie in den Westen und verpflichtet sich zur Meldung von Westkontakten an seine Vorgesetzten. Im letzten Passus des Gelöbnisses gibt er sich ganz in die Hand der Staatssicherheit: „Mein Ausscheiden aus dem Dienst des Ministeriums für Staatssicherheit wird nicht von mir, sondern von meiner vorgesetzten Dienststelle bzw. dem Ministerium bestimmt."[211]
Später wird er als Offizier im besonderen Einsatz für die Beobachtung der DDR-Fernsehprogramme eingesetzt.
Das Schicksal von Erwin Neumann endet dagegen in der Stasihaft. In Berlin-Hohenschönhausen wird er als Nummernhäftling in Isolationshaft gehalten. Nicht nur andere Insassen, sondern auch die Wachleute kennen seine Identität nicht. Am 3. Juli 1967 stirbt er an Herzversagen. Aus seiner Gefangenenakte geht hervor, dass

er ärztlich betreut wird. Mehrere Krankenblätter werden angelegt und penibel Diagnoseergebnisse und Medikamentenverschreibung notiert. Am Ende dieser Protokolle wird in der medizinischen Fachsprache beiläufig auf seinen Tod eingegangen. „13.05 Exitus letalis", lese ich. Eine halbe Stunde vor seinem Ende sei er nicht mehr ansprechbar gewesen. Die Nachricht von seinem Tod erhält die Familie erst 1989 im Zuge der gesellschaftlichen Umwälzungen in der DDR.[212]

DIE AKTION „BLITZ“

Paul Behm, am 24. März 1955 von der Stasi „gezogen“

Mit sogenannten konzentrierten Schlägen will die Staatssicherheit nach dem niedergeschlagenen Aufstand vom 17. Juni 1953 und dem 15. Plenum der SED vom 24. bis 26. Juli 1953 die Macht der SED wieder festigen und verlorenes Vertrauen bei der Parteiführung zurückgewinnen.[213] In der ersten Aktion „Feuerwerk“ geht es um die Bekämpfung des westlichen Geheimdienstes Gehlen und seiner Agenten und Mittelsmänner auch innerhalb der DDR. In der Aktion „Pfeil“ wird nachgelegt und das Aktionsfeld noch ausgeweitet. In der Aktion „Blitz“ schließlich geht es um die Bekämpfung der politischen Feinde ganz allgemein und hier vor allem um die sogenannten „Feind“-Organisationen wie KgU, UFJ und den *RIAS* in West-Berlin. Aber auch einzelne Abtrünnige oder Abweichler werden nicht aus dem Auge gelassen. „Blitz“ läuft im November 1954 an. Auch der „Zonenflüchtling“ Paul Behm gehört zu den Opfern der Aktion.
Behm ist nicht gerade ein prominentes Beispiel für diese Abtrünnigen, eher ein kleines Licht, auf gar keinen Fall aber ein wichtiger Kader der SED oder anderer Organisationen in der DDR.
Die Fotos in den Stasi-Akten zeigen mir zwei Gesichter des Paul Behm. Auf einem ist ein junger Mann in Uniform zu sehen, recht verwegen sieht er aus; auf dem anderen ein Mann in Zivilkleidung, unmittelbar nach seinem Prozess in Rostock Ende 1955, mit leerem Blick. Zwei Passfotos, die mir wenig über Behm selbst verraten. Wie das so ist bei solchen Augenblicksaufnahmen. Wer verbirgt sich hinter dieser Passfotofassade? Ich bin neugierig.

Am 7. März 1951 bringt Paul Behm in Schwerin einen Lebenslauf zu Papier, der notdürftig Fakten vermittelt, die zu dem Bild einer sozialistischen Persönlichkeit mit Perspektive passen sollen. Ich

finde diesen Lebenslauf in den Stasi-Akten, in die er hineingeraten ist, nachdem aus Behm ein „Operativer Vorgang" wurde.
Behm wird 1915 als Sohn eines Landarbeiters geboren, dann Grundschule in Prenzlau, wohin seine Eltern 1918 gezogen waren. Er macht den Volksschulabschluss, geht als Lehrling in ein Rechtsanwaltsbüro. Die Nazizeit findet in diesem Lebenslauf keine Berücksichtigung, etwas anderes ist auch bemerkenswert. „Meine gesamte Entwicklung wurde sehr stark durch meine Körperbehinderung [beiderseitige Hüftgelenksverrenkung] beeinflusst. Besonders in der Schulzeit und auch später war ich viel allein und hatte vielfach Minderwertigkeitskomplexe", schreibt er über sich. Paul Behm gibt als Beschäftigung bis 1946 Bürogehilfe an. Aus dem Bürogehilfen wird etwas nach dem Krieg. 1945 ist er schon Mitglied der KPD, später der neu gegründeten SED. Er arbeitet in einer Landschule als Lehrer, macht seine Lehramtsprüfung, wird 1949

Paul Behm als Wehrmachtsangehöriger (rechts) und nach seinem Prozess in Rostock, Ende 1955 (Quelle: BStU, MfS, AU 399/55, Beiakte, Bd. 8)

in die Landesleitung der SED nach Schwerin berufen, steigt weiter auf in der Parteihierarchie, wird im August Instrukteur für Schulen in der Abteilung Kultur und Erziehung, danach als Leiter des Büros des Sekretariats der Partei eingesetzt. Trotz SPD-Familienhintergrundes sei er unpolitisch aufgewachsen, führt er weiter aus, es hätte an Orientierung gefehlt, so sei er auch mit seinen Grübeleien über den Sinn des Krieges nicht weitergekommen. Dank der SED habe er jetzt aber eine klare Perspektive.[214]
Genosse Behm wird auch von der Parteileitung in Rostock positiv eingeschätzt. Er sei entwicklungsfähig, heißt es in einer Charakteristik vom 30. Oktober 1952, er hätte besondere Fähigkeiten auf propagandistischem Gebiet. Allerdings, hier folgt eine kleine Einschränkung, sei er manchmal zu impulsiv und unbeherrscht wegen seines körperlichen Leidens.[215]
Die Partei hat trotzdem noch einiges mit ihm vor. Im Februar 1953 wird er zu einem 3-Jahres-Lehrgang an die Parteihochschule der SED „Karl Marx" in Kleinmachnow bei Berlin delegiert. Überraschend für alle, die ihn kennen, entscheidet sich Paul Behm am 9. Januar 1955 zur Flucht nach West-Berlin. Für Außenstehende ist dieser Schritt noch unverständlicher, fast ein Mysterium. Da muss nachgesehen werden. Aus dem Bericht der Staatssicherheit vom 19. Januar 1955: Er sei zum Wiederbeginn des Unterrichts nach dem Weihnachtsurlaub nicht erschienen, seine Frau habe angerufen und sich erkundigt, ob er in der Parteihochschule angekommen sei, außerdem berichtet, dass er sich schon am Vortag mit einem Radioapparat aus der Wohnung entfernt habe. Er sei im Übrigen in den letzten Tagen seines Urlaubes oft bei einer Familie Maas gewesen, vor der er selbst seine Frau wegen deren „Absetztendenzen in den Westen" gewarnt habe. Einen Tag vor Schulbeginn habe Genosse Schönberg, ein Mitschüler Behms, diesen noch auf dem Schulgelände gesehen. Da der SED-Nachwuchskader Behm verschwunden bleibt, wird die Staatssicherheit aktiv. Eine Untersuchung von Behms Zimmer gibt weiter Rätsel auf. Sein Koffer ist da, aber ohne Inhalt. Es fehlen Kleidungsstücke wie ein guter Anzug, zwei Mäntel und saubere Unterwäsche sowie sei-

ne Aktentasche. Wichtige Dinge wie seine Studienunterlagen liegen wiederum auf ihrem angestammten Platz, auch parteiinterne Unterlagen. Wie kann man aus all diesem klug werden? Genosse Zetsche, ein weiterer Mitschüler, berichte allerdings, dass Behm zu seiner Schwester wolle, wenn es mit seiner Frau schieflaufe. Spielt sich hier vielleicht ein Beziehungsdrama ab?[216]

In einer Vorlage vom 18. Januar 1955 an das Sekretariat des Zentralkomitees zieht die Partei die Notbremse. „Beschluss: Genosse Paul Behm [...] wird von der Parteihochschule abgerufen, die Parteimitgliedschaft [...] ruht. Sollte sich der Verdacht bestätigen, dass Paul Behm republikflüchtig wurde, wird er aus der Partei ausgeschlossen."[217] Auf diese Art klärt man vorerst Dinge, die immer noch unerklärlich sind.

Bald aber sieht die Staatssicherheit klarer, was gespielt wird. Behm sei nicht nur republikflüchtig geworden, sondern betätige sich nun in West-Berlin auch als Agent. Aus dem hoffnungsvollen Jungkader wird in den Augen der Partei ein Verräter, der zurückgeholt und bestraft werden muss. Die Parteileitung in Rostock schaltet die örtliche Staatssicherheit ein, die einen Operativplan ausarbeitet, um das „Ziehen des Verräters" vorzubereiten. Die Planungen vom 24. Februar 1955 sehen vor, dass Stasiinformanten Behms Lebensgewohnheiten in West-Berlin ausforschen und sein Vertrauen gewinnen sollen. Da Behm ehemalige Kollegen angeschrieben und nach West-Berlin eingeladen hat, ergibt sich für die Stasi eine Möglichkeit. Statt seines früheren Arbeitskollegen Hans Suhr, der im Krankenhaus liegt, wird dessen Ehefrau, die vom MfS als „Kontaktperson" angeworben wurde, in den Westteil Berlins geschickt. „Engen Kontakt mit Behm herstellen", lautet der Auftrag. Dazu soll ein vorgeblicher Brief ihres Mannes dienen, den sie Behm überreichen soll. Im Operativplan heißt es dazu: „Inhalt des Briefes wird von uns festgelegt und von Suhr geschrieben." Nach erfolgter Aufklärung über die Stammlokale Behms „sollen Maßnahmen eingeleitet werden, um Behm zu ziehen". Auch im näheren Umfeld Behms in Rostock soll nach Vertrauenspersonen gesucht werden (Ermittlungen über die Familie eingeschlossen).

Überdies werden Routineüberwachungen (u. a. Postkontrolle) von Behms engerem Umfeld eingeleitet und weitere Nachforschungen seiner Vergangenheit angeregt. Wieder einmal wird ein weit gespanntes Netz durch die Stasi geknüpft, mit dem diesmal Paul Behm eingefangen werden soll, der laut Operativplan ehemalige Kollegen anschreibt und sie nach West-Berlin einlädt.[218]

Behms Absetzung nach West-Berlin im Januar 1955 hat mehrere Gründe. Er fühlt sich in der Parteihochschule überfordert, er hat Probleme mit seiner Familie, er fürchtet die Entdeckung seiner NSDAP-Mitgliedschaft, die er in Lebensläufen und parteiinternen Fragebögen konsequent verschwiegen hat.
Wie alle Flüchtlinge sucht er zunächst das Notaufnahmelager in Berlin-Marienfelde auf, wird dann zu Routinebefragungen an den englischen und amerikanischen Geheimdienst weitergereicht, die an ehemaligen SED-Kadern unter den Flüchtlingen interessiert sind, sich so von Paul Behm Informationen über die Parteihochschule in Kleinmachnow erhoffen. Er bekommt von dort auch den Auftrag, Kontakte zu ihm bekannten Funktionären aufzunehmen, um weitere Informationen über die Struktur und das Innenleben der SED zu erhalten. Zwar haben der amerikanische und englische Geheimdienst auch durch das Studium parteiinterner Schulungsmaterialien Erkenntnisse über die SED, doch zusätzliches Material ist immer willkommen. Behm verhält sich kooperativ und wird für seine Bemühungen mit 200 DM vom amerikanischen Geheimdienst entlohnt. Vier Funktionären schreibt er Briefe, mit denen er sie zu einem Besuch in West-Berlin überreden will. Es bleibt bei dem Versuch, denn bereits am 24. März 1955 wird Behm aus West-Berlin entführt und in den Osten der geteilten Stadt gebracht. In einem Festnahmebericht vom 12. April, einen Monat nach der erfolgreichen „Ziehung" Behms, wird rekapituliert: „Festnahme erfolgte […] auf der Linie Zersetzung der SED im Auftrag der HICOG." Es wird also auf eine SED-feindliche Agententätigkeit Behms im Auftrag des US-amerikanischen Hochkommissars (High Commissioner of Germany) abgestellt. Im Bericht

werden auch Beweise für diese Agententätigkeit genannt. Viel kommt allerdings nicht zusammen. Eine Quittung des französischen Geheimdienstes für das Überlassen von Parteiausweisen Behms ist aufgezählt, auch das Bemühen des amerikanischen Geheimdienstes, ihm eine Wohnung zu beschaffen, schließlich eine Spesenabrechnung für den Monat März 1955, unterschrieben von „dem Amerikaner“, was natürlich besonders verwerflich ist.[219]
Warum gibt man sich bei so kleinen Fischen wie Paul Behm so große Mühe, frage ich mich. Ich erkläre sie mir aus dem Dauerfrost im Kalten Krieg, der 1955 herrscht. Die Blöcke, die gegeneinanderstehen, haben sich weiter gefestigt, und die beiden deutschen Staaten werden Mitglieder von Militärbündnissen. Die Bundesrepublik wird am 6. Mai 1955 in die North Atlantic Treaty Organization (NATO) aufgenommen, die DDR unterzeichnet am 14. Mai den „Warschauer Vertrag über Freundschaft, Zusammenarbeit und gegenseitigen Beistand“, den „Warschauer Pakt“, wie er im Westen bald genannt wird. Die Verhältnisse in der DDR bleiben trotz außenpolitischer Stabilisierung im Ostblock weiter fragil. Ein Ausdruck ist dafür die Verurteilung Paul Merkers am 30. März 1955 in einem Geheimprozess zu acht Jahren Zuchthaus wegen ausländischer Agententätigkeit. Merker, ein Kommunist der ersten Stunde und Ende der 40er Jahre Mitglied im Politbüro der SED, wird hier wie schon 1950 zum Opfer parteiinterner Querelen.
Über den tatsächlichen Hergang der „Ziehung“ von Behm kann ich nur spekulieren. Die Akten geben wie in anderen Fällen dieser Art nur spärliche Auskünfte. Sicher ist, dass laut Festnahmebericht vom 24. März 1955 wieder einmal Genosse Beater, zu dieser Zeit Oberst, seine Hände im Spiel hat und die Aktion dirigiert.[220] In einem Treffbericht vom 23. März 1955 in Ost-Berlin, einen Tag vor der Entführung, wird noch ein anderer Name genannt, der Name des „ausführenden Organs“. Ein gewisser Kurt Schliep, Deckname GI „Steffen“, kommt ins Spiel. Er soll mit seinem Pkw verschiedene Stellen der Sektorengrenze überqueren, „um die Arbeitsweise der Stummpolizei und des Westberliner Zolldienstes [...] zu erkunden.“[221] Bei einem zweiten Treffen um 17.30 Uhr heißt es, er solle

sich für die Überführung eines Agenten noch in der Nacht bereithalten. Man bringt ihn gegen 20 Uhr zur Sektorengrenze Bernauer Straße, wo er auf der Westseite seinen Pkw parkt.
Aus den Akten ergeben sich Vermutungen, wie die Entführung tatsächlich vonstattenging. Bei einem Rendezvous mit Paul Behm vom MfS zugeführten Frauen, hier werden die Decknamen Ilse und Sylvia genannt, könnte er nach üblicher Praxis betäubt, mithilfe des GI „Bauer“ in den Pkw verbracht und dann von Kurt Schliep in den Osten chauffiert worden sein. Am 24. März 1955 jedenfalls wird Kurt Schliep gegen 00.20 Uhr aus den Diensten der Staatssicherheit entlassen, heißt es im Treffbericht. „Er übernachtete in seiner Wohnung in Westberlin.“ Dass er nach offensichtlich erfülltem Auftrag nach West-Berlin zurückkehren darf, hat mit der Gewissheit zu tun, Schliep sei nicht enttarnt worden.[222]

Wer ist dieser Mann, der nach erfolgtem Auftrag der Staatssicherheit seelenruhig in seiner West-Berliner Wohnung übernachten kann, weil er als Agent der Gegenseite unbekannt bleibt?
Wie so viele andere gedungene Entführer vor Ort, ist Kurt Schliep ein ehemaliger Flüchtling. Dass sich die Staatssicherheit aus diesem Personenkreis bedient, ist nicht so ungewöhnlich. Sein Lebenslauf ist in einem Bericht der Staatssicherheit vom 1. Februar 1954 enthalten: Geboren am 12. Oktober 1929 in Berlin, Sohn einer Arbeiterfamilie, erlernter Beruf Zimmermann, später Fortbildung zum Lehrer und Dozenten, Kandidat der SED, FDJ und der DSF. Vor 1945 ist Schliep Mitglied der HJ, wird noch 1945 eingezogen, entzieht sich aber kurz nach seiner Einberufung zur Front dem Wehrdienst.[223] Weiteres entnehme ich einer Charakteristik vom 13. Dezember 1953, mit der die Staatssicherheit Schliep und seine Familie weit vor seiner Verpflichtung unter die Lupe genommen hatte. Im April 1953 wird Schliep mit Frau und Kind republikflüchtig, ein überraschender Schritt, den er kurz nach seiner Absetzung nach West-Berlin mit seiner Verhetzung durch westliche Propaganda erklärt; zudem, wie er in einem Bericht an die Staatssicherheit schreibt, habe er die „Fehlerhaftigkeit seines

Schrittes" erkannt.[224] Im Westen seien ihm die Augen geöffnet worden, mit schlechten Erfahrungen im Notaufnahmeverfahren in West-Berlin und nach seiner Ausreise per Flugzeug durch die Amerikaner im Schwäbischen. Die Familie landet in Heilbronn und lebt dort wieder in Aufnahmelagern. Er verdient als Landarbeiter gerade mal „eine müde Mark pro Stunde", wie er schreibt, dabei habe er die „Praxis des Kapitalismus [...] als Ausbeutungsobjekt" kennengelernt. Kurt Schliep, der Arbeitersohn, will zurück in die Obhut der DDR, zurück in den sicheren Hafen des Sozialismus und verpflichtet sich am 12. Januar 1954 bei der Staatssicherheit als Geste der Wiedergutmachung für seine Flucht in den Westen. „Nachdem ich durch die Verhältnisse in Westdeutschland festgestellt habe, dass ich der Arbeiterklasse durch meine Flucht aus der DDR Schaden zugefügt habe [...] verpflichte ich mich den Organen der Staatssicherheit [...] bei der Enttarnung von Spionen, Agenten und Diversanten der imperialistischen Geheimdienste mitzuhelfen." Er wählt für sich den Decknamen Steffen.[225] „Steffen" wird nach mehreren Aufträgen, die Verhältnisse in westdeutschen Flüchtlingslagern auszuspionieren, in der Angelegenheit Paul Behm tätig werden.

Schon am Entführungstag wird Paul Behm bis 4.30 Uhr morgens verhört. Wann und wie oft war er mit den westlichen Geheimdiensten zusammen? Welche Informationen lieferte er? Welche Kontakte knüpfte er zu Parteimitgliedern in der DDR, zu anderen Personen dort? Er kann nicht viel erzählen, da er gerade einmal knapp drei Monate in West-Berlin verbracht hat, bis er „zurückgeholt" wurde. Ja, natürlich habe er Briefe geschrieben und den amerikanischen Geheimdienst über den organisatorischen und personellen Aufbau des Zentralkomitees, „soweit mir das bekannt war",[226] über die Arbeitsweise und Struktur von Bezirks- bzw. Kreisleitungen und über die Zusammensetzung von Betriebsparteiorganisationen informiert. Er wird verhört über Amerikaner, mit denen er in Verbindung stand, und über andere „Feind"-Organisationen. Auch von einem Putschversuch ist bei den Vernehmungen die Rede. Ob Behm in West-Berlin davon erfahren habe? Wieder wird die allgegenwärtige Paranoia der Staatssicherheit sichtbar. Aber Paul Behm hat nichts gehört, ihn macht diese Kalte-Kriegs-Phantasie ratlos. Am Ende stehen noch 240 DM im Raum. Zweimal 20 DM für erste Informationen und ein Montagsgehalt von 200 DM. Die Ergebnisse der Vernehmungen ergeben letztlich nur Lappalien.[227]

Doch aus diesen Lappalien wird eine Anklage gebastelt: Durch Verrat und andere hinterhältige Verbrechen habe Behm die SED schwächen wollen. Die Hauptverhandlung findet unter Ausschluss der Öffentlichkeit statt, ganz im Gegensatz zu anderen Prozessen dieser Art, die als Propagandaschauspiel zelebriert wurden. Ist man in Sorge, weil die Anklage auf wackeligen Füßen steht?[228]

Paul Behm steht nicht allein vor Gericht, ebenfalls angeklagt wegen dieser Delikte ist ein Ewald Christiansen, ehemaliger erster Sekretär der Kreisleitung Lobenstein, der wie Böhm Entführungsopfer unter ähnlichen Umständen war.[229] Man braucht diesen zweiten Angeklagten, um das Gespenst einer Verschwörung glaubhaft zu machen. Der Prozess findet vor dem 1. Strafsenat des Bezirksgerichtes Rostock statt. Allerdings lässt sich bei Ewald Christiansen als Anklagepunkt noch eine Tätigkeit für „die Agentenzentrale des RIAS“ unterbringen. Er habe mit seinen Informationen zu den Hetzsendungen dieser Radiostation beigetragen. Bei Paul Behm kommt straferschwerend der Vorwurf der fortgesetzten Urkundenfälschung hinzu. Er habe bei der Ausfüllung von Fragebögen für die Partei und die Parteihochschule seine NSDAP-Mitgliedschaft verschwiegen.[230] Behm und Christiansen werden in dem eintägigen Prozess am 15. November 1955 wegen Verbrechen nach Artikel 6 der DDR-Verfassung verurteilt – Behm zu 15 Jahren Zuchthaus, Christiansen bekommt lebenslänglich. Wieder muss dieser „Gummiparagraf“ 6 der DDR-Verfassung wie auch in anderen Fällen als Urteilsbegründung herhalten. Die Handlungen der politischen Gegner wurden damit je nach Bedarf als Boykotthetze, Mordhetze und Kriegshetze interpretiert – wie auch schon im Fall Metz deutlich geworden. Die Urteilsbegründung ist entsprechend abgefasst: „Die Angeklagten haben durch ihr Handeln der Boykotthetze gegen demokratische Organisationen und Einrichtungen und durch ihre Spionagetätigkeit für die Agentenzentralen verbrecherisch gehandelt. [...] Indem die Angeklagten die Bestrebungen der Kriegstreiber unterstützten, haben sie die Grundlagen der DDR angegriffen, die Entfachung eines neuen Weltkrieges gefördert und damit selbst Kriegshetze betrieben."[231] Es geht bei diesen Urteilen fast immer auch propagandistisch um die Verhinderung eines neuen Weltkriegs. Zehn Jahre nach Ende des Zweiten Weltkriegs ein wirksames Schreckgespenst, zumal beide Blöcke ihr Atomwaffenarsenal vergrößern.

Wie ist es derweil um die Zukunft von Kurt Schliep alias „Steffen" bestellt? In einem Schreiben der Hauptabteilung V vom 5. Mai 1955 werden Monatsraten für die in Ost-Berlin wohnhafte Familie (Frau und Kinder) von 550 DM Ost vorgeschlagen, Schliep, noch wohnhaft in West-Berlin, soll ebenfalls monatlich unterstützt werden – mit 550 DM West. Er operiere ja noch im Feindesland.[232] Auch um seine Umgruppierung macht man sich Gedanken. In einem Beschluss des Staatssekretariats für Staatssicherheit vom 31. Mai 1955 heißt es: „Der GI (Geheimer Informant) wurde zum GM (Geheimer Mitarbeiter) entwickelt und arbeitet unmittelbar im feindlichen Lager."[233] Am 23. Juni 1955 wird Schliep bestätigt, dass er, „ein ehrlicher, offner Mensch ist, der alle Aufgaben, die ihm übertragen wurden, gewissenhaft und pünktlich erfüllte. Sein größter Wunsch ist, wieder Mitglied der SED zu werden."[234] Am 16. Januar 1957 heißt es in einem Bericht, dass Schliep aus West-Berlin zurückgezogen wurde, da Enttarnung durch „westdeutsche und westberliner Polizeiorgane" drohte. Man besorgt ihm eine Stelle in einem Pressebüro, das Publikationen des Ministeriums für Staatssicherheit erarbeitet.[235]

Paul Behm, dessen Prozess geheim ablief, verschwindet ohne Benachrichtigung der Angehörigen in einer Strafvollzugsanstalt. Das wird aus einem Schreiben ersichtlich, das die Ehefrau Inge Behm am 2. Dezember 1955, neun Monate nach Behms Entführung, an den Staatsanwalt des Bezirkes Rostock richtet: „Seit dem 8. Januar 1955 weiß ich nicht, wo mein Mann sich befindet. […] Da ich mich scheiden lassen will, möchte ich Sie höfl. und dringend bitten mir mitzuteilen, was gegen meinen Mann vorliegt und wo er sich befindet, da mir vom hiesigen Gericht mitgeteilt wurde, dass ich erst die Anschrift meines Manns haben müsste, bevor ich die Scheidung einreichen könnte."[236] Das Schreiben von Inge Behm ist ein weiterer Beleg für die ehelichen Probleme, die ein Grund für die Flucht Behms von der SED-Parteischule nach West-Berlin waren.

Seine Schwester Helene Schmidt immerhin weiß, wohin Paul Behm verschwunden ist. Sie schreibt am 7. August 1958 ein Gnadengesuch, das von der Präsidialkanzlei des Präsidenten der DDR abschlägig beschieden wird. Behm habe von 15 Jahren Zuchthaus erst zwei Jahre und 4 Monate verbüßt und bei der Schwere seiner Vergehen, der „äußerst gesellschaftsgefährlichen Handlung", sei von einer Begnadigung abzusehen.[237] Am 25. Juni 1962 verwendet sich der Leiter der Strafvollzugsanstalt für seinen Häftling Behm. Er schreibt einen Antrag auf vorzeitige Haftentlassung. Behm stehe „unserer Entwicklung nicht feindlich gegenüber". Er sei „ernstlich bemüht, einen Teil seiner Schuld wieder gut zu machen". Nach seiner Entlassung wolle Behm in der Verwaltung einer LPG arbeiten.[238] Die Antwort des Staatsanwaltes am 6. Juli 1962 lässt nicht lange auf sich warten. Bei dem Verurteilten handele „es sich um einen alten Faschisten", schreibt er am 6. Juli 1962. Die Herabsetzung der Strafe von 15 auf 10 Jahre durch die Amnestie des Staatsrates sei bereits erfolgt, da könne man dem Strafgefangenen den Strafrest von drei Jahren wohl zumuten.[239]

Behm verbringt noch zwei Jahre im geheimen „Arbeitslager X", das neben der Untersuchungshaftanstalt der Stasi in Berlin-Hohenschönhausen als Strafarbeitslager auch für andere Häftlinge aus der DDR existierte.[240] Dann trifft er eine Entscheidung. Auf dem Weg einer Eilmeldung erfährt das Präsidium der Volkspolizei, dass sich „der Strafgefangene Behm, Paul, […] am 10. Septem-

ber 1964 gegen 4.30 mit einem ca. 1 m langem aus dünnen Bindfäden zusammen gedrehten Strick im Außenkommando des MfS Berlin-Hohenschönhausen im Aufgang eines Bühnenbodens des Kultursaales erhängt“ habe. „Motiv zurzeit noch nicht bekannt“, heißt es in der Eilmeldung weiter.[241]
Die Witwe wendet sich am 24. Juli 1965 erbost an den Leiter der Vollzugsanstalt. Man habe ihr nicht den Tod ihres geschiedenen Mannes mitgeteilt, durch dieses Versäumnis wären „den Kindern 10 Monate Halbwaisenrente verlustig gegangen“.[242] Von Paul Behm sind ein paar Worte aus seinem Abschiedsbrief überliefert: „Ich bin des Treibens müde“, hat er geschrieben.[243]

Karl Wilhelm Fricke, am 1. April 1955 bewusstlos in den Stasiknast

Am 5. April 1955 titelt die West-Berliner Zeitung *Der Tag*: „Neuer Fall von Menschenraub – Berliner Journalist seit Freitag verschwunden". Die Angelegenheit ist rätselhaft, und der Verfasser des Artikels ratlos. In der Wohnung des mutmaßlichen Entführungsopfers Karl Wilhelm Fricke hat man seine Ausweispapiere gefunden, die Wirtin aber habe ein Telegramm aus Hannover erhalten, in dem Fricke mitteilt, dass er dort zu einer Besprechung weile. Das ist sehr widersprüchlich. Wie soll ein Journalist ohne Ausweispapiere nach Hannover gelangt sein? Das Polizeipräsidium prüfe derzeit, ob das Telegramm fingiert ist, „der Journalist möglicherweise gewaltsam über die Sektorengrenze gebracht wurde". Das Echo aus dem Osten lässt nicht lange auf sich warten. Der Kalte Krieg ist nicht nur in diesem Fall auch ein Medienkrieg. Am 7. April 1955 heißt es in einer Glosse des Rundfunks der DDR, in der auch schon die Vorgänge um Lisa Stein (siehe das folgende Kapitel) karikiert wurden: „Es ist etwas passiert, liebe Hörer. Was, Sie kennen diese Geschichte nicht? Den haben sie doch entführt, den Fricke. Wer? Na so 'ne Frage, die vom Osten natürlich, [...] ein schwarzer Wagen fuhr vor, zwei Männer sprangen heraus, den Fricke, ran an die Krawatte und rein mit ihm in den Wagen, gruselige Geschichte, was."[244]

Karl Wilhelm Fricke hat später selbst „über diese gruselige Geschichte" in mehreren Publikationen berichtet, unmittelbar nach seiner Freilassung 1959 im *SBZ-Archiv* (seit 1968 *Deutschland-Archiv. Zeitschrift für Fragen der DDR und der Deutschlandpolitik*) in den Ausgaben 12/1959, 14/1959, 29/1959 sowie im *Rheinischen Merkur*, der seine Erinnerungen als Broschüre unter dem Titel „Menschenraub in Berlin. Karl Wilhelm Fricke über seine Erlebnisse" 1960 veröffentlichte, schließlich 1995 auch in einem Buch für den Christoph Links Verlag mit dem Titel „Akten-Einsicht".

Ich besuche am 5. Oktober 2011 also nicht nur einen Zeitzeugen, der aus unmittelbarem Erleben berichten kann, sondern auch einen Publizisten, der Zeit seines Lebens über das Phänomen „Menschenraub“ geschrieben hat. Er lebt in Köln in einem unscheinbaren Reihenhaus in der Nähe seines früheren Arbeitsplatzes. Bis zu seiner Pensionierung war er viele Jahre lang Leiter der Ost-West-Redaktion des Deutschlandfunks. Für ihn ein weiter Weg, der im sachsen-anhaltischen Hoym bei Aschersleben begann.

Fricke, Jahrgang 1929, ist mit heiler Haut durch den Krieg gekommen, aber dann beginnt für den Siebzehnjährigen ein Drama, das sein ganzes Leben prägen soll. Seine erste traumatische Erfahrung ist 1946 die Verhaftung des Vaters durch die sowjetische Geheimpolizei. Dem ehemaligen NSDAP-Mitglied Karl Oskar Fricke war zwar von einem lokalen antifaschistischen Komitee eine Unbedenklichkeitserklärung ausgestellt worden, er wurde also als „entlastet“ eingestuft, dennoch holen ihn russische Soldaten überfallartig am 20. Juni 1946 um 19 Uhr abends aus der Wohnung. Als politischer Häftling der Besatzungsmacht verbringt er mehrere Jahre in Internierungslagern, zuletzt auch im ehemaligen Konzentrationslager Buchenwald, bis ihm schließlich in Waldheim, nun von DDR-Richtern, wie vielen anderen Internierten, wegen Nazi- und Kriegsverbrechen der Prozess gemacht wird. Seine Anklageakte ist dünn, ihm wird seine Tätigkeit als Lehrer in der Nazizeit, seine Parteimitgliedschaft und eine Mitarbeit an der NSDAP-Gauzeitung *Der Mitteldeutsche* vorgeworfen. Außerdem habe er im Krieg als Presseamtsleiter der NSDAP in der Ortsgruppe Hoym gearbeitet. Das reicht für eine Verurteilung zu 15 Jahren Zuchthaus. Vom Schicksal des Vaters erfährt die Familie jahrelang nichts, er bleibt einfach verschwunden. 1948 berichtet ein entlassener Häftling: „Der Vater lebt und ist gesund in Buchenwald“, eine schriftliche Nachricht, und damit Gewissheit, kommt erst vier Jahre nach der Verhaftung. Am 1. April 1952 erhält die Familie ein lapidares Schreiben des Leiters der Justizvollzugsanstalt Waldheim mit der Mitteilung, Karl Oskar Fricke sei an einer toxischen Kreislaufstörung gestorben.

„Das war für mich die zweite traumatische Erfahrung", sagt mir Karl Wilhelm Fricke bei unserem Treffen in seinem Kölner Reihenhaus. Damals war er schon längst in West-Berlin, zunächst sein Studienort und später der Platz für erste journalistische Erfahrungen in verschiedenen Publikationen. Journalist habe er schon immer werden wollen, erzählt er, das habe sogar in seinem Abiturzeugnis gestanden, das er am 17. Juli 1948 in Aschersleben überreicht bekam. Bei seinem Familienhintergrund hat er jedoch keine Chance für einen Studienplatz im nahe gelegenen Halle, er wird Hilfslehrer für Russisch an der ehemaligen Schule seines Vaters. Das Ende als Hilfslehrer kommt nach fünfmonatiger Tätigkeit über Nacht. Ein Volkspolizist holt ihn vor den Augen seiner zehnjährigen Schülerinnen aus dem Unterricht. Er sei wegen Vorbereitung zum Hochverrat festgenommen. Eine Kollegin, das stellt sich für ihn später heraus, hat ihn wegen einer flapsigen Bemerkung über die damals allgegenwärtige Überwachung denunziert. Er wird in die Kreisstadt Ballenstedt ins Polizeikommissariat überführt, das damals in einer Villa untergebracht ist. Da habe er dann mal austreten müssen und dabei entdeckt, dass der Gang vor den Toiletten menschenleer ist. Da habe er sich ein Herz gefasst und sei einfach aus dem Polizeikommissariat hinausspaziert, als sei es das Selbstverständlichste der Welt, ruhig und gelassen am Pförtner vorbei, schnurstracks zu Freunden und Verwandten in den Harz, die ihn am 23. Februar 1949 über die damals nur spärlich bewachte innerdeutsche Grenze bringen. Nach mehreren Aufenthalten in Flüchtlingslagern beginnt er das Studium Politische Wissenschaften in Wilhelmshaven – u. a. bei dem Politologen und Rechtswissenschaftler Wolfgang Abendroth, über den er viel später in DDR-Haft mit seinem Pflichtverteidiger fachsimpeln wird, der bei der Koryphäe Abendroth auch Vorlesungen gehört hat. 1952 setzt Fricke in West-Berlin sein Studium fort. Er will nahe der Mutter sein, die nun in Harzgerode lebt.

Seine Anfänge als Journalist sind mühsam, er schreibt auf gut Glück Artikel, bietet sie überall an, erhält oft keine Antworten. Einige Publikationen jedoch, wie die Monatszeitschrift *Aktion*, drucken ihn. Einen Namen macht er sich mit seinen Beiträgen über „politische Verfolgung in der DDR“, für die er ausgezeichnete Quellen zur Verfügung hat. Er unterhält Kontakte zu den Pressestellen der Kampfgruppe gegen Unmenschlichkeit, des Untersuchungsausschusses Freiheitlicher Juristen und des Bundesministeriums für gesamtdeutsche Fragen.

„Es war natürlich eine Stimmung, die sehr stark feindselig eingestellt war, gegenüber der DDR, der SED, das ist ganz klar, und was mich persönlich anbelangt, war ich natürlich aufgrund meiner familiären Verhältnisse und politischen Erfahrungen auch militant antikommunistisch eingestellt, geprägt vom Geist des Kalten Krieges“, räumt er rückblickend mir gegenüber ein. Mit seinem späteren Entführer kommt er durch Kontakte mit dem Befreiungskomitee für die Opfer totalitärer Willkür in Berührung, das Margarete Buber-Neumann gegründet hat. Im Komitee arbeiten auch viele ehemalige Kommunisten wie z. B. Erich Wollenberg mit, allesamt „gebrannte Kinder“ faschistischer oder stalinistischer Diktaturen. In diesem Kreis fühlt sich Karl Wilhelm Fricke zu Hause. Er nutzt das Büro des Komitees vermehrt für seine journalistische Arbeit. Man rät ihm dort allerdings zu einem Decknamen, da die Furcht vor der Unterwanderung durch die Staatssicherheit auch in diesem Komitee allgegenwärtig ist. Fricke legt sich den Decknamen „Student“ zu, obwohl er das Gehabe im Komitee nicht ganz ernst nimmt. Im Büro sitzt auch ein Mann namens Kurt Rittwagen, der „Student“ unter dem Decknamen „Kurt Maurer“ vorgestellt wird. Kurt Maurer erzählt ihm von seinem Schicksal als junger Kommunist, der in die Sowjetunion emigrierte und von dort wie andere deutsche Kommunisten auch als Konsequenz aus dem Stalin-Hitler-Pakt am 5. Februar 1940 an Deutschland ausgeliefert wurde. Verworrene Verhältnisse, die für Karl Wilhelm Fricke aber einleuchtend sind, kennt er doch die Willkür des sowjetischen Geheimdienstes aus seiner Familiengeschichte. Zwischen den „beiden Opfern des Stalinismus“ entwickelt sich ein enges Arbeitsverhältnis. Kurt Rittwagen alias Kurt Maurer ist ihm fortan uneigennützig bei der Beschaffung von Informationen aus

Die Entführer Karl Wilhelm Frickes, die Stasiagenten Annemarie und Kurt Rittwagen (Quelle: Menschenraub in Berlin, hg. vom Rheinischen Merkur, 4. Auflage, Bonn 1960, S. 8).

der DDR behilflich, insbesondere mittels einer in Ost-Berlin lebenden Cousine – wie er vorgibt.
Ohne es zu ahnen, ist Karl Wilhelm Fricke ins Netz der Staatssicherheit geraten, die seine Entführung im Rahmen der Aktion „Blitz“ langfristig vorbereitet, gilt er dort doch wegen seiner Publikationen als Feind des Sozialismus, der sicherlich auch Untergrundkontakte in der DDR unterhält. Kurt Rittwagen hat noch einen zweiten Decknamen, bei der Stasi wird er als „Fritz“ geführt. Er liefert ausführliche Informationen über Frickes Vergangenheit, seinen Arbeitsalltag und andere Gewohnheiten aus seinem Privatleben. Alle diese Berichte werden zu der Grundlage für einen operativen Vorgang, in Ost-Berlin wird wieder zur Jagd geblasen.

Der Mann, der auf Fricke angesetzt ist, hat eine Lebensgeschichte mit vielen Brüchen, er ist sozusagen ein Agent *mit* Fehl und Tadel. In der Personalakte der Hauptabteilung Kader und Schulung des Ministeriums für Staatssicherheit ist eine geschönte Lebensgeschichte zu lesen. Kurt Rittwagen, ein Hamburger Arbeiterjung', fährt zur See, wegen „harter Arbeitsbedingungen und Lebensbedingungen“, wegen immer wiederkehrender Arbeitslosigkeit kommt er in Kontakt mit dem Kommunistischen Jugendverband, geht von 1935 bis 1939 in die Sowjetunion, kommt wieder zurück nach Hitler-Deutschland, warum, bleibt hier unklar, wird von der Gestapo verhaftet und in das KZ Sachsenhausen eingeliefert. Nach

seiner Befreiung durch die Rote Armee 1945 wird er Mitglied in der KPD, ist „ein Aktivist der ersten Stunde", arbeitet für den Aufbau einer antifaschistisch-demokratischen Ordnung, wie es damals pathetisch heißt, wird 1952 Mitarbeiter des Ministeriums für Staatssicherheit und leistet „bei der Zerschlagung feindlicher Stützpunkte [...] hervorragende Arbeit".[245]
Die Wirklichkeit, die Karl Wilhelm Fricke in seinem Buch „Akten-Einsicht" ausbreitet, sieht doch anders aus. Schiffsjunge war Rittwagen, insofern stimmt die Lebensgeschichte in der Kaderakte mit den Recherchen Frickes überein, dann aber kommt er zu ganz anderen Ergebnissen über seinen Entführer. Straffällig wird dieser mit achtzehn, das Jugendgericht in Hamburg verurteilt ihn zu sechs Monaten Gefängnis. Er entzieht sich der Strafe, indem er auf Schiffen anheuert, die unter ausländischer Flagge fahren. In Leningrad geht er unerlaubt von Bord, wird dabei ertappt und zwangsweise nach Deutschland zurücktransportiert. Dort bekommt er eine Gefängnisstrafe, auch wegen unerlaubter Überschreitung der Reichsgrenzen; die Hamburger Behörden kassieren sein Seefahrtsbuch. Er gelangt als blinder Passagier wieder nach Leningrad, wird dort festgesetzt. Weil er in der Sowjetunion wegen seiner kriminellen Vergangenheit nicht als politischer Flüchtling gilt, wird er schließlich mit anderen Internierten 1940 der SS übergeben.[246] Nach mehreren Stationen in Gestapo-Gefängnissen landet er im KZ Sachsenhausen. Auf einem sogenannten Todesmarsch gegen Kriegsende Richtung Ostsee kommt Kurt Rittwagen mit anderen Leidensgenossen frei. Er gelingt ihm sogar, aus dem zurückgelassenen Beutegut der SS Edelsteine und andere Wertsachen mitgehen zu lassen. Er schlägt sich dann nach Hamburg durch, tritt der KPD bei und wird in einem Komitee ehemaliger politischer Gefangener aktiv. Auf eigene Faust, bewaffnet mit einer Pistole, führt er Requirierungen und Beschlagnahmungen von Vermögen ehemaliger NSDAP-Mitglieder durch. Nachdem ihn die Engländer wegen illegalem Waffenbesitz und Amtsanmaßung festgenommen haben, flüchtet er mithilfe der örtlichen Parteiorganisation der KPD nach Schwerin. Er ist dann Angestellter im

Kreis Ludwigslust, später auch Stadtteilsekretär der SED-Kreisleitung in Wismar. Bei der Umtauschaktion von Parteibüchern, die die SED als erste Säuberung ihrer Kader ab Oktober 1950 durchführt, wird Kurt Rittwagen als unzuverlässig eingestuft und durch Beschluss der Landesparteikontrollkommission Brandenburg aus der Partei ausgeschlossen. Er sei unehrlich, heißt es, auch habe er so manches aus seiner Vergangenheit verschwiegen. Wolle er wieder in die Reihen der Partei aufgenommen werden, müsse er sich bewähren.[247]

Hier schlägt die Stunde der Staatssicherheit, die sich gerne labiler Personen für ihre Dienste bedient. Kurt Rittwagen wird als GM mit Einsatz in West-Berlin verpflichtet, ebenso seine Frau Anne-Maria Rittwagen, die ihm in das „Operationsgebiet“ folgt.[248] Am 30. September 1952 heißt es in einem Bericht der Stasi: „Die Genannte hat sich bereit erklärt, den Verbindungsmann zwischen dem Kurt Rittwagen, ihrem Ehemann, und uns zu machen.“[249] Anne-Maria Rittwagen wird als „Informator“ geführt, schließlich als GM übernommen. Man traut ihr nicht viel Eigeninitiative zu. In einer Beurteilung der Staatssicherheit vom 24. September 1952 wird zudem gerügt, dass sie „noch eine Reihe kleinbürgerlicher Tendenzen“ zeige. Doch „ihr Klassenbewusstsein befindet sich in einer positiven Entwicklung“, schließt der Bericht versöhnlich.[250]

Anne-Maria Rittwagen wird 1925 in Eldenburg, Kreis Waren/Müritz, geboren, lernt nach Volks- und Mittelschule den Beruf einer technischen Zeichnerin, erkrankt 1946 wie so viele ihrer Generation an Tuberkulose und muss sich mehreren Kuren unterziehen. In ihrem Lebenslauf vom 20. Dezember 1951 schreibt sie, dass sie 1949 als technische Zeichnerin in der Schiffswerft Wismar gearbeitet hat, 1950 wegen erneut aufbrechender Tuberkulose wieder arbeitslos war, nach langer Kur 1951 schließlich als geheilt entlassen wurde. In der SED sei sie seit Juli 1951, für die Staatssicherheit arbeite sie unter dem Decknamen „Peter“ seit dem 13. September 1952.[251]

Die Karten der Stasi sind gemischt, das Blatt kann ausgespielt werden. Kurt und Anne-Maria Rittwagen sind die Asse.

Alles habe mit diesem Buch angefangen, beginnt Karl Wilhelm Fricke mit der Geschichte über seine Entführung, mit diesem sowjetischen Lehrbuch über politische Ökonomie, das Kurt Rittwagen ihm besorgen wollte. Fricke wollte eine Rezension für das *SBZ-Archiv* schreiben. Dies sei eine günstige Gelegenheit, unterrichtet Rittwagen seine Auftraggeber. Laut einer Aktennotiz der MfS-Hauptabteilung V erhofft man sich von der Festsetzung Frickes vor allem, die Methoden des Feindes kennenzulernen und seiner Informanten in der DDR habhaft zu werden.[252]

Man müsse zudem bei günstiger Gelegenheit eine Durchsuchung seiner Wohnung in West-Berlin durchführen, um an die Quellen seiner Hetzartikel heranzukommen. Fricke, der inzwischen auch für die christlich orientierte Zeitung *Rheinischer Merkur* arbeitet, wird unterstellt, er habe bei sich zu Hause ein „trotzkistisches Archiv". Wieder meldet sich der umtriebige Kurt Rittwagen mit hilfreichen Vorschlägen bei der Staatssicherheit. „St. [d.i. Frickes Deckname „Student" im Befreiungskomitee] hat bei mir verschiedene Bücher bestellt", schreibt er. Dann sinniert er über die Möglichkeit, Fricke in seine Wohnung zu locken. Er würde ihn zum Essen einladen, mit der Begründung, Fricke könne dann gleich seine Bücher mitnehmen. „Ich bin überzeugt, dass er nicht abschlägt, speziell, wenn ich ihm zu verstehen gebe, dass meine Frau bereits mit dem Essen sich eingerichtet habe", wird er in den Stasi-Akten zitiert.[253] Vorausschauend sorgt er sich auch um den Abtransport seines Gastes, wenn die Betäubung gelingt: „Ich bitte zu prüfen, ob es nicht möglich ist, für unsere Aktion den Schlafsack [...] zu benützen".[254]

Die dramatischen Stunden der Entführung hat Karl Wilhelm Fricke besonders beeindruckend in seinem Bericht vier Jahre nach seiner Entführung für das *SBZ-Archiv* beschrieben. Ich habe ihn zur Hand, als ich Fricke in Köln noch einmal nach den genauen Umständen seiner Entführung befrage. Rittwagen habe ihn am 1. April 1955 angerufen: „Ich hab' das Buch, ich habe aber keine Zeit, es Ihnen vorbeizubringen. Wir treffen uns auf dem Postamt Geisbergstraße in Berlin-Schöneberg."[255] Fricke nimmt den Termin war, man geht dann zusammen in die Passauer Straße 37, eine konspirative Wohnung, wie sich später herausstellt, die die Staatssicherheit über Mittelsmänner angemietet hat. Sie ist kleinbürgerlich eingerichtet, eine Wohnidylle der 50er Jahre: Tisch, Teppich, Sofa, zwei Sessel, Stehlampe, Schreibtisch mit Stuhl. In seinem Bericht für das *SBZ-Archiv* schildert Fricke, als habe er ein fotografisches Gedächtnis, die Überrumplungsaktion, die nun folgt. In der konspirativen Wohnung, in der Rittwagen nun Fricke seine Frau vorstellt, werden ihm Zigaretten angeboten und Weinbrand. „Ein erstes und ein zweites Glas trank ich gemeinsam mit Rittwagen und seiner Frau, bis ich auf den Zweck meines Besuches zu sprechen kam und mich nach dem erwähnten Lehrbuch erkundigte. Dies lag auf einem Schreibtisch [...] Daraufhin trat Rittwagen vom Tisch an den Schreibtisch heran, worauf ich mich ebenfalls erhob und mich dem Schreibtisch zuwandte. Dieser Augenblick war, genau berechnet, jener, in dem der Tisch von mir nicht eingesehen werden konnte. Es war der Augenblick, in dem die Frau des Geheimagenten hinter meinem Rücken jedem ein drittes Gläschen Weinbrand einschenkte, meinem aber das Betäubungsmittel beimischte, wahrscheinlich eine Mischung aus Atropin und Scopalamin. [...] Ich erinnere mich noch genau, wie ich nach diesem dritten Gläschen einen für manche Sorten – namentlich französische – durchaus typischen, leicht seifenähnlichen Nachgeschmack verspürte.“[256]

Wenig später sei ihm schlecht geworden, er habe die Toilette aufgesucht, und als der Brechreiz nachließ, sich kalt abgewaschen. Es sei ihm dann bessergegangen, er habe nach seiner Rückkehr ins Wohnzimmer aber um ein Taxi gebeten. Im Interview erinnert er sich noch an den Wortlaut: „Sie müssen mir unbedingt ein Taxi besorgen, ich muss sofort nach Hause, meine Freundin wartet sowieso auf mich.“ Er hätte mit seiner damaligen Freundin das bestandene Examen für Rote-Kreuz-Schwestern feiern wollen. „Ja, wir bestellen sofort ein Taxi, dann setzen sie sich erstmal hin, es wird schon alles werden“, habe Rittwagen ihn beruhigt. „Ich hab’ mich sogar entschuldigt“, fährt Fricke fort, „Ich kann mir nicht erklären, warum mir so schlecht ist. Es tut mir leid usw."[257] Nach diesen Worten sei er dann bewusstlos geworden und erst wieder in einer Zelle der Stasi-Untersuchungshaftanstalt Hohenschönhausen aufgewacht.

Den Transport hat eine operative Gruppe besorgt, wie von Rittwagen vorgeschlagen. Unter Führung des geheimen Mitarbeiters der Staatssicherheit Kurt Schliep, der schon bei der Entführung von Paul Behm eine Rolle gespielt hat, wird Fricke im Schlafsack als Paket verschnürt und in dem Kofferraum eines Kombi der Marke „Goliath", über die Sektorengrenze geschafft. Schliep ist wieder als Chauffeur zur Stelle.[258]

Karl Wilhelm Fricke gehörte laut dem Operativplan der Aktion „Blitz" zu zehn möglichen „Überführungen". Ministerpräsident Otto Grotewohl verkündet in einer Erklärung des Ministerrats der DDR vom 12. April 1955 stolz die Erfolgsbilanz von Aktionen wie „Blitz": Insgesamt 521 Agenten seien dingfest gemacht worden, überwiegend in der DDR, aber auch der Westagent Karl Wilhelm Fricke.[259] Wie wird man mit ihm verfahren?

In seinem Bericht für das *SBZ-Archiv* beschreibt Fricke das Aufwachen im „U-Boot" in Hohenschönhausen als einen Alptraum, der mehrere Jahre lang angedauert hätte. „Als ich zu mir kam, saß ich auf einem Stuhl vor einem runden Tisch. In einem großen, hell erleuchteten, fremden Zimmer um mich herum vier und zeitweilig fünf Offiziere des Staatssicherheitsdienstes, teils in Zivil und teils in Uniform, die mich mit groben, proletenhaften Schimpfworten anbrüllten, vulgär und obszön."[260] In seinem Interview mit mir geht er auf die damalige Situation noch genauer ein: „Ich habe dann schon gesprochen wieder […] Ich habe dann zur allgemeinen Erheiterung der Genossen gesagt: ‚Ja, wenn ich euch nicht passe, kann ich ja gehen.'" Auf seine Frage: „Wo bin ich denn hier?", hätten die Genossen der Staatssicherheit erwidert: „Du bist nicht bei der Heilsarmee." Er sei dann zur Tür getorkelt, wäre aber zurückgerissen worden.[261] Im *SBZ-Archiv* ist zu lesen: „Ich schrie mehrmals gellend um Hilfe und schlug […] wie rasend um mich, bis ich wiederum bewusstlos zu Boden stürzte."

Er habe sich irgendwann, völlig entkleidet, auf dem Lattenrost einer Duschanlage wiedergefunden, „von kaltem Wasser überbraust“, und schließlich habe man ihn, als er sich zur Seite drehen wollte, wieder unter die Duschanlage geschubst, beschimpft und geschlagen, bis er erneut die Besinnung verlor. Nach fünf, sechs Stunden sei er zur ersten Vernehmung geführt worden, da habe er erst begriffen, dass er Opfer eines Menschenraubes geworden war. „Es war dies Sonnabend, der 2. April 1955, morgen genau 7.00 Uhr.“[262]

Während Karl Wilhelm Fricke nun dem üblichen Vernehmungsmarathon in Berlin-Hohenschönhausen unterworfen wird, herrscht in West-Berlin helle Aufregung. Frickes Verlobte und die Hauptmieter seiner Wohnung geben gleich nach seinem Verschwinden eine Vermisstenanzeige auf. Die Kripo wird eingeschaltet und findet in der Wohnung des Vermissten ein Notizbuch mit einer Geheimnummer, die mithilfe der Post zur Adresse Rittwagens in West-Berlin führt. Im Notizbuch steht auch ein Hinweis auf das Treffen mit Rittwagen. Der wird am 2. April verhaftet, bei seiner Vernehmung zeigt er sich kooperativ, er wolle alles tun, um das geheimnisvolle Verschwinden seines Bekannten aufzuklären. Man muss ihn schließlich entlassen, weil er ein nicht widerlegbares Alibi für den Tag des Verschwindens „seines Freundes“ angibt – er sei zu diesem Zeitpunkt mit seiner Frau im Grunewald spazieren gewesen. Zwei Tage nach seiner Entlassung will ihn die Polizei noch einmal vernehmen, Rittwagens Frau ruft an, ihr Mann habe noch bei einer Senatsdienststelle zu tun, er würde sich leicht verspäten. Als die Polizei schließlich in der Wohnung der Rittwagens erscheint, muss sie feststellen, dass das Ehepaar längst über alle Berge ist.[263]

In der SED-Presse geht man auf die Flucht der Stasi-Agenten wieder in Form einer Propagandalüge ein. Im *Neuen Deutschland* vom 7. April 1955 ist zu lesen, ein ehemaliger Mitarbeiter der Gehlen-Spionage-Organisation (Rittwagen) sei übergelaufen und habe bei der Deutschen Demokratischen Republik um Asyl gebeten. Als Grund für den Seitenwechsel habe der Agent Rittwagen angegeben, jeder bespitzele jeden in West-Berlin, kein Agent sei vor dem anderen sicher.[264] So kann man aus Tätern Opfer machen.

Für Fricke beginnt ein Martyrium. „Nach meiner Entführung verblieb ich 467 Tage in Untersuchungshaft, und zwar vom 1. April 1955 bis 29. Juni 1956", schreibt er im *SBZ-Archiv*.[265] Eine lange Zeit, die er im Keller des Untersuchungsgefängnisses Hohenschönhausen verbringen muss, in Zellen, zumeist fensterlos, und wenn sie mit Fenstern versehen sind, dann haben sie blinde Scheiben. Zwei bis drei Meter breit, drei Meter tief, zweieinhalb Meter hoch sind diese Behausungen ohne Tageslicht. Die Vernehmungsoffiziere der Staatssicherheit nennen sie zynisch das „Hotel zur Ewigen Lampe", weil Tag und Nacht eine Leuchte brennt. In den Zellen ist eine Pritsche, ein Notdurftkübel, ein Holzbord mit Waschzeug. Anfangs sitzt noch ein anderer Häftling mit ihm in der Zelle, ein sogenannter Zelleninformator, der ihn aushorchen soll, wie man es auch bei Walter Linse praktiziert hat. Der Vernehmungsoffizier will wissen, zu welchen Personen in der DDR und in Ost-Berlin Fricke Kontakte unterhalten hat. Unabhängig von dessen möglichen Antworten ist im Haftbefehl des Generalstaatsanwaltes der Deutschen Demokratischen Republik vom 4. April 1955 schon formuliert, um was es in einem Prozess gegen Fricke gehen soll: „Er ist dringend verdächtig, seit 1952 mit der KgU, dem sogenannten UFJ [...] in Verbindung gestanden zu haben. Gegen Bezahlung lieferte er Spionagematerial."[266]
Da Fricke auf gebetsmühlenartig vorgebrachte Fragen nach seinen Kontaktpersonen in der DDR nicht antworten will, versucht es der Vernehmungsoffizier mit anderen Methoden. Man bietet ihm bei einem „Geständnis" Straffreiheit an, eine schöne Wohnung, sogar einen Möbelkredit und gute Arbeit, berichtet Fricke für das *SBZ-Archiv*.[267] Es nützt alles nichts, Karl Wilhelm Fricke bleibt standhaft. „Wir haben uns kräftig gehasst, der Vernehmungsoffizier und ich."[268] Schließlich kommt ein kumpelhaftes Angebot, dass die ganze Klaviatur der Vernehmungsmethoden widerspiegelt. Die Stasi kann auch „nett". „Und dann kam ein Satz, der mich

wie der Fußtritt einer Kuh traf: ‚Eigentlich gehören Sie doch zu uns.‘ Ich sage: ‚Wie bitte? Nie.‘ Ich hab’ den angebrüllt.“[269]
Fricke lässt sich nicht vereinnahmen. Die Vernehmer brechen ihre Verhöre ab. Man lässt ihn aber weiter in seiner Zelle in Untersuchungshaft schmoren. Wenn man mit Fricke schon nicht weiterkommt, muss man sich in seiner Verwandtschaft umsehen, die im Machtbereich der Staatssicherheit lebt. Seine Mutter, Edith Fricke, wird am 6. April 1955, ebenfalls im Rahmen der Aktion „Blitz“ verhaftet. Sie kommt ebenfalls nach Berlin-Hohenschönhausen, ohne dass der Sohn davon weiß. Er weiß auch nicht, dass sie von seinem Vernehmungsoffizier verhört wird. Eine makabre Situation. Mit der Mutter kommt man auch nicht weiter. Man klagt sie schließlich wegen Staatsverleumdung an, sie habe in der Wohnung des Sohnes in West-Berlin Kritik an der DDR geübt, in Gegenwart Kurt Rittwagens. Der ist also weiter tätig und agiert im Hintergrund mit Zeugenaussagen. Schließlich wird Edith Fricke noch wegen Devisenvergehens angeklagt. Sie hatte für Freunde 370 Ostmark in DM umgetauscht. Beide Anklagepunkte bringen ihr eine Verurteilung vor dem Bezirksgericht in Halle zu zwei Jahren Gefängnis, aus dem sie nach acht Monaten wegen guter Führung entlassen wird.[270] Der Sohn wird schließlich am 11. Juli 1956, mehr als ein Jahr nach seiner Entführung, wegen Spionage – die aus seinen Artikeln in westdeutschen Zeitungen ersichtlich sei, in denen er z. B. Berichte über Produktionsziffern von Lastkraftwagen und Traktoren sowie über Treibstoffherstellung in der DDR publiziert hat – zu vier Jahren Zuchthaus verurteilt, unter Anrechnung seiner Untersuchungshaft.[271]
Das „Tauwetter“, das mit dem XX. Parteitag der KPdSU 1956, auf dem die stalinistischen Verbrechen gebrandmarkt und die Wiederherstellung einer „revolutionären Gesetzlichkeit“ gefordert wurden, auch in der DDR einsetzt, ist Frickes Glück im Unglück. Er wird am 19. Juli 1956 zu vier Jahren Zuchthaus verurteilt. Sein Urteil fällt damit wesentlich milder aus als das übliche Strafmaß von 15 Jahren, das die Anklagevertretung ursprünglich auch geplant hatte.[272]

Im Strafvollzug bleibt Karl Wilhelm Fricke Gefangener der Staatssicherheit, erfährt also gewissermaßen eine Sonderbehandlung. Zunächst bringt man ihn in die Strafanstalt Brandenburg-Görden. Dort wird er an einen Kommissar der Volkspolizei übergeben, der ihn nach Block IV führt, zu einer Isolierstation für die „Politischen". Man liest ihm die Hausordnung, die Zellenordnung, die Grußordnung vor. Er bekommt neben Kleidung, Schuhen, Wolldecken auch einen Blechnapf zugeteilt. Der preußische Strafvollzug, den Hans Fallada in seinem 1934 erschienenen Roman „Wer einmal aus dem Blechnapf frisst" so treffend beschrieben hat, scheint in der DDR nicht ausgestorben zu sein. Allerdings kommen die „Errungenschaften des Sozialismus" hinzu. Karl Wilhelm Fricke schildert sie nach seiner Haftentlassung 1959 für den *Rheinischen Merkur*: „Um 18.00 Uhr signalisierte ein Klingelzeichen die Schlafenszeit. Müde, zerschlagen [...] kugelte ich mich in meinem Strohsack zusammen und schlief bald tief und fest. [...] es sollte mich aber ein schier ohrenbetäubendes, irres Scheppern, Heulen, Trompeten zurückbringen in die Wirklichkeit [...] Die Kommunisten hatten [...] die ‚kulturelle Betreuung' der politischen Gefangenen des Zuchthauses Brandenburg in Betrieb gesetzt. Eine Lautsprecheranlage übertrug Schlagermusik."[273]

In der Nacht vom 8. auf den 9. August 1956 geschieht etwas Unerwartetes. Fricke wird geweckt, und dann heißt es: Schnell, schnell. Es geht in das Gefängnis Bautzen II, eine Sonderhaftanstalt unter Aufsicht der Staatssicherheit, die mittlerweile fertiggestellt ist. Mit rund 80 weiteren Häftlingen aus dem Isolationstrakt IV Brandenburg-Görden wird er in die sächsische Stadt verlegt. Die Umstände der Verlegung sind menschenunwürdig. Alles muss im Geheimen geschehen. Um vier Uhr morgens ging es los, erzählt mir Karl Wilhelm Fricke, jeweils sechs Gefangene in einem umgebauten Lieferwagen, „an einem glühend heißen Tag im August". „Ostseefisch – frisch auf den Tisch", stand an manchen dieser MfS-Barkas-Transporter. Sie wurden auf der Ladefläche in sechs Minizellen gesperrt, so groß „wie kleine Salatkörbe", erinnert er sich weiter. Pausen wurden nicht gemacht, Austreten war verboten, es gab nichts zu trinken. Völlig erledigt seien sie schließlich in Bautzen angekommen.[274]

Auch hier heißt es Einzelhaft. Zu diesem Status gehören aber auch Privilegien. Er muss in der Zelle nicht stumpfsinnige Arbeit machen, er bekommt Schreibzeug, liest sich durch die Gefängnisbibliothek und studiert Klassiker des Marxismus-Leninismus. Er macht Leseübungen, trainiert sein Gedächtnis, lernt sein Urteil, das er endlich in Bautzen zu Gesicht bekommt, auswendig. „Marx: ‚Kapital', drei Bände. Lenin: ‚Staat und Revolution', ‚Linke Kinderkrankheiten des Kommunismus'[275] habe ich durchgearbeitet, so dass ich mit dem Wissen einer Bezirksparteischule aus Bautzen nach West-Berlin zurückgekehrt bin", erzählt er mir. Im Grunde sei er erleichtert gewesen, beschreibt er seinen Gemütszustand nach der Einlieferung in den Strafvollzug. Zwar bleibt er in Einzelhaft isoliert von den anderen Gefangenen, hat für die Wärter keinen Namen, ist einer der „Nummernhäftlinge" dort, bekommt aber endlich Post und damit Kontakt zu seiner Familie, erfährt erst jetzt von der Verhaftung seiner Mutter, erhält Besuchserlaubnis.[276]

Am 31. März 1959 wird der Strafgefangene 1077/56 nach Ablauf der vollen Haftzeit entlassen. Auch dabei muss alles seine sozialistische Ordnung haben. Ob er in der DDR bleiben wolle, wird er gefragt. „Nein." – „Wohin dann?" – „Natürlich nach West-Berlin." Der Anzug, den er bei seiner Entführung trug, wird ihm frisch gereinigt überreicht. Da gibt es aber noch ein Problem mit seinem Personalausweis. Da dieser bei seiner Entführung im Westen geblieben war, bekommt er nun ein Provisorium überreicht. Bei dem dafür notwendigen Bild gibt es eine Schwierigkeit. In der Haft hat man von Fricke ein Foto angefertigt. Da trug er einen Bart. Bei der Entlassung ist er glattrasiert, also muss noch einmal der Fotograf bemüht werden. Mit einem Foto ohne Bart im provisorischen Ausweis marschiert er dann in die Freiheit, eine Fahrkarte über Dresden nach Berlin in der Tasche und 5 Ostmark Verpflegungsgeld.[277]

Als sich Kurt Rittwagen 1955 überstürzt bei seinen Auftraggebern zurückmeldet, bleibt er zunächst Inoffizieller Mitarbeiter der Staatssicherheit in Ost-Berlin. Die „Firma" sorgt für ihn. Er bekommt einen neuen Decknamen verpasst und eine Wohnung zugewiesen. Als „Paul Hermann Schmid" soll er sich weiter nützlich machen. Seine Einstellung als hauptamtlicher Mitarbeiter verzögert sich, da noch ein Hindernis zu beseitigen ist. Er muss wieder in die SED aufgenommen werden, wenn er bei der Staatssicherheit nun offiziell seinen Dienst versieht. Man lässt ihn einen Einspruch bei der Zentralen Parteikommission gegen den Parteiausschluss schreiben. Der wird natürlich wohlwollend geprüft, und Kurt Rittwagen ist alsbald wieder Genosse. 1956 bekommt er den zwei Jahre zuvor gestifteten Vaterländischen Verdienstorden in der Stufe Bronze verliehen.[278] Auch seine Frau Anne-Maria wird ausgezeichnet. Sie erhält 1957 die Medaille für treue Dienste der Deutschen Volkspolizei und arbeitet im Ministerium für Staatssicherheit im Rang eines Oberfeldwebels in verschiedenen Abteilungen der Staatssicherheit. 1960 wird sie beurlaubt, weil sie sich um ihr krankes Kind kümmern muss.[279]

Während seiner Dienstzeit wird Kurt Rittwagen mehrmals befördert, heiratet dann nach seiner Scheidung 1969 eine Sekretärin im Ministerium für Staatssicherheit, wird 1974 als Major verrentet. Zum Schluss seiner Laufbahn bei der Staatssicherheit ist er zuständig für die Überwachung von Reisekadern. Die Wende erlebt er in einem ruhig gelegenen Einfamilienhaus in Hohenschönhausen. Er besitzt die Chupze, sich bei Historikern zu melden, die das Schicksal von Emigranten untersuchen, die in der Sowjetunion Opfer des stalinistischen Terrors geworden waren. Als ein solches Opfer gibt er sich jetzt aus. Dadurch wird auch seine Adresse bekannt. Als ihn dann 1991 ein Fernsehteam des SFB aufsucht, um ihn als Zeitzeugen zu dem Thema Entführungen zu interviewen, antwortete er auf die Frage nach Karl Wilhelm Fricke: „Ich erinnere mich nicht daran." In der Nacht vom 14. auf den 15. Juli 1993 stirbt er an Herzversagen.[280]

Zur Rechenschaft gezogen wird nur seine erste Frau Anne-Maria Rittwagen, die 1997 vom Landgericht Berlin wegen gemeinschaftlicher Freiheitsberaubung im Fall Fricke zu sieben Monaten auf

Bewährung verurteilt wird. Was sind sieben Monate gegen vier Jahre Einzelhaft in DDR-Gefängnissen? Ihre Strafe musste sie nicht einmal absitzen.[281]

Folgerungen aus seiner Entführung zu ziehen, bleibt dem Opfer vorbehalten. Sie hätten dem Sozialismus geschadet, hat Karl Wilhelm Fricke 34 Jahre vor Rittwagens Tod in einer Radiosendung des SFB hellsichtig erkannt: „Tja, es sind im Grunde genommen zwei Folgerungen. Erstens die, dass der Menschenraub keine Einzelerscheinung, keine Zufälligkeit ist, sondern eine besondere Form des illegalen kommunistischen Klassenkampfes, die sich unter den Bedingungen der deutschen Spaltung entwickelte, […] und zweitens würde ich sagen müssen, dass ich diese Form der politischen Auseinandersetzung für erstaunlich unklug halte, da sie letztlich dem Kommunismus eher schadet als nützt.“[282]

ANGRIFF AUF DEN *RIAS*

Lisa Stein, 25. März 1955, und Franz Siegel, 2. April 1955: zwei gescheiterte Entführungen

Für die Staatssicherheit ist der Rundfunksender *RIAS* ein Hauptfeind und ein großes Ärgernis. Die 1946 als DIAS (Drahtfunk im amerikanischen Sektor) gegründete und später in *RIAS* (Rundfunk im amerikanischen Sektor) umbenannte Rundfunkanstalt in Berlin-Schöneberg erfreut sich bei der DDR-Bevölkerung großer Beliebtheit, ist dort zeitweise das am meisten gehörte Radioprogramm. Verlässliche Informationen und Nachrichten aus West und Ost sind das Markenzeichen des *RIAS*, die auch durch Besucher von „drüben" geliefert werden. Anlaufstelle für sie ist eine Interviewabteilung im Erdgeschoss des Radiohauses an der Kufsteiner Straße. Hier werden sie befragt und ihre Antworten in Sendungen wie „Aus der Zone, für die Zone" verarbeitet. Sie werden aber auch von hier an den amerikanischen Geheimdienst weitergereicht, der sie noch einmal auf nachrichtendienstlich relevantes Material hin auswertet. So ist der Begriff „Agentenzentrale", den die Staatssicherheit für den Sender gebraucht, nicht ganz aus der Luft gegriffen. Im Zuge der Aktion „Blitz" soll unter dem Codewort „Enten" nun der *RIAS*, wenn nicht lahmgelegt, so doch entscheidend geschwächt werden. Schließlich will man mit der Aktion auch der eigenen Bevölkerung vor Augen und zu Ohren führen, in welcher trüben Spionageküche die Meldungen des *RIAS* zusammengebraut werden. Hauptpunkt dieses Manövers der Staatssicherheit, das mit dem Zentralkomitee der SED abgesprochen ist, soll ein Prozess sein, der die „Spione" des *RIAS* vorführt. Unter dem Stichwort „Panne" kommt es Anfang April 1955 zu Massenverhaftungen in der DDR. 49 Personen werden festgenommen, denen man konspirative Kontakte zum *RIAS* vorwirft. Lisa Stein, die stellvertretende Leiterin der Interviewabteilung, hätte gut in dieses Szenario ge-

Skizze des *RIAS* als Spionagenetz (Quelle: Wochenpost, Nr. 25, 18.06.1955, S. 17 f.)

passt; sie war, wie Stasi-Dokumente ausweisen, jedenfalls die „verhasste Spinne im Netz“.

Elisabeth Thum, beim RIAS unter dem Decknamen „Lisa Stein“ tätig, taucht in einem Bericht der Staatssicherheit vom 20. Mai 1954 zum ersten Mal auf. Ihr Äußeres wird beschrieben mit „1.75 m groß, breites volles Gesicht, braunes lockiges Haar, korpulente Figur“. Sie habe eine mütterliche Ausstrahlung, mit ihrer freundlichen Art bringe sie Besucher aus der DDR zum Reden. Das mache sie besonders gefährlich, sie sei „die geschworene Feindin der Deutschen Demokratischen Republik und die gefährlichste Person im *RIAS*, und eine der engsten Vertrauten der Amerikaner“.[283]

In einer Bescheinigung des MfS vom 31. Mai 1955 wird ausführlich auf ihren Charakter eingegangen und ihre Arbeitsweise beschrieben. Sie säße im Zimmer 24 im *RIAS*-Gebäude und versuche mit allen Mitteln, Informationen aus den Besuchern herauszuholen oder sie gar zur weiteren Mitarbeit zu verpflichten. „Die Thum ist eine verschlagene und raffinierte Person“, die den Informanten mit der Meldung bei der Staatssicherheit drohe, wenn diese nicht mehr weiter mit ihr zusammenarbeiten wollen.[284]

Es gibt zwei Zeitzeugen, die sich an die „gefährliche Agentin“ im *RIAS* erinnern. Es ist zwar lange her, wie sie mir sagen, aber ihr

Geschick bei dem Versuch, aus DDR-Besuchern im *RIAS* möglichst viele Informationen herauszulocken, ist ihnen noch gegenwärtig. Klaus Peter Herz, damals in der Jugendfunk-Abteilung des *RIAS*, erinnert sich. „Steinchen", so sei Lisa Stein damals im Kollegenkreis fast liebevoll genannt worden, erzählt er mir im Juli 2012. Eine nette Person sei sie gewesen. Aus Köln wäre sie durch Vermittlung des Leiters der Politischen Abteilung, Dr. Müllerburg, zum Sender gekommen. Eigentlich berufsfremd, habe sie das journalistische Handwerk schnell gelernt. Klaus Bölling, damals Kommentator im *RIAS*, sieht sie noch vor sich, wie sie mit ihrer Interviewabteilung im Erdgeschoss saß, „ein molliger Typ, Mutter-Typ mit Brille und sehr gescheit". Sie habe eine psychotherapeutische Begabung gehabt, die Leute hätten ihr ihr Herz ausgeschüttet. Ganz leger habe sie die Leute ausgefragt: „Wo kommen Sie her? Hatten Sie Schwierigkeiten mit der SED? Wie traten bei Ihnen die Sowjets in Erscheinung?" Informationen über Standorte und Bewegungen der Sowjettruppen waren damals besonders begehrt. Auch bezeichnend für den Einfluss der Amerikaner in der Interviewabteilung, ergänzt Klaus Bölling, sei die Tatsache, dass sie unter der direkten Aufsicht des Direktors des *RIAS*, Gordon A. Ewing, gestanden habe. Ihr etwas abgelegenes Büro im Erdgeschoss sei geheimnisumwittert gewesen. Sein entwaffnendes Resümee: So sei das nun mal gewesen: „Das war ja der Geheimdienst unseres Verbündeten, ohne ihn hätte Berlin nicht verteidigt werden können. Wir befanden uns im Kalten Krieg."[285] Die zu befragenden Besucher mussten sich im Gegensatz zum anderen Publikum ausweisen, das wusste auch die Stasi, der Ausweis wurde ihnen abgenommen, und man trug sie in ein Besucherbuch ein.[286]

In der Kufsteiner Straße in Berlin-Schöneberg steht heute noch das alte Rundfunkgebäude des *RIAS*, seit einiger Zeit der Sitz von *Deutschlandradio*. Ich war dort oft zu kollegialem Besuch. Seit der Beschäftigung mit dem Thema „Menschenraub" sehe ich das Gebäude anders, es ist mir sogar ein bisschen unheimlich geworden, zumal ich aus Aktenvermerken und Zeitzeugenberichten

weiß, dass am gegenüberliegenden Spielplatz, der heute noch existiert, jeden Tag zwischen den spielenden Kindern Mitarbeiter der Staatssicherheit standen, die sorgsam registrierten, wer im *RIAS* als Besucher oder Mitarbeiter ein und aus ging.
Franz Siegel zum Beispiel. Er ist damals freier Mitarbeiter der Interview-Abteilung des *RIAS* und steht auch ganz oben auf der Entführungsliste der Staatssicherheit. In einer Bescheinigung vom 28. Mai 1955 ist vermerkt, dass Siegel an der Sektorengrenze in Stadtmitte operiere. Er sei dabei unterwegs in Gaststätten, Kinos, Kaufhäusern, bei Veranstaltungen auf der Straße, immer auf der Suche nach Menschen, die nach „Osten aussehen" und auch nach „Osten riechen", möglicherweise also einen guten Informanten abgeben. Die weitere Anwerbung erfolge bei einem Glas Bier, Siegel würde sich als Journalist ausgeben und aus seinen Opfern gegen Geld Informationen herauslocken. Er habe es besonders auf die Bereiche „Forschung und Entwicklung in volkseigenen Betrieben" und Wirtschaft im Allgemeinen abgesehen. In dieser Bescheinigung bekommt Siegel auch den Stempel „Feind der DDR [...] willfähiges Subjekt und Agent des amerikanischen und westdeutschen Imperialismus bei dem Versuch der Vorbereitung eines neuen Weltkrieges"[287] aufgedrückt. Schon wieder sieht die Stasi den Weltfrieden gefährdet.
Nun beginnt ein raffiniertes Spiel aus Täuschung und List, das schließlich als derber Schwank endet, primitiv und abgeschmackt.

Ende März 1955 ist die missglückte Entführung von Lisa Stein – das „Pralinenattentat" – Tagesgespräch. Ein Agent der Staatssicherheit habe Stein vergiftetes Konfekt in einem Wilmersdorfer Café angeboten, sie habe davon genommen, sei aber anders als erwartet nicht gleich ohnmächtig geworden, deswegen habe man sie nicht, wie eigentlich geplant, vom Café mit einem Auto Richtung Ost-Berlin abtransportieren können. Dank ihrer robusten Konstitution habe sie noch den Weg durch einen Park bis zu ihrer nahe gelegenen Wohnung gefunden, wo sie dann im Treppenhaus zusammengebrochen sei.

Immer wieder fällt in diesem Zusammenhang auch der Name Gerhard Beck, er sei ein wichtiger Informant der Interview-Abteilung des *RIAS* gewesen, wohl aber auch Hauptbeteiligter in dieser Entführungsgeschichte. Ein Doppelagent also? Klarheit herrscht schon im April des Jahres. Beck wird auf frischer Tat ertappt, als er kurz nach dem missglückten Attentat auf Lisa Stein nunmehr Franz Siegel entführen will. War da ein Serientäter zugange?[288]
Auch im *Rundfunk der DDR* meint man auf dieses Missgeschick reagieren zu müssen und höhnt am 7. April 1955 zurück: „Man höre und staune, eine RIAS-Mitarbeiterin hat man vergiftet. Womit? Na, mit giftigen HO-Pralinen. [...] Dank der Vorsehung blieb sie jedoch dem geschätzten meinungsbildenden RIAS erhalten. Wie unangenehm, dass diese ehrenwerte Mitarbeiterin [...] von diesem mysteriösen Herrn mit den Pralinen Spionagematerial entgegennehmen wollte, denn sie ist Sachbearbeiterin der Ostabteilung des RIAS."[289] Die Fakten lassen sich aber trotz dieser Gegenpropaganda nicht mehr aus der Welt schaffen. Im Prozess gegen den mutmaßlichen Doppelentführer Gerhard Beck vor dem West-Berliner Landgericht, der Mitte April 1955, also sehr schnell nach seiner Festnahme, beginnt, werden sie ausgebreitet. Am 18. Mai wird Beck wegen dieser Entführungsversuche zu zwölf Jahren Zuchthaus verurteilt. Ein hartes Urteil, das der Gerichtsvorsitzende mit dem Argument begründet, „die Methode des SSD, unliebsame Personen in Westberlin durch Gift zu betäuben, sei ebenfalls neu wie gemein und hinterhältig. Sie darf auf keinen Fall Schule machen."[290] Gerhard Beck, das stellt sich schließlich heraus, ist kein Doppelagent, sondern skrupelloser Vollstrecker der Stasi-Planungen.
Vor dem Landgericht in West-Berlin übt er eine Art Mimikry, ein Rollenspiel, das er mit weinerlichem Ton vorträgt. Er fühle sich selbst als Opfer der innerdeutschen Verhältnisse nach dem Zweiten Weltkrieg, nicht als Täter. Diese Rolle hält er vor Gericht konsequent durch. Er habe als Halbwaise nach dem frühen Tod des Vaters eine schwere Kindheit gehabt. Die Stationen seines Werdegangs, die er dann schildert, ergeben keine Überraschungen:

Volksschulabschluss, Lehre im Hotelfach, Reichsarbeitsdienst, Militärdienst, Verwundung, russische Gefangenschaft. Nach dem Krieg wird er Mitglied der FDJ und der SED, ist Parteisekretär in Potsdam und Bitterfeld, bekommt eine Parteirüge, weil er sich wegen einer Kriegsbeschädigung gegen die Waffenausbildung bei der FDJ wendet. Es folgt Arbeit in einem Abbaubetrieb, Schulung für die Beschäftigung bei der VEAB. Dort hat er auch erste Kontakte mit dem Staatssicherheitsdienst. Die seien bei seinem Beruf zwingend notwendig gewesen, weil man eine Übersicht über die Kreise und Gemeinden haben wollte, die zögerlich mit der VEAB umgingen, behauptet Beck vor dem Landgericht. In Potsdam sei er zum Erfassungsstellenleiter aufgestiegen und wohne dort mit seiner Frau und vier Kindern. Er gibt den biederen Familienvater, der wegen schwieriger finanzieller Verhältnisse auch immer wieder Nebenjobs suchte.

Wie es nun zu dem Kontakt mit Frau Stein kam, will das Gericht wissen. Gerhard Beck tischt den Richtern eine Geschichte auf, die ihn wieder zum Opfer macht. Zerrieben zwischen den Interessen der Staatssicherheit, bei der er die Decknamen „Ludwig“ und später „Reinhard“ bekommt, und der Interviewabteilung des *RIAS*. Bei dem Besuch seiner Tante in West-Berlin sei er von einem gewissen Franz Siegel angesprochen worden, der hätte vertraulich getan. Siegel hätte ihn gefragt: „Sagen Sie mal, sind die Züge, die von der Zone nach Berlin fahren, immer noch zuschlags- bzw. genehmigungspflichtig?“ So sei man ins Gespräch gekommen. Vielleicht aber auch deshalb, vermutet Beck, weil er damals einen Rohledermantel trug, der hätte wohl nach „Zone“ ausgesehen. Man ging ins Café, dann habe Siegel ihn in ein Gespräch über mögliche Veränderungen in der Zone verwickelt. Eine zweite Begegnung sei verabredet worden, diesmal in der Ratsstube im Schöneberger Rathaus, also nicht weit vom *RIAS* entfernt. Siegel sei dort dann mal telefonieren gegangen, mit einer gewissen Frau Stein, die, so Siegel nach dem Telefonat, ihn gerne kennenlernen wolle. So seien die beiden zusammengekommen. Was Beck vor Gericht verschweigt, ist, dass er schon nach der ersten Begegnung mit Lisa Stein nach „drüben“ berichtet. Die Staatssicherheit ist also immer auf dem Laufenden über das, was Gerhard Beck, der im *RIAS* bald den Decknamen „Gerhard Rat“ bekommt, dort Frau Stein berichtet, ja sie versorgt ihm sogar mit „Spielmaterial“ für die Interview-Abteilung. Bei der Staatssicherheit werden noch mehr vertrauensbildende Maßnahmen ausgeheckt. Beck soll Lisa Stein kleine süße Geschenke (Westware) mitbringen, da sie allgemein als Liebhaberin von Pralinen gilt. Außerdem soll er die Wohnung Franz Siegels ausspionieren, Skizzen anfertigen, was er bereitwillig tut – womöglich wird hier schon eine zweite Entführung geplant. Bei einer Lagebesprechung im Ost-Berliner Bezirk Friedrichshain werden im März 1955 letzte Details mit Gerhard Beck besprochen. Beck soll Stein aus dem *RIAS* herauslocken und sie zu einer Verabredung im Wilmersdorfer Café „Bettin“ überreden, ihrem Stammcafé am Hohenzollerndamm. Wieder soll er Konfekt mitbringen, diesmal freilich Ostware, die die Genossen in der Charité präpariert haben, und sie ihr anbieten. Die ungeraden Pralinen (von den jeweiligen Rändern der Schachtel aus gezählt) seien vergiftet, die geraden nicht. Nach dem Verzehr müsse er allerdings noch auf Zeit spielen, etwa durch Überreichen neuer Unterlagen aus der DDR, bis das Gift wirke. Nachdem er ihr dann nach draußen geholfen habe, würden bereits vor dem Café wartende SSD-Mitarbeiter Hilfe anbieten. „Und die Fuhre sollte im Osten enden, sauberer Plan“, bemerkt der Richter zu diesem Szenario und schließt die Frage an, ob Beck keine Gewissensbisse bekommen habe. Beck weicht der Frage aus und entwickelt eine Verteidigungsstrategie, die vor Gericht Mitleid erregen soll. Er sei hin- und hergerissen gewesen, voller Skrupel und Ängste. Was würde mit ihm geschehen, wenn er sich nicht an die von der Stasi festgelegte Abfolge hielt, was mit Frau Stein, wenn er so tat, wie geheißen? Er versteigt sich zur Behauptung, er habe Lisa Stein die Pralinen nicht anbieten wollen, doch ein Mann sei im Café erschienen, vielleicht ein Beobachter der Stasi, der Beck kontrollieren wollte. Da sei er ratlos geworden: „Ich kannte keinen Ausweg mehr, ich wusste nicht mehr, was ich machen sollte“, sagt er wieder im klagenden Tonfall. Er habe sie nach dem Verzehr der vergifteten Praline jedenfalls nicht aufgehalten, wie es das Entführungsdrehbuch eigentlich vorsah. Auch sei er ihr nicht auf die Straße gefolgt, als sie aufbricht und offensichtlich noch ganz bei Sinnen mit ihrem Foxterrier Hannibal durch den nahe gelegenen Park ihrer Wohnung zustrebt. Erst als sie dort vor ihrer Tür steht, beginnt das Gift zu wirken, und sie bricht ohnmächtig zusammen. Wie gefährlich die Praline ist, die ihr Beck verabreichte, geht aus der Aussage des Notfallarztes hervor, den Nachbarn herbeirufen, alarmiert vom lauten Hundegebell. Der Arzt berichtet vor Gericht: „Frau Stein lag in tiefer Bewusstlosigkeit, hat ein sehr stark gerötetes Gesicht gehabt, laute schnelle Atmung, sehr schnellen Puls, […] bewegte sich etwas krampfhaft. […] Das Auffallendste war, die Augen waren sehr fest geschlossen." Daraus hätte er den Schluss gezogen, dass sie wohl mit Atropin vergiftet worden sei. Offensichtlich mit einer starken Dosis, denn Lisa Stein ringt zwei Tage lang im Auguste-Victoria-Krankenhaus in Berlin-Steglitz mit dem Tod.

Auch in der Vernehmung zum Entführungsfall Franz Siegel, der ebenfalls gescheitert ist, bleibt Gerhard Beck bei seiner Opferrolle. Kaum vom Café *Bettin* zu Hause angekommen, sei er wieder zur Staatssicherheit zum Rapport geholt worden, dieses Mal nach Potsdam. Er könne etwas gut machen, sagt man ihm, indem er den Siegel aus seiner Wohnung herauslocke. Der Richter fragt ironisch nach: „Ein paar Tage nach Stein wollten sie schon wieder entführen?" Der Plan, der damals ausgeheckt wurde, ist noch abenteuerlicher als das erste Unterfangen. Als habe man bei der Stasi zu viele Kriminalfilme gesehen.

Beck, für Siegel nach Meinung der Stasi immer noch der vertraute Informant im Rohledermantel, soll zu Siegel in die Wohnung gehen, möglichst in der Nacht, und ihm vorgaukeln, ein SSD-Agent aus Bitterfeld müsse die DDR wegen Weibergeschichten verlassen. Beck hätte den Dienstausweis des Weiberhelden als Beweis dabei. Es ginge nun darum, den SSD-Mann im „Erfrischungsblockhaus

am S-Bahnhof Lichterfelde-Süd [...] nach gelungenem Überschreiten der Zonengrenze abzuholen". Beck solle fragen, ob Siegel, dabei helfen könne, der Mann müsse ja untertauchen, da er als SSD-Agent von der Gegenseite sicher verhört werde. Wenn Siegel darauf einginge und zum Abholen die Wohnung verließe, stünde vor der Wohnung schon die Staatssicherheit bereit, um ihn zu kidnappen. Beck verhält sich plangemäß, obwohl er vor dem Gericht wieder den Täter mit Gewissensbissen mimt. Beck: „Mein Plan war ja nun, an der Wohnung vorbeizugehen, festzustellen, sind die Leute da, wenn nicht, zurück."
Siegel jedenfalls bekommt gegen ein Uhr morgens Besuch von Beck. Der tischt die verabredete Geschichte vom SSD-Agenten auf. Tut dabei erschöpft, nervös, zerfahren, als sei er mit den Nerven am Ende, wie Franz Siegel vor Gericht aussagt. Im Übrigen sei er durch die West-Berliner Polizei vorgewarnt gewesen, dass Beck eine Entführung vielleicht auch bei ihm versuchen könne. So habe er bei einem eventuellen Besuch mit seiner Frau verabredet, dass sie dann nach draußen gehen und die Polizei verständigen solle. Da sie an der öffentlichen Telefonzelle vor dem Haus bereits ihr unbekannte Männer bemerkt habe, sei sie zum Telefonieren zu Nachbarn gegangen und habe von dort, wie mit ihrem Mann verabredet, die Polizei alarmiert.[291]

Was für ein hartgesottener Agent Gerhard Beck ist, zeigt sich, als er nach Verbüßung von zwei Dritteln seiner Strafe 1962 wegen guter Führung entlassen wird. Er setzt sich nach Leipzig ab und dient sich wieder der Staatssicherheit an, die ihn gern in ihre Reihen aufnimmt. Sie hat ihm ja auch während der Haftstrafe den DDR-Staranwalt Dr. Friedrich Karl Kaul geschickt, der für seinen Mandanten bei der Leitung der Strafanstalt Tegel eine Spezialbehandlung wegen dessen bedrohlichen Gesundheitszustandes erwirken sollte.[292]
Bis 1987 ist Beck IM der Staatssicherheit. Unter dem Decknamen „Reinhard" ist er bei der Leipziger Messe aktiv, berichtet über Besucher, Messestände, wie z. B. am 14. März 1966 über den chi-

nesischen Pavillon: „Dort waren Bücher wie ‚Fragen des Leninismus' von J. W. Stalin und eine Reihe Mao-tse-Tung-Publikationen in der Auslage. […] An Zeitschriftenständen wurden den Besuchern dann Bilder von übervollen Verkaufsläden gezeigt. Unter den Besuchern gab es lange anregende Gespräche: ‚Was ist nun richtig in China – geht es denen gut oder geht's denen schlecht. Wenn man hier durchgeht, weiß man gar nicht, was richtig oder falsch ist.'"[293]
Unter „GHJ ‚Reinhardt'" findet sich auch sein Analysebeitrag in den Stasi-Akten, in denen Beck die „Reaktionen der Schriftsteller auf die Ereignisse in der ČSSR" beschreibt. Die Reaktionen von Erich Loest erscheinen ihm besonders erwähnenswert. „Die Freunde von Loest und Loest selber, sind der Meinung, dass sie durch das Eingreifen der sozialistischen Länder in der ČSSR, auf den Stand von 1951 zurückgeworfen seien und ganz von vorne anfangen müssten."[294]

Nach der missglückten Entführung von Elisabeth Thum alias Lisa Stein wird die Interviewabteilung im *RIAS* aufgelöst. Sie habe mehrere Wochen im Krankenhaus verbracht, erinnert sich ihr ehemaliger Kollege Klaus Peter Herz. Nach ihrer Genesung hätte man ihr Personenschutz angedeihen lassen. „Sie war keine freie Person mehr, die macht, was sie wollte." So sei sie noch mehr unter die Aufsicht der Amerikaner geraten. Sie wäre im *RIAS* dann mit anderen Aufgaben beschäftigt worden, nur noch kleine Beiträge hätte sie dem Programm zugeliefert. Als Klaus Peter Herz 1960 den *RIAS* verließ, sei sie noch im Haus gewesen.[295]
In einer Übersetzung aus dem Russischen, die am 1. Juni 1955 mit dem Vermerk „Streng geheim" in den Stasi-Unterlagen zu finden ist, heißt es anonym, Stein sei beim *RIAS* in Ungnade gefallen und zurückgestuft worden. Und weiter: „Aus diesem Anlass erklärte eine Angestellte der Abteilung Arbeit der amerikanischen Mission, dass dies für die Amerikaner charakteristisch sei. Erst nutzen die die Deutschen für ihre eigennützigen Zecke (sic!) aus und dann, wenn irgendetwas schiefgeht und die Amerikaner sich kom-

promittiert fühlen, lassen sie die Deutschen schonungslos fallen." Möglicherweise hatte also auch der sowjetische Geheimdienst seine Leute im *RIAS* platziert und dieser Anonymus war einer von ihnen.[296]

Auch Franz Siegel wird von der vordersten Front abgezogen, bleibt aber Nachrichtenhändler und Ansprechpartner für die westlichen Geheimdienste. Im sogenannten RIAS-Prozess vor dem Obersten Gericht der DDR in Ost-Berlin, der noch im Juni 1955 stattfindet, werden die Entführungsversuche von Lisa Stein und Franz Siegel dann keine Rolle mehr spielen. Man hat jetzt etwas Handfesteres vorzuweisen. Es geht um Richard Baier – und einen geglückten Menschenraub.

Richard Baier, am 13. April 1955 verschleppt

In einer Ehrenerklärung vom 22. Februar 1991 für Richard Baier beschreibt der Sportjournalist Adolf Klimanschewsky die Begleitumstände des RIAS-Prozesses und das Verhalten der Angeklagten: Klimanschewsky gehörte zu den DDR-Journalisten, die als Zuschauer dem Prozess beiwohnen sollten, um ihn nach der Urteilsverkündung massenwirksam auszuwerten. Außer ihm war auch Karl-Eduard von Schnitzler, seit 1952 Leiter der Kommentatorengruppe des Staatlichen Rundfunkkomitees, einer der für den Prozess bestellten Journalisten. Klimanschewsky geht zunächst auf Tätigkeiten Baiers zwischen 1950 und 1955 ein. Er sei Sportredakteur für die DDR-Zeitschrift *Der Illustrierte Boxring* gewesen, mit vielen Kontakten zu den Kollegen im Westen, überhaupt sei er ein umtriebiger Typ, immer unterwegs in allen Sektoren Groß-Berlins, er selbst hätte ihn gewarnt und ihn wegen der angespannten Ost-West-Beziehungen um mehr Zurückhaltung gebeten. Im Prozess habe man ihm hauptsächlich die Tätigkeit beim *RIAS* vorgeworfen, also die Zuarbeit von Kurzmeldungen und Nachrichten über die Geschehnisse in der DDR. Die Angeklagten, darunter Richard Baier, hätten während des Prozesses keine Möglichkeit zur Entgegnung, Richtigstellung oder gar Verteidigung gehabt. Baier und alle anderen Angeklagten seien laut DDR-Staatsanwaltschaft Agenten des *RIAS* gewesen, daran gäbe es gar keinen Zweifel. Der Generalstaatsanwalt habe überdies Stellungnahmen von Kollektiven vorgelesen, die eine strenge Bestrafung forderten und ihre Abscheu gegenüber den Taten der Angeklagten ausdrückten. Jetzt, „nach 40 Jahren DDR, kann ich einschätzen, welchen Mut Menschen wie Richard Baier bereits damals aufbrachten", schließt er seine Ehrenerklärung.[297]

Es gibt viele Quellen, die das ereignisreiche Leben Richard Baiers beschreiben, Interviews mit dem *RIAS* nach der Wende, Zeugnisse von Freunden und Feinden, Begegnungen und Gespräche, die ich mit ihm im Jahr 2008 hatte, zuletzt noch in Kassel am 30. August

2011 anlässlich einer Ausstellung über Menschenraub und die Folgen für die Betroffenen in DDR-Haft.[298] Zum Fall „Baier" gibt es ein dickes Konvolut von Staatssicherheitsakten, sein Fall ist ausführlich dokumentiert und beschreibt das große Gewicht, das man seiner Rolle im RIAS-Prozess beimaß: Unterlagen der Staatssicherheit, die natürlich aus agitatorischer Absicht Baier als Agenten und unverbesserlichen Spion an den Pranger stellen.

Richard Baier kurz nach seiner Verschleppung (Quelle: BStU, Kopie, Privatbesitz Richard Baier)

Als junger Mann kommt Richard Baier aus Kassel zum Großdeutschen Rundfunk in Berlin, arbeitet dort im letzten Kriegsjahr als Nachrichtensprecher. Mit viel Glück übersteht er die Kämpfe um die Reichshauptstadt und das Haus des Rundfunks in Berlin-Charlottenburg. Er geht nach Kriegsende zurück nach Kassel. Hier ist er u. a. freier Mitarbeiter bei der *Kasseler Zeitung*, kommt wieder zurück nach Berlin, weil man dort Leute für den Aufbau der Sportpresse sucht, wie ihm Funktionäre des damaligen Deutschen Sportausschusses bei einem „Deutschlandtreffen" erzählen. Er erhält eine feste Anstellung beim Sportverlag in Ost-Berlin. „Wenn man 24 Jahre alt ist", erzählt er mir, „und bekommt eine solche Stelle angeboten, da schaut man erneut nicht weit genug, und ich bin in den Osten gegangen zum Sportverlag." Damals sei ja „Deutsche an einem Tisch, wir sind wieder eins. Ein einiges Deutschland" die Parole gewesen. Er arbeitet dann auch bei den Sportzeitungen des Verlages wie dem *Illustrierten Radrennsport* und dem *Illustrierten Boxring*, aus dem er wegen Querelen um die Berichterstattung des Berufsboxsportes ausscheidet.[299]

Er begibt sich auf die „freie Wildbahn“, wie er sagt, ist freier Mitarbeiter für mehrere Sportzeitungen aus dem Westen wie aus dem Osten, arbeitet auch für den *RIAS*, für die Hauptabteilung Politik und für die Sportredaktion des Senders. Ab Januar 1954 sieht man ihn als Lektor im VEB Globus in Ost-Berlin wieder, ein Zeitschriftenausschnitt- und Übersetzerdienst, den sich die DDR für ihr Pressewesen eingerichtet hat. Richard Baier ist ein Wanderer zwischen zwei Welten, mit einem Zimmer in Ost-Berlin und Beschäftigungen in West und Ost. Ein gefährlicher Spagat, wie sich herausstellt.

Richard Baier sieht keine Probleme, als „gesamtdeutscher Journalist“ unterwegs zu sein, auch als Beobachter der Ereignisse um den 17. Juni 1953 herum. Er soll sich mal umsehen und am Ball bleiben, hat ihn die Hauptabteilung Politik des *RIAS* beauftragt. Er bleibt am Ball, liefert auch per Telefon Berichte von dem sich zusammenbrauenden Aufstand der Bauarbeiter in Ost-Berlin gegen Normenerhöhungen. Vom *RIAS* erhält er allerdings auch „wohlwollende, fast kameradschaftliche Ratschläge [...] nichts zu riskieren“,[300] wie er in seinen Erinnerungen schreibt, die er für einen Vortrag im Mai/Juni 2003 zusammenstellt.

Zur Risikovermeidung dienen Regeln der Geschäftsleitung, die er in diesem Zusammenhang zitiert: „1. Sachlich berichten. 2. Keinerlei Kontakte zu Demonstranten. 3. Kein Hinweis auf die journalistische Tätigkeit. 4. Wenn Gefahr droht, sofort versuchen, die Westsektoren zu erreichen. 5. Keine Anschriften und Telefonnummern aus dem Westsektor dabeihaben.“ Baier hält sich daran, aber als er von seinen Beobachtungstouren wieder zurückkommt, wird er von Kollegen zu noch größerer Vorsicht angehalten. Erst einmal sei man froh gewesen, dass er überhaupt wieder erschien. „Frau Stein [...] lässt alle Gesprächspartner stehen, erstaunt, fassungslos, werde ich begrüßt“, notiert Richard Baier in seinen Aufzeichnungen. Der Nachrichtenchef Hanns Werner Schwarze habe ihm kollegial-väterlich geraten, „um Gottes willen nicht wieder so leichtsinnig zu sein“. Richard Baier geht so forsch zu Werke, weil er sich unbeobachtet fühlt, wie er im Rückblick schreibt. Die Staatssicherheit ist aber längst auf ihn angesetzt, was sich in einem Stimmungsbericht eines Spitzels vom 24. Juni 1953 widerspiegelt. Ulbricht müsse weg, beschreibt „Conny" die Quintessenz seiner Unterhaltung mit Richard Baier anlässlich des 17. Juni 1953, sonst gäbe es kein Vertrauen der Bevölkerung mehr zu ihrer Regierung.[301]

Auch im VEB Verlag Globus sind zu dieser Zeit schon längst Spitzel auf ihn angesetzt. Der Spagat, den Richard Baier täglich vollzieht, muss ausgemessen werden. Menschen, die zwischen Ost und West pendeln, machen sich in der Hochzeit des Kalten Krieges per se verdächtig. Die Berichte der Stasizuträger sind daher von Misstrauen diktiert. In einem Treffbericht vom 6. September 1954 heißt es: „Baier entwickelte sofort einen Redeschwall über den VEB Globus, doch wusste er nichts Wesentliches zu berichten. […] Man musste zur Auffassung gelangen, dass Baier sich in ein gutes Licht stellen wollte und durch die Verbindung mit dem SfS [Staatssekretariat für Staatssicherheit] für alle Fälle für sich Vorteile durch seine Aufträge vom VEB Globus erhoffte." Diesem Mann, das will der Spitzel sagen, ist nicht zu trauen.[302] Wie aus weiteren Akten der Staatssicherheit ersichtlich, geht man dann aber auf den Kontakt von Baier zum SfS nicht weiter ein, er sei keine ergiebige Quelle. Wenig später wird er selbst zum Gegenstand eines Operativen Vorgangs der Staatssicherheit. Am 24. November 1954 will sie Details über seinen Leumund, seine Bekanntschaften und Freunde in Erfahrung bringen, auch ob Baier öfter *RIAS* hört. Jetzt scheint die Staatssicherheit auch mehr über die Kontakte des Sportjournalisten zum *RIAS* zu wissen, und was das bedeutet, ist klar: „B. steht im Verdacht der Agententätigkeit für den *RIAS*."[303] Im Operativplan vom 28. März 1955 werden konkrete Maßnahmen gegen Baier angekündigt. Der VEB Globus solle Baier entlassen, nach seiner Entlassung soll er unter permanenter Beobachtung stehen, im Vorgriff auf eine konspirative Festnahme sei ein Vernehmungsspiegel zu erarbeiten.[304] Am 13. April wird dann Vollzug gemeldet, man habe Baier „gegen 7.35 Uhr konspirativ festgenommen".[305]

Wie Richard Baier mir berichtet, spielt sich die konspirative Festnahme vor aller Augen ab, ein Menschenraub, diesmal in Ost-Berlin. Unterwegs zum VEB Globus wird er mitten auf der Straße weggefangen. „Unterwegs dorthin, das hatte ich vorher gar nicht wahrgenommen, stand ein Auto, sprangen zwei Männer raus: ‚Sie sind Baier', und schon fand ich mich in dem Auto wieder, was auch sofort losfuhr […,] und los ging es in eine Volkspolizeiwache." Dann fügt er noch an: „Hatte mich am 11. April verlobt, wollte Pfingsten heiraten." Von der Polizeiwache aus wird Richard Baier einen Tag später, am 14. April, nach Berlin-Hohenschönhausen in die Untersuchungsanstalt der Staatssicherheit transportiert.
Im Haftbefehl vom 14. April 1955 geht es um ein Delikt, das bei den Vernehmungen, der Anklage und der Gerichtsverhandlung variantenreich wiederholt wird. „Er stand […] in Verbindung mit dem amerikanischen Hetzsender in Deutschland, RIAS, an den er laufend wichtige Informationen, unter anderem auch aus dem VEB Globus gegen Bezahlung auslieferte."[306]
In dem Plan der Staatssicherheit vom 15. Mai zur Vorbereitung des Prozesses wird deutlich, dass es um den Nachweis geht, den *RIAS* vor Publikum als „amerikanische Agentenzentrale zu entlarven, deren einziger Zweck darin besteht, die Spaltung Deutschlands zu vertiefen […] und die Kriegsvorbereitungen der Imperialisten zu unterstützen, wobei Westberlin der Hauptstützpunkt dazu ist".[307]
Das Urteil steht längst fest, bevor der eigentliche Prozess beginnt. Die Staatssicherheit und das SED-Politbüro, von dem sie ihre Weisungen erhält, wollen keine unliebsamen Überraschungen. In der SED-Hausmitteilung vom 14. Juni 1955 steht: „Folgende Strafen sind beabsichtigt: Wiebach – lebenslängliches Zuchthaus, Baier – fünfzehn Jahre Zuchthaus […]."[308] Für drei weitere Angeklagte sind ebenfalls Zuchthausstrafen vorgesehen. SED-Chef Ulbricht segnet höchstpersönlich die Strafen ab: „Einverstanden W. Ulbricht", unterzeichnet er.[309] Doch das Strafmaß „lebenslänglich Zuchthaus" für Wiebach streicht er durch, stattdessen vermerkt er: „Vorschlag: Todesurteil".[310]

Der Prozess geht in kurzer Zeit über die Bühne. An zwei Tagen soll verhandelt werden, am dritten Tag erfolgt die Urteilsverkündung. Das genaue Timing entlarvt, das es hier nicht um Wahrheitsfindung, sondern um den Vollzug der Direktiven des SED-Politbüros ging.
Die angegebenen Zeiten, die Richard Baier nach der Wende in Stasi-Akten recherchiert hat, lesen sich wie Regieanweisungen für ein Theaterstück. „24. Juni 1955, 9.00–11.15 Prozesseröffnung und erster Teil der Anklage, 11.15–11.40 Pause, 11.45–13.20 Zweiter Teil der Anklage, 13.20–14.40 Mittagspause." Dann folgen Vernehmungen der Angeklagten bis 16 Uhr. Am zweiten Tag schließen sich Kurzvernehmungen an, zwischen 11.30 und 13 Uhr ist auch Zeit für Zeugenaussagen. Ab 14 Uhr werden Plädoyers des Generalstaatsanwaltes und Kurzplädoyers der Verteidiger gehalten, die Strafanträge werden gestellt, die Angeklagten bekommen noch ein Schlusswort zugebilligt. „27. Juni 1955 9.00–10.00 Urteilsverkündung und Prozessende".[311] Wie sehr die Angeklagten durch die Vernehmungen in Berlin-Hohenschönhausen und den Prozess selbst manipuliert sind, ist in den Gerichtsakten gleichfalls ablesbar. Alle Angeklagten sprechen denselben Text, als sei er ihnen diktiert worden. Alle bereuen natürlich ihre Taten, wollen die Schuld wiedergutmachen, loben den Prozess als Beispiel für faire Gerichtsbarkeit und als eindringliche Warnung, den Verlockungen westlicher Agentenzentralen zu erliegen. Richard Baiers Text zeigt am deutlichsten, unter welchem Druck die Angeklagten standen. „Ich möchte mein Schlusswort dazu benutzen, um zunächst vor allem den Mitarbeitern der Untersuchungsorgane nochmals zu danken für die Art und Weise der Durchführung der Voruntersuchung, die alles andere als so war, wie das in verleumderischer Form vom *RIAS* fortlaufend propagiert wird. Die Vernehmung verlief nicht nur sachlich und korrekt, sondern höflich und vor allem menschlich."[312] Oder war sein Kotau vor der Gerichtsbarkeit der verzweifelte Versuch, in letzter Minute die Richter gnädig zu stimmen? Die Aussagen von Richard Baier vor Gericht könnten so im Nachhinein erklärt werden.

„Im Namen des Volkes“ wird Richard Baier leicht abweichend von der vorhergehenden Urteilsfestlegung, aber sicherlich nach Rücksprache mit der SED „nur“ zu dreizehn Jahren Zuchthaus verurteilt, eine Urteilskosmetik, die sich die Richter leisteten.
Nach dem Urteil wird Richard Baier in das Haus 4 der Brandenburger Strafvollzugsanstalt transportiert. Baier führt sich gut. Zunächst ist er als Maschinen-Näher beschäftigt, wie es im Führungsbericht vom 27. Februar 1957 heißt, er musste aber abgelöst werden, „weil er sich aus einem Werkzeug einen Dietrich anfertigte“. Er wird nun als Sanitäter im Verwahrhaus eingesetzt.[313]

In Bittschriften versuchen die Verlobte von Baier und seine Großmutter die Behörden milde zu stimmen. Immerhin kommt es am 26. April 1957 zu einer Gnadenentscheidung des Präsidenten der Republik. Die Zuchthausstrafe wird auf sieben Jahre reduziert. Im August 1961 wird Baier aufgrund einer Amnestie zehn Tage nach dem Mauerbau in die DDR entlassen. Es gibt aber Auflagen, wie mir Richard Baier berichtet: „Berlinverbot, Reiseverbot über Berlin nach Usedom“ (wo seine Verlobte auf ihn wartet). Ein Stasibeamter nimmt ihn am Gefängnistor in Empfang und fährt mit ihm zur Bezirksverwaltung des MfS in Potsdam. Dort erhält er weitere Verhaltensvorschriften, wie die berüchtigte „Kieferklemme“, wie Baier das Sprechverbot über seine Haftzeit und den Prozess nennt. Ihm wird eine Wohnung in Potsdam und Arbeit bei der Konzert- und Gastspieldirektion zugewiesen. Die weiteren Stationen, immer unter der Aufsicht der Stasi, sind der *DEFA-Bote* – Baier ist hier zuständig für Berichte aus dem Innenleben der Filmproduktion der DDR – und eine Arbeit als „Parkbild-Erklärer“ in Sanssouci bei „F2“, wie Friedrich der Große intern salopp abgekürzt wird. Schließlich wird er im Potsdamer Institut für Ernährungsfragen beschäftigt.[314] Richard Baier richtet sich in den Nischen der DDR ein.
Wieder in Verruf gerät er durch den Verdacht von Kollegen, er sammle nationalsozialistische Literatur. Die Staatssicherheit in Potsdam legt einen Operativen Vorgang „Reporter“ an. Unter an-

derem will man die Wohnung Baiers durchsuchen, um Beweismaterial zu finden. Am 9. Februar 1982 ist eine „Durchsuchung in der Zeit vom 7.30 bis 9.00 Uhr vorgesehen". Doch es gibt ein Problem, Baiers ungewöhnlich großer Schäferhund. Am 23. Dezember 1981 meldet „Marlies": „Als Futter bekommt der Hund viel rohes Fleisch. [...] Angeblich nimmt der Hund von Fremden kein Futter an. Irgendein Familienmitglied muss erst das Futter in der Hand gehabt haben."[315] Skizzen vom Grundstück werden angefertigt, zur Durchführung kommt der Plan dann aber doch nicht, weil das Problem mit dem Hund nicht gelöst werden kann. Stattdessen wird eine Durchsuchung von Baiers Arbeitsräumen angeordnet, die ungestört verläuft. „Das Arbeitszimmer des B. war auffällig unordentlich", heißt es im Bericht vom 13. April.[316] Substanzielleres kommt nicht heraus. Obwohl sich auch in der Folge nichts finden lässt, wird Richard Baier am 17. Juni zum zweiten Mal der Prozess gemacht, diesmal in Potsdam. Er sei dringend verdächtigt, in der Öffentlichkeit Äußerungen faschistischen Charakters kundgetan zu haben, heißt es in der Einlieferungsanzeige vom 17. Juni.[317] Im Haftbefehl vom selben Tag wird nachgelegt, Baier habe „seit 1976 faschistische Zeitungen und Druckerzeugnisse an ihm bekannte Personen übergeben".[318] Wie Richard Baier mir erzählt, habe er sie aus historischem Interesse an der NS-Vergangenheit gesammelt, hin und wieder auch mit Kollegen über sie gesprochen, explizit auch über den Mord an Tausenden von polnischen Offizieren im Wald von Katyn, den laut sowjetischer und damit auch DDR-Lesart die Nazis begangen hätten. Das habe er angezweifelt. Nach der zweimonatigen Untersuchungshaft im Potsdamer Stasi-Hauptquartier, im sogenannten „Lindenhotel", wird er wegen Herabwürdigung der Sowjetunion und der DDR zu einem Jahr Gefängnis verurteilt. Acht Monate der Strafe sitzt er in Naumburg an der Saale ab, der Rest wird ihm unter Anrechnung der Untersuchungshaft erlassen. „Meine kleine Haft", wie er sie mir gegenüber nennt.[319] Einer seiner Mithäftlinge ist Roland Jahn, heute Bundesbeauftragter der Stasi-Unterlagen-Behörde.

VERRÄTER ENTGEHEN UNS NICHT

Robert Bialek, am 4. Februar 1956 betäubt nach Ost-Berlin gebracht

Am 10. April 1954 sind im Londoner Rundfunk deutsche Stimmen zu hören. Sie gehören Robert Bialek und Franz Wördemann, der in Bonn 1954 den prominenten Flüchtling für das *German East Zone Programm* der *BBC* interviewt. In der Anmoderation wird Bialeks Prominenz erklärt: „Der Mann ist Ihnen vielleicht nicht unbekannt. Robert Bialek hatte in der Sowjetzone verschiedenen hohe Posten inne, überwarf sich aber mit der SED und war schließlich gezwungen, in den Westen zu fliehen." – „Ja, das stimmt, ich hatte verschiedene Funktionen in der Zone inne", antwortet auf die Frage von Franz Wördemann mit Bialek ein Mann aus der ersten Reihe des SED-Staates, der via BBC zu seinen Landsleuten in der DDR spricht und über den sich die Staatssicherheit trotz seiner Parteikarriere schon sehr früh ein eigenes Bild machte.[320]

Was ist da wirklich geschehen? Lassen wir Robert Bialek weiter selbst sprechen – aus einer Lebensbeichte, die er nach seiner Flucht in West-Berlin verfasst hat: „Die Etappen meiner Entwicklung sind schnell genannt. 1928 SAJ, 1931 SJV, 1934 KJO, 1934–1940 Schutzhaft, Zuchthaus wegen Vorbereitung zum Hochverrat, 1942 KPD, nach 1945 bis 5. September 1952 KPD/SED."[321] Nach dem Krieg habe er höchste Partei- und Staatsfunktionen innegehabt. 1947/48 besucht er die Parteihochschule „Karl Marx", und ist einer der Fixsterne am Kaderhimmel der SED. Robert Bialek, der als Frau verkleidet im Breslauer Untergrund überlebte und sein Leben im Widerstand hundertfach riskierte, fragt sich nun selbstquälerisch: „Wieso kommt dieser Mensch, dieser Kommunist dazu, nach Westdeutschland zu fliehen?"[322] Diese Frage ist nicht leicht zu beantworten.

Foto Bialeks in einem Bericht über seine Entführung (Quelle: Der Tagesspiegel, 07.02.1956)

Anfang der 90er Jahre begab ich mich anlässlich einer Radiosendung über Robert Bialek auf Spurensuche, dabei half mir Helmut Schneider, der eines Tages in meinem Büro im SFB aufgetaucht war und von der Notwendigkeit gesprochen hatte, einem Freund Gerechtigkeit widerfahren zu lassen. Erst durch diesen zufällig in den Sender hineingeschneiten Zeitzeugen sollte ich mehr über Bialek erfahren, private Einblicke in ein hochoffizielles Leben, das er im Auftrag der KPD/SED so lange führte.

Nach Bautzen nun also sollte es gehen, damals 1993, zu Bialeks ehemaligen Kollegen aus der Waggonfabrik, zur Bauunion, in der er nach seiner Entlassung in der Waggonfabrik als kleiner Angestellter in der Personalabteilung gearbeitet hatte, zu Freunden, Bekannten aus Bautzener Tagen, zu denen eben auch Helmut Schneider gehörte. Im Büro des SFB sprach er von seiner Mission: Er müsse unbedingt herausfinden, was aus seinem Freund nach seiner Entführung an jenem verhängnisvollen Februartag 1956 aus West-Berlin geworden sei. Aus Robert Bialek, der einfach verschwunden sei und von dem es nach der Einlieferung im Stasi-Untersuchungsgefängnis Hohenschönhausen kein Lebenszeichen mehr gegeben habe.

Eine Zeitreise zurück in deutsche Nachkriegsgeschichte, in die Anfangsjahre der DDR. Unser Ziel war nicht nur Robert Bialeks, sondern auch Helmut Schneiders alte Heimat, in der mein Zeitzeuge bis in die letzten Monate des Zweiten Weltkriegs hinein mit anderen Sechzehnjährigen die „Festung Bautzen“ verteidigt hatte, eine „kuriose Zeit“, wie er sagte, „ungeordnet und alles durcheinander“. Schließlich fand er nach seiner Internierung in Buchenwald einen Ausbildungsplatz im VEB Lokomotiv- und Waggon-

bau (kurz Lowa) in Bautzen, in der er auch Robert Bialek kennenlernte. So also verhielten sich die Dinge.
Viele Jahre später wird mir Helmut Schneider erneut begegnen. In der Akte „Waggon", in der über Robert Bialek in seiner Zeit in Bautzen Buch geführt wird. Bialek schreibt an seinen Freund Helmut Schneider, knapp zwei Monate vor seiner Flucht nach West-Berlin: „Wenn Du Dir es inzwischen nicht anders überlegt hast, dann sind wir gern bereit, von Deinem freundlichen Angebot ab 5.7.1953 Gebrauch zu machen und halten uns von da ab startbereit."[323] Geht es bei diesem Angebot um Vorbereitungen für die Flucht Robert Bialeks?

Ich erfuhr auf meiner Fahrt nach Bautzen Anfang der 90er Jahre weitere interessante Details aus Robert Bialeks Leben. „Da hat einer eine Bilderbuchkarriere in der DDR gemacht", wie Helmut Schneider betonte. Mit einem Treck Widerstandskämpfer sei er 1945 von Breslau nach Dresden gekommen. Der junge Untergrundkämpfer war hochwillkommen, es gab damals kaum junge Deutsche, die keine braune Vergangenheit hatten. Bialek wurde Bezirksjugendsekretär der KPD, später Landesjugendleiter, 1. Vorsitzender der Freien Deutschen Jugend Sachsen, schließlich Mitglied des Zentralrates der FDJ. „Er ging dabei unorthodoxe Wege", erzählte mir Helmut Schneider, damals auf der Fahrt nach Bautzen, der Robert habe sogar ehemalige Mitglieder der Hitlerjugend angeworben. Werwölfe, die sich nach Kriegsende in den Wäldern versteckt hielten. „Wir brauchen alle, die irgendwie brauchbar sind", hätte er sein Vorgehen begründet. „Das sind doch alles verführte Jungs." Den Lehrgang in der Parteihochschule „Karl Marx" bestand er mit „sehr gutem Erfolg", wie auch in seinen Stasi-Akten vermerkt ist. Die Partei traute ihm größere Aufgaben zu – und dann saß er nach der Ernennung zum Generalinspekteur der Volkspolizei einige Monate später plötzlich in Bautzen, abgeschoben in eine Waggonfabrik, in die Lowa, als Kulturdirektor.
„Wie das?", fragte ich Helmut Schneider, ich war neugierig geworden. „Das ist doch sonnenklar", erzählte er, „er war kein Apparat-

schik." Mit den Moskau-Heimkehrern in der Partei sei er deswegen nicht zurechtgekommen, vor allem nicht mit der Gruppe um Ulbricht, die systematisch alle Schlüsselstellungen in der Partei besetzt hätte. Das passte einfach nicht zusammen. Die hätten sich in einem erbitterten, intrigenhaften Kampf gegenübergestanden. Was Robert Bialek in seiner Lebensbeichte bestätigte. „Drei Tage später hatte ich mit Mielke, dem jetzigen Generalleutnant der Staatssicherheit den schwersten Zusammenstoß. Ich ging an diesem Abend zu ihm, um mich mit ihm ernsthaft über sein arrogantes Auftreten gegenüber seinen Untergegebenen zu unterhalten und ihm ins Gewissen zu reden [...] Mielke wurde blutrot, sein Gesicht verzerrte sich zur brutalen Fratze und schreiend antwortete er mir: ‚Du bist ein Lump, ein Verräter.' Daraufhin ich: ‚Werde nicht vollends größenwahnsinnig, Genosse Mielke.' Daraufhin Mielke, wobei er nach seiner Pistole griff: ‚Geh mir aus den Augen, du Schuft.' Daraufhin ich: ‚Lass deine Pistole stecken. Ich habe auch eine, und es könnte sein, dass ich schneller bin.'"[324]
Wildwest, Highnoon in der märkischen Kiefern-, Sand- und Seenlandschaft, so ähnlich muss es gewesen sein, dachte ich auf der Fahrt nach Bautzen. Von da an war es jedenfalls um die Parteikarriere des jungen Genossen geschehen, erinnerte sich Helmut Schneider. Er sei mit dem Kopf gegen Wände gelaufen, mit seinem Wunsch nach offener Diskussion in der Partei. Sie habe ihn dann „zur Bewährung" nach Großenhain geschickt, wo er 1. Sekretär der Kreisleitung war. Da habe er Meinungen vertreten, die auch nicht auf SED-Linie waren. Die Oder-Neiße-Grenze habe die DDR zu früh anerkannt. Die Enteignung der Großbauern sei ein Fehler, man ginge zu rasch voran. „Die Partei schickte Lotte Ulbricht, damals noch Lotte Kühn, zu einer Delegiertenkonferenz nach Großenhain", heißt es bei Robert Bialek in seiner Lebensbeichte. In einer dreistündigen Rede hätte sie seine Positionen kritisiert. Da sei er isoliert gewesen und er habe die Konferenz verlassen.[325] Er legte alle Parteiämter nieder, wusste wieder Helmut Schneider zu berichten. In Bautzen hätte er sich dann nach dem Willen der Partei als Kulturdirektor in der Waggonfabrik bewähren sollen.

Von weitem sah man schon das „Gelbe Elend“, wie das Zuchthaus in Bautzen im Volksmund genannt wurde. Wir ließen das wilhelminische Denkmal des deutschen Strafvollzugs links liegen, fuhren nicht in die schöne Altstadt hinein, nicht hinauf zur Festung, letzter Kampfplatz von Helmut Schneider im Krieg. Nein, es ging an Bautzen vorbei, hinauf in die Berglandschaft der Oberlausitz, hinauf nach Sora, wo es ein paar Bauernhöfe gibt und eine Bergbaude. Treffpunkt von Robert Bialek und Helmut Schneider in alten Zeiten. „Wenn wir einmal ungestört reden wollten, da droben, wo man ja alles im Blick hat“, wusste er zu erzählen. In der Bergbaude warteten diesmal frühere Fußballkumpels von Robert Bialek, seine Frau und seine Tochter sowie eine Freundin aus alten Tagen auf uns. Helmut Schneider hatte alle hierher bestellt; sie sollten mal erzählen, „über unseren Robert“, wie er sich launig ausdrückte. Und mich aufklären, wie es damals wirklich war, mit dem Kulturdirektor und seiner Entmachtung in der Waggonfabrik Lowa in Bautzen. Das sei sicherlich unvergessen.

Die Staatssicherheit legt schon am 21. Februar 1953 eine Akte „Waggon“ an, in der Informationen über Bialek gesammelt werden. Auf sie werde ich bei einer neuerlichen Recherche in der Unterlagenbehörde der Staatssicherheit im Jahr 2013 stoßen, also gut zwanzig Jahre nach meiner ersten Begegnung mit der Person Bialeks. Zum Zeitpunkt der Anlage dieser Akten zum Vorgang Robert Bialek ist er bereits seit über einem halben Jahr als Kulturdirektor der Lowa entlassen und arbeitet in der Bauunion als einfacher Angestellter. Will die Staatssicherheit im Nachhinein die Entlassung Bialeks legitimieren? „Bialek ist dringend verdächtigt, trotzkistische Zersetzungsarbeit zu leisten“, heißt es jedenfalls im Beschluss der Staatssicherheit vom 21. Februar 1953 als Begründung für ein Verfahren, zu dem man Beweisstücke sammelt. Die Betriebsgewerkschaftsvorsitzende erklärt schriftlich, Bialek „habe ihr gegenüber geäußert, Ulbricht, Grotewohl, und wie sie alle heißen, sind alle Verbrecher“.[326] Ein Mitglied der SED-Kreisleitung Bautzen gibt zu Protokoll, dass Bialek am Biertisch bei jeder Gele-

genheit über den Präsidenten Pieck schimpfe. Wenn man ihn daraufhin anspreche, rede er sich heraus, dass sei nicht so gemeint, er wolle nur die Gesinnung seiner Kneipenbekanntschaften überprüfen.[327]
In einem Operativplan vom 17. März 1953 werden Maßnahmen gegen Robert Bialek aufgelistet. Postüberwachung muss natürlich erfolgen und die „Anfertigung einer Charakteristik über Bialek".[328] Man bedient sich weiterer Spitzelberichte aus seinem Umfeld, stellt aus allen Dokumenten, derer man habhaft werden kann, ein Profil des Beobachtungsobjektes her. In einem Ermittlungsbericht vom 12. Mai 1953 wird entschieden, was man von ihm zu halten hat. Bialek sei in der Lowa „als Trotzkist entlarvt und fristlos aus dem Betrieb entfernt" worden. „B. diskutiert heut negativ", heißt es weiter, „vor allem in Gaststätten, und er verträgt keine Kritik. In charakterlicher Hinsicht wäre zu sagen, dass B. sehr impulsiv vor allem bei Diskussionen ist. Im Wohnbezirk gilt er als sehr überheblicher Mensch."[329]

Auf der Bergbaude in Sora war man da ganz anderer Meinung. Robert Bialek war einfach einer, der aus seiner Meinung nie einen Hehl gemacht hatte, einer, mit dem man Pferde stehlen konnte.
„Unser Robert, der war, wenn es ging, immer auf dem Platz, Motor Bautzen hieß unser Verein, na, das können Sie ja nicht wissen. Der feuerte uns an: ‚Mensch Junge. Kannst du nicht schneller laufen, der Ball läuft ja ins Aus.'" Es wäre auch ein kleiner Chor gegründet worden, ein Blasorchester, eine Tanzgruppe, Bialek „machte Betrieb" und Helmut Schneider geriet ins Schwärmen: „Den Robert konnte man auf eine Obstkiste stellen, wenn der geredet hat, hörten alle zu. Der brauchte kein Megaphon." Eine Freundin bewunderte bei unserem Erfahrungsaustausch in der Bergbaude in Sora, wie „der Robert" trotz widriger Umstände sich als Kulturdirektor profiliert habe. Die Betriebsleitung in Bautzen hätte ihn eines Tages in den zentralen Verwaltungsrat aller ostdeutschen Waggonfabriken nach Wildau bei Berlin delegiert. Aber Erfolge machten wohl misstrauisch, war unisono die

Meinung meiner Zeitzeugen. Die Genossen bei Lowa in Bautzen lieferten zu gute Zahlen, hätte es im fernen Berlin geheißen, sie überfüllten den Plan, da stimme etwas nicht. „Die Partei beschloss verschärfte Beobachtung und schickte Delegationen, die das Erfolgsrezept der Waggonbauer aus Bautzen vor Ort studieren sollten. Auch Robert Bialek wurde von den Kommissionen unter die Lupe genommen, der örtliche Parteisekretär auf ihn angesetzt“, hieß es in der Runde. Man hätte Vorkommnisse im Werk gemeldet, wie z. B. die Geschichte von dem Lackierer, dessen Vater Blockwart bei der NSDAP gewesen sei und den Bialek zum „Helden der Arbeit“ vorgeschlagen habe. „Ja, ja“, sagten die alten Freunde da oben in der Bergbaude, man habe gegen ihn ein wahres Kesseltreiben veranstaltet. „Da ist da noch die Geschichte mit den Russen“, die hätte ihm schließlich das Genick gebrochen, erinnerte sich Helmut Schneider.
Bialek schreibt in seiner Lebensbeichte zu diesem Vorgang: „Der Betrieb arbeitete für die Reparationslieferungen an die russische Besatzungsmacht. Es wurden russische D-Zug-Wagen angefertigt. Während der Produktion verlangten die Russen schwierige Konstruktionsänderungen, die Mehrkosten von über 1 Million DM Ost verursachten. Diese 1 Million DM Ost wurden der Besatzungsmacht mit der Zustimmung der Regierung in Rechnung gestellt.“ Doch plötzlich soll anders verfahren werden. „Am 18. April teilte die Regierung der Betriebsleitung der Lowa Bautzen mit, dass sie in Anbetracht der freundschaftlichen Beziehungen mit der Regierung der UDSSR auf die Zahlung der 1 Million verzichtet hat und der Betrieb möge eine Änderung der Bilanz des Jahres 1952 vornehmen.“ Überdies verlangt die Parteileitung im Betrieb, so Bialek, vom Kulturdirektor, er solle den Arbeitern erklären, dass schlampig gewirtschaftet worden sei und man die zu Unrecht verausgabten Mittel des Direktorenfonds mit dem nächsten Etat ausgleichen müsse. Die Empörung Bialeks muss groß gewesen sein, denn in seiner Lebensbeichte schreibt er: „Ich antwortete, keine Parteidisziplin kann mich jemals dazu zwingen, die Arbeiter bewusst zu belügen.“[330]

Der Fehdehandschuh liegt auf dem Tisch, der Endpunkt dieser Entwicklung ist der Ausschluss aus der SED wegen Verletzung der Parteibeschlüsse und Verstoßes gegen die Parteidisziplin. Robert Bialeks Abstieg in der Lowa, schließlich seine Ausgrenzung und Entlassung kann auch als Beispiel für den Umgang der SED mit parteiinternen Kritikern in den 50er Jahren gelten. Die Partei mauert sich unter der Führung der Gruppe Ulbricht ein, dabei bleiben dann Genossen auf der Strecke, die wie Robert Bialek einmal als politische Hoffnungsträger galten.

In der Beurteilung der Personalabteilung der Lowa, drei Monate nach Bialeks Entlassung, die ebenfalls in der Akte „Waggon“ enthalten ist, schwingt auch mit, wie umstritten dessen Degradierung ist. Man kommt nicht umhin, ihn zu loben. „Organisatorisches Talent, gute Initiative“ seien ihm nicht abzusprechen, er habe durch Wettbewerbe auch „den ideologischen Zustand der Belegschaft“ gehoben. Aber er habe seine Arbeit nur auf einen Teil der Belegschaft konzentriert (Brigadiers und Meister), die „zu Scheinerfolgen führten“. Und trotz aktiver politischer Arbeit und breitem theoretischem Wissen sei er schließlich in den Widerspruch zur Linie der Partei geraten. Ein Sowohl-als-auch, die Beurteiler Bialeks scheinen sich nicht wohl in ihrer Haut zu fühlen. Schließlich ist er noch ein halbes Jahr zuvor als „5-Jahr-Plan-Akivist“ ausgezeichnet worden.[331]

Bialeks Einspruch gegen die fristlose Entlassung bei der Lowa vom 25. Dezember 1952 ist ebenfalls in der Akte „Waggon“ dokumentiert. Er zieht an allen möglichen Fäden, zielt in alle Richtungen. Seine Richtigstellungen gehen an den Minister der Arbeit der DDR, den Minister für Maschinenbau, an den Zentralvorstand der IG Metall (DDR), an den Bundesvorstand des FDGB (Abteilung Arbeitsrecht). Er fühlt sich offensichtlich zutiefst ungerecht behandelt. Die fristlose Entlassung sei ungültig, schreibt er, da 1. kein Entlassungsgrund angegeben ist, 2. die Betriebsgewerkschaftsleitung keinen Beschluss zur fristlosen Entlassung gefasst hat, 3. die Behauptung, dass die gesamte Belegschaft seine Entlassung gefordert hätte, nicht zutreffe, 4. der Werksleiter der Lowa

nicht das Recht hätte, ihn als Kulturdirektor und Mitglied der SED zu entlassen (das ginge nur mit Zustimmung der zuständigen Stellen des Zentralkomitees der Partei), und 5. die Zurückhaltung seiner Prämie „für ausgezeichnete Leistungen" als Aktivist eine weitere Gesetzesverletzung sei.[332]
Ein Kampf gegen Windmühlen war für Helmut Schneider Bialeks Kampf um Rehabilitierung, schließlich habe er resigniert, auch wegen der Lebensumstände nach seiner Entlassung aus dem Werk. In eine Zweizimmerwohnung auf ehemaligem Kasernengelände sei er verfrachtet worden, mitsamt seinem einjährigen Kind und seiner Frau, als kleiner Sachbearbeiter für Sozialfragen bei der Bauunion. „Menschenunwürdig" sei das gewesen. Sie seien dann damals oft spazieren gegangen, er und Robert Bialek. „Am Wochenende haben wir uns getroffen, die Lage besprochen, hier in der Bergbaude." Von hier aus habe man einen guten Überblick gehabt, hätte sich unbeobachtet gefühlt. Und dann sei trotz inneren Widerstrebens bei Robert der Gedanke an Flucht gereift.[333]
In der Dienststelle Bautzen, Abteilung V der Staatssicherheit wird am 17. September 1953 in einer Aktennotiz vermerkt, Bialek sei vermutlich illegal verzogen. „Er reiste am 27. August 1953 im Auftrag des Betriebes nach Berlin zum Ministerium, um unter anderen angeblich in Berlin wegen seinen Parteiausschluss vorzusprechen. B. wollte angeblich innerhalb drei Tage zurück sein, was jedoch bis heute nicht erfolgte." Auch seine Ehefrau würde vermisst, sie sei von einer Interzonenreise (Besuch bei der West-Verwandtschaft) nicht fristgerecht zurückgekehrt. „Und wenn sie nicht erscheint, soll der Vorgang im Dezember 1953 eingestellt werden."[334]
Wie es denn nun gewesen sei mit der Flucht, wollte auf der Bergbaude die Gesellschaft, die Helmut Schneider zusammengetrommelt hatte, wissen. „Na ja", sagte er, alles sei eigentlich nach Plan gelaufen. „Den Fluchtweg habe ich selbst ausgekundschaftet." Die Fahrt ging zunächst über die Autobahn nach Eichwalde. Dort gab es einen Kontrollpunkt, aber auch bekannte Schleichwege. Mit der S-Bahn sei Robert dann nach West-Berlin gelangt. Und dann habe man lange nichts vom Freund gehört, bis eines Tages seine Stimme

aus dem Radio kam. „Das war was. Und wir haben alle am Radio mitgefiebert. Das bewegte die Massen."[335]

Bald ist die Staatssicherheit wieder im Bilde. Ein altes Netz war zerrissen, ein neues wird jetzt geknüpft, das über West-Berlin hinaus auch in die alte Heimat reicht. „An die Bezirksverwaltung Dresden, Abteilung V, Dienststelle Bautzen. Betrifft Rundfunkreportage des ehemaligen Kulturdirektors Bialek [...] im Londoner Rundfunk. [...] Am 17.4.54, 20.30 Uhr wurde im Auftrag des Dienststellenleiters mittels eines AT-Mittelsuper, 3 Röhren auf kurzer Welle (3) die unter betreff genannte Hetzsendung abgehört." Dieser Hörbericht gibt den Inhalt der Sendung wieder, in einer Anmerkung wird dann Gift gesprüht. „Aus inoffiziellen Informationen aus dem Betrieb und auch der Bevölkerung kommt allgemein zum Ausdruck, dass man Bialek als einen Lumpen und Arbeiterverräter bezeichnet." Ein Kollege, „parteilos unter anderem", hätte sogar gesagt: „Den Lumpen müssten sie verkehrt aufhängen, erst große Reden schwingen und dann, wenn's an den Kragen geht, abhauen und drüben sein Glück versuchen."[336]

Mit dem Glück ist das so eine Sache. Zunächst war Robert Bialek, so meine Recherchen 1993, in West-Berlin hochwillkommen. Es kam ja nicht alle Tage einer von drüben, der einmal zum innersten Machtzirkel der Partei gehörte. Die westlichen Geheimdienste interessierten sich brennend für ihn.

Gleich nach seiner Flucht sei er im Notaufnahmelager in Berlin-Marienfelde gelandet, aus dem ihn zunächst die Amerikaner zu sich holten, später die Franzosen und schließlich die Engländer, die ihn für Sendungen in der *BBC* anwarben, erinnerte sich Inge Bialek in der Bergbaude in Sora an diese ersten Wochen im Westen. Robert Bialek galt als sachkundiger Experte „aus der Ostzone für die Ostzone". Auch KgU und UFJ waren interessiert. Einmal durfte er mit seiner Familie sogar nach England fahren. Bialek pilgerte zum Grab von Karl Marx in London und nahm auch dessen Arbeitsplatz in der British Library in Augenschein.

Nach einiger Zeit wurde Robert Bialek für die *BBC* und andere uninteressant, die Quelle war abgeschöpft, seine Informationen nicht mehr aus erster Hand. Er müsse sich um neue kümmern, sagte man ihm. Er sei in dieser Zeit viel unterwegs gewesen, auf der Suche nach Informanten aus der DDR, wusste seine Frau Inge. Er habe sich regelmäßig mit anderen Flüchtlingen getroffen, die gerade „rübergemacht" waren. Auch im Ost-Büro der SPD sei er aktiv geworden, das sich vom ehemaligen Generalinspekteur der Deutschen Volkspolizei, der Bialek einmal war, Informationen über seinen früheren Arbeitsbereich erhoffte. Man habe ihm sogar ein Büro besorgt, in dem er seine Informanten empfangen konnte. Er schrieb Artikel, mischte sich in die internen Debatten der SPD ein, immer auch in der Hoffnung, mithilfe der Sozialdemokraten Oppositionszellen in der DDR aufbauen zu können. Ruhelos sei ihr Mann gewesen, erinnerte sich Inge Bialek, immer auf dem Sprung. Sie hätte ihn nicht oft gesehen, in ihrer Wohnung im behaglichen Berlin-Charlottenburg, die die Briten besorgt hatten. Ihr Mann war ständig in Sachen Politik unterwegs, und das Geld wurde immer knapper.[337]

Ein Mann namens Paul Drzewiecki sorgt mit dafür, dass Robert Bialek die Wohnung in Charlottenburg bald nicht mehr betreten kann. Er ist einer der Entführer, den die Staatssicherheit für die Operation „Deserteur" ausgewählt hat. Nichts in seinem Leben spricht eigentlich für diese Rolle, denn er ist Flüchtling wie Robert Bialek. Aber der Reihe nach.

Paul Drzewiecki wird am 28. Januar 1902 als Sohn des Schmiedemeisters Franz Drzewiecki geboren. Nach der Volksschule soll er nach dem Willen des Vaters ebenfalls Schmiedemeister werden. Er fügt sich, aber gleich nach der Lehre geht er auf Wanderschaft. Der Sinn steht ihm nach Höherem. (Er habe sich in den Kopf gesetzt zu studieren, schreibt er in seinem Lebenslauf vom 30. Juli 1945.) Schließlich landet er in Berlin, wo er 1924 in die Freie Gewerkschaft und in die SPD eintritt. Er belegt Abendkurse, holt Elementarwissen nach und wird schließlich in der Deutschen Hochschule für Politik aufgenommen, eine private Hochschule, in der viele damals auf dem zweiten Bildungsweg ihr Glück versuchten. Nach acht Semestern Nationalökonomie und Staatswissenschaften sei er wegen seines Engagements in der Sozialistischen Studentenschaft allerdings exmatrikuliert worden, schreibt er. Ein unruhiger Geist, so scheint es. Zu was wird dieser Geist ihn verführen?

Drzewiecki stellt sich in dem kurz nach Kriegsende abgefassten Lebenslauf auch als Antifaschist dar, die Nazis hätten ihn deswegen ja eingesperrt und in den Arbeitsdienst gepresst.[338]

Ab dem 11. Mai 1945 ist er bei der Volkspolizei, versieht seinen Dienst unauffällig, zuletzt im Rang eines Meisters der Volkspolizei in der Vollzugsanstalt Rummelsburg, heißt es in einem Ermittlungsbericht der Staatssicherheit Anfang 1953, in dem sein Lebenslauf nach 1945 festgehalten ist. Die Staatssicherheit wird auf ihn aufmerksam, weil er einsitzende Häftlinge begünstigt hätte. Er habe einen gewissen Burckhoff vorzeitig entlassen, dessen Vater Sozialdemokrat war. Noch gravierender sei, dass Drzewiecki über Burckhoff Kontakte zu dem Ostzonen-Redakteur des *Telegraf* Werner Nieke bekommen habe, den er mit Berichten aus Rummelsburg beliefere. Nach einer Warnung aus West-Berlin, dass sich die Staatssicherheit mit ihm befasse, so der Ermittlungsbericht, „setzte sich Drzewiecki mit seiner Ehefrau am 16. Mai 1953 nach West-Berlin ab“. Drei Monate vor Robert Bialeks Flucht in den Westen.[339]

Über seine Schwägerin wird er wieder mit der Staatssicherheit zusammengebracht. In deren Auftrag fährt sie nach West-Berlin und überredet Paul Drzewiecki zu einem Treff in einer konspirativen Wohnung in Ost-Berlin. Der Stasi sagt sie, Paul habe Vertrauen, „dass wir die Zusammenarbeit mit ihm suchen und nicht seine Festnahme beabsichtigen“. Bei diesem Treffen am 22. Mai 1955 unterschreibt er dann eine Verpflichtung als Geheimer Mitarbeiter mit Einsatzgebiet West-Berlin. Als Dank für seine Mitarbeit wird ihm die Wiedereinstellung bei der Volkspolizei zugesagt, verknüpft mit der Erwartung, dass er durch seine gute Arbeit in West-Berlin seine Fehler wiedergutmachen kann. Er wählt den Decknamen „Albert“. Auch Gehaltsfragen, monatlich 600 Mark Ost, werden in der Verpflichtungserklärung geregelt.

Für Drzewieckis Rolle rückwärts in den Osten werden sie wohl ausschlaggebend gewesen sein. Er ist im Westen beruflich nämlich nicht zurechtgekommen.[340] In einem Bericht der Staatssicherheit vom 29. Juni 1955 wird bescheinigt, dass Drzewiecki im Operativvorgang „Deserteur" gute Ergebnisse erziele. Er berichtet über Veranstaltungen der SPD, über das Notaufnahmelager Marienfelde, gäbe auch Namen von Flüchtlingen preis, informiere über den Kampfbund gegen den Faschismus in West-Berlin, dessen Mitglied er sei, auch über den Personenkreis in der Ost-Redaktion des *Telegrafen*. Zu seinen zukünftigen Aufgaben gehöre die weitere Kontaktpflege mit den genannten Organisationen, aber auch mit dem Ost-Büro der SPD, zu dem er erst kürzlich einen Kontakt hergestellt habe.[341]

Eine Spur zu Bialek ist gelegt. Ich studiere Informantenberichte, die nun, viele Jahre nach der friedlichen Revolution, in der Behörde des Bundesbeauftragten für die Stasi-Unterlagen komplett vorliegen. Wie lockt man einen Menschen in die Falle, ist die Frage, die mich bei diesem Aktenstudium am meisten beschäftigt. Der Fall „Bialek" ist für die raffinierten Methoden der Staatssicherheit ein Musterbeispiel.

Robert Bialek erhält vom Ost-Büro der SPD den Decknamen „Wallmann", so will man seine Identität als prominenten Überläufer aus der DDR verschleiern. Auf der Suche nach immer wieder neuen Informanten aus der DDR gerät er an Paul Drzewiecki. Bialek („Wallmann") trifft sich mit Drzewiecki („Albert") in der Folge zu konspirativen Zusammenkünften. Bei diesen ist „Wallmann" immer der Hauptredner, der Vortragende; Agent „Albert" beschränkt sich auf einige Anmerkungen, pflichtet ihm bei, schmeichelt ihm, um ihn aus der Reserve zu locken, um sein Vertrauen zu gewinnen. Hin und wieder gibt „Albert" auch Informationen preis, um „Wallmann" bei Laune zu halten. Sie sind aber sehr allgemeiner Art. Es werden andere Agenten an „Wallmann" herangespielt, wie z. B. Herbert Hellwig, mit dem Paul Drzewiecki in der

VP-Vollzugsanstalt Rummelsberg früher seinen Dienst versah.[342] Er wird „Wallmann“ als Informant über die Opposition in der DDR vorgestellt.
Es kommt zu mehreren Treffen der zwei mit „Wallmann“. Die Staatssicherheit führt getreulich Buch:

6. Oktober 1955
Erstes Treffen mit Hellwig und „Wallmann“ in der Wohnung des GM „Albert“. „Wallmann fing dann sofort an, zu politisieren“, notiert „Albert“. „Wallmann“ referiere über die Nachteile der Planwirtschaft gegenüber dem Kapitalismus, der habe immerhin für den hohen Lebensstandard der Arbeiter in England gesorgt. Eine sowjetische Delegation sei höchst erstaunt gewesen, dass es in England die 40-Stunden-Woche gäbe, so etwas käme in ihrem Heimatland nicht infrage, da die Produktionskapazität dann nicht ausgeleistet werde. Im Übrigen bezeichne sich „Wallmann“ als Marxist und betone, vom wissenschaftlichen Standpunkt aus habe er gegen den Marxismus nichts einzuwenden. Da seine Zeit an diesem Tag knapp bemessen sei, würde er weitere Treffen in dieser Runde begrüßen. Vielleicht bei einer Flasche Wein, die er gerne mitbrächte. „Außerdem machte er den Vorschlag, zu dreien in meinem Zimmer einen Skat zu spielen.“[343]

13. Oktober 1955
GM „Albert“ protokolliert Treffen mit „Wallmann“ in einer Gaststätte am Bahnhof Zoo. Dieser erklärt, er würde immer geschützt. Beim letzten Treffen hätten zwei seiner Genossen im Pkw auf ihn aufgepasst, bewaffnet mit einer Maschinenpistole. Im Übrigen erzählt er aus seiner Vergangenheit. „Ob ich nicht staune, jetzt zu wissen, wem ich vor mir hätte.“ „Albert“ tut erstaunt.[344]

17. Oktober 1955
Zweites Treffen in Drzewieckis Wohnung, GM „Albert“ berichtet, diesmal ist auch wieder Herbert Hellwig dabei. Eine lustige Run-

de. „Wallmann" hat „zwei Flaschen Wein (Liebfrauenmilch) mitgebracht und mehrere Zigarren". Nach ein paar Witzen wird politisiert. Hellwig lockt Wallmann aus der Reserve und spricht vom historischen Versagen der SPD. Sie sei schon seit der Weimarer Republik nie mit der KPD zusammengegangen, sondern mit bürgerlichen Parteien. „Wallmann" protestiert, da würde Hellwig wie das *Neue Deutschland* sprechen. Und sowieso müsse man sehen, dass die SPD jetzt in der DDR sehr stark sei (70.000 Verbindungen) und demnächst Einfluss auf die Wahlen der Kreisleitungen nehmen würde. In drei Jahren, prognostiziert „Wallmann", würde Deutschland vereinigt, weil es der SPD bis dahin gelänge, durch „systematische Unterminierungsarbeit" in der SED-Leitung die Führung zu übernehmen.[345]

8. November 1955
GM „Albert" berichtet von einem dritten Treffen mit Hellwig in seiner Wohnung. Man politisiert wieder. „Wallmann" lobt Wolfgang Leonhards Buch „Die Revolution entlässt ihre Kinder"[346] auch mit dem Verweis, Leonhard habe Tito unterstützt und damit seine historische Aufgabe erfüllt. Rosa Luxemburg wird auch erwähnt, „Wallmann" bezeichnet sie als „eine große revolutionäre Kämpferin." Keiner widerspricht, dann kommt er auf die internen Verhältnisse der DDR zu sprechen. Die Opposition sei stark, ein Indiz hierfür sei der Empfang von Walter Ulbricht auf einer großen Veranstaltung in Karl-Marx-Stadt, bei dem die Genossen so kräftig klatschten, dass Ulbricht kaum zu Wort gekommen sei. Die Not auf dem Lande sei fürchterlich, die Schweine würden vor Hunger ein „furchtbar sonderbares Brüllen" ausstoßen. „Wallmann" steigert sich hinein in einen Wutausbruch gegenüber der SED-Parteileitung. Sie sei verbrecherisch, noch schlimmer als die Nazis. Zum Schluss seiner Ausführungen lobt er seinen Gastgeber „Albert". „Seinen Aufenthalt bei mir bezeichnet W. als eine Erholung von seiner schweren geistigen Tätigkeit, weil ich der Typ des alten Sozialdemokraten und guten Menschen wäre."[347]

17. November 1955
GI „Traber“ aus Magdeburg ist sonntags bei „Wallmann“ im Büro. Die SPD brauche alle Informationen aus der DDR, um die Opposition hier wie dort zu stärken, das sei sein dringlichster Wunsch. Wie stehe es um die Planerfüllung der Wirtschaft in Magdeburg? „Wallmann“ wolle mehr über die Kreisleitung in Magdeburg wissen, zu diesem Zweck fordere er Charakterprofile ein. Klassifizierungen nach „fanatisch?“, „linientreu?“, „schwankend?“, „Gegner?“.
Beim Hinausgehen aus dem Büro sagt „Wallmann“, dass er weder Sonntage und Feiertage kenne, er sei Tag und Nacht unterwegs, um Informationen zu sammeln.
„Traber“ fügt noch eine genaue Ortsbeschreibung des Büros an. „Das Gebäude selbst ist ein großes Bürohaus […,] es hat einen grauen Anstrich, über dem Tor befindet sich ein Schild mit Beschriftung ‚Sonderbauprogramm Berlin‘. In der Toreinfahrt befindet sich ein Schlagbaum. Pförtnerbude ist vorhanden, aber nicht besetzt gewesen. Auch wurde von ‚Wallmann‘ von irgendeiner Kontrolle nicht gesprochen.“ Ein anonymer Ort, menschenleer besonders an Feiertagen, günstig für Entführungen, suggeriert diese Schilderung.[348]

9. Januar 1956
Wieder ein Treffen mit Drzewiecki alias „Albert“ in seinem möblierten Zimmer. „Albert“ referiert die Trinkgewohnheiten von „Wallmann“: „Wallmann setzte sofort eine mitgebrachte Flasche Wein auf den Tisch, die er selbst öffnete. […] Gleich [nach] der Öffnung der Weinflasche erschien Hellwig. Auftragsgemäß wurden von mir die Gläser ausgespült und Wallmann hat davon keine Notiz genommen.“ So genau scheint er nicht hinzusehen, wenn Alkohol getrunken wird, auch nicht, wer wem einschenkt. Günstige Voraussetzungen für einen Betäubungsversuch. „Wallmann“ wirke bei diesem Treffen deprimiert, konstatiert „Albert“ schließlich, von seinem Besuch aus Westdeutschland hätte er die

Erkenntnis mitgebracht, dass sich die Bevölkerung „auf Grund ihres Wohlergehens um Politik nicht kümmere".[349]

24. Januar 1956
Wieder eine Zusammenkunft von „Wallmann", „Albert" und Hellwig. „Wallmann" politisiert aufs Neue. Seine Eindrücke von der Kölner Parteikonferenz der SPD: „Zuerst waren 3 kleine rote Fahnen im Saal. An nächsten Tag waren sie schon nicht mehr da." Die SPD sei kleinbürgerlich geworden. Zwei Referate habe man über den Mittelstand gehalten, die Arbeiter seien wiederum zu kurz gekommen. „Albert" bittet „Wallmann", ihm nicht über seine negativen Eindrücke zu berichten. Hellwig als Sympathisanten der SPD würde das kränken. Nun wird eine Flasche Schnaps geöffnet, die „Wallmann" mitgebracht hat. Er wendet sich wieder seinem Lieblingsthema zu. Die Planwirtschaft sei unfähig, „auf allen Gebieten". Hellwig berichtet von der Eingliederung des Strafvollzugs in das Ministerium des Inneren. Dann bekämen sie neue Uniformen. Als die 21-jährige Tochter der Wohnungsinhaberin zur Runde stößt, verliert „Wallmann" schnell das Interesse an Hellwigs Informationen, berichtet „Albert". Er habe auf Teufel komm raus geflirtet, „war in kurzer Zeit schon beim ‚DU', habe dann mit Klavierspielen und Witzen die Situation aufgelockert, schließlich sich als Antifaschist bekannt. ‚Der Osten ist in sozialen und kulturellen Dingen weit vor uns. Die Russen sind auch viel stärker, als wir es uns alle vorstellen.' Hitler habe den Krieg angezettelt und die SS habe nur gemordet." Später kommt auch noch die Vermieterin dazu. Dann habe „Wallmann" Hitler und Goebbels nachgemacht. „Als Frau [die Vermieterin, Name nicht genannt] dann aufschrie: ‚Dann ist ja mein Mann umsonst gefallen', antwortete W. ‚Jawohl, er ist umsonst gefallen'". Damit sei das Techtelmechtel beendet worden. „Wallmann" habe „Albert" und Hellwig dann noch Folgendes erklärt: „Ich bedaure, dass ich geflüchtet bin. Ich kann nur nicht mehr zurück, weil ich Chefideologe war. Die ganze SPD ist ja so dumm und so stur. Niemand kann sich in unsere Lage als Flücht-

ling versetzen. Es kommt ja alles ganz anders." „Wallmann" gab dann einen Ausblick auf die historische Entwicklung, wie er sie sähe. Der Sozialismus würde siegen, weil Frankreich und Italien sowieso kommunistisch seien und die deutschen Arbeiter widerständiger sein könnten als in den Zeiten des Nationalsozialismus. „Diese Kräfte zusammen mit den Russen stoßen diesmal bis zum Atlantik vor." „Albert" fragt nach: „Was mit uns Flüchtlingen und besonders mit dir in einem solchen Fall passiert"? „Dir passiert gar nichts, wenn du reumütig zurückgehst", sei die Antwort von „Wallmann" gewesen, immer noch im Glauben, dass „Albert" ein armer Flüchtling sei so wie er selbst. „Ich dagegen könnte mich nur erschießen. Als ehemaliger Chefideologe der Polizei nehmen sie mich nicht mehr."[350]

Sie haben ihn schließlich doch „genommen". *Der Tagesspiegel* meldet am 7. Februar 1956: „Entführungsaktion in Wilmersdorf". Der 39-jährige Robert Bialek sei am Sonnabend (das war der 4. Februar) gegen 22 Uhr in der Jenaer Straße 21, Wilmersdorf, in den Sowjetsektor entführt worden. „An dem Menschenraub waren der 54-jährige Untermieter in dieser Wohnung, Paul Drzewiecki, ein 42-jähriger Meister der ‚Volkspolizei' Herbert Hellwig aus Niederschöneweide [...] und eine unbekannte Frau beteiligt." Nicht wissen kann der *Tagesspiegel* zu diesem Zeitpunkt, dass dieser Untermieter erst kürzlich dort eingezogen war (eine neue Adresse, um vielleicht Spuren zu den alten Treffs in Moabit zu verwischen) und dass es sich bei der unbekannten Frau vielleicht um die 21-jährige Tochter der früheren Wohnungsinhaberin von Drzewiecki handelte.

Inge Bialek erzählte 1993 bei unserem Ausflug nach Bautzen von diesem verhängnisvollen 4. Februar 1956: Ihr Mann sei wieder unterwegs gewesen, dieses Mal zu einer Geburtstagsfeier in der Jenaer Straße in Wilmersdorf. Kürzlich habe er Kontakt zu einem Wachtmeister der Volkspolizei aus Rummelsburg bekommen, hatte er ihr erzählt, der sei wohl mit dabei. Der würde Informationen über die Gefängnisse in der DDR bringen. „Und das war, was mein Mann auch zu seiner Arbeit brauchte", sagte sie, „man kann ja nicht isoliert im luftleeren Raum leben." Ihr Mann habe gesagt: „Pass auf, um sieben Uhr gehe ich da hin. Ich nehme also eine Flasche Wein mit, der hat Geburtstag. Und du weißt genau, ich trinke nichts von Fremden. Aber Geburtstag. Und du weißt genau, ich bin um elf, ich meine, er hätte gesagt, ich bin um zehn Uhr wieder da. Und ich konnte mich darauf verlassen, wenn er sagte, ich bin um zehn Uhr da, er war um zehn Uhr zurück." Sie sei dann unruhig geworden, als er nicht pünktlich zu Hause war. Sie wartete die ganze Nacht vergeblich auf seine Rückkehr. Am nächsten Morgen sei sie dann um sechs Uhr in die Jenaer Straße gefahren. „Und komme da rein und sehe also nur noch die Jacke von meinem Mann über dem Stuhl hängen und ein Weinglas dastehen. Und da wusste ich sofort, da ist etwas passiert. Sie haben ihn geholt. Ich wusste es hundertprozentig."

Inge Bialek ging zur Polizei, klapperte alle Krankenhäuser ab, nichts, ihr Mann blieb einfach verschwunden. Sie vertraute sich schließlich den Engländern an. Der Fall sei sehr ernst, sagten sie, ihr Mann könnte entführt worden sein, vielleicht wären sie auch hinter seiner Familie her. Sie wollten sie erst dabehalten, dann brachten sie ihr den Gebrauch einer Schusswaffe bei, für alle Fälle. Zu Hause sollte sie sehr vorsichtig sein. Sie solle keinem Menschen öffnen, das Kind ständig im Auge behalten, und überhaupt, das Beste sei es, wenn sie gleich aus Berlin verschwinde. Vorsichtshalber schlief jemand vom Secret Service in der Wohnung. Tage später ein Anruf aus Ost-Berlin. Eine Männerstimme meldete sich, klang vertrauensvoll, dunkel und warm. Der Anrufer meine es gut mit ihr, sagte die Stimme aus der Ferne, es sei nur leider so, dass ihr Mann im Krankenhaus in Ost-Berlin liege, ihm ginge es gar nicht gut. Wenn sie ihn noch einmal sehen wolle, solle sie kommen und das Kind mitbringen. Ihr Mann habe besonders nach dem Kind gefragt. Ja, ziemlich traurig sei das Ganze. Er nannte eine Adresse, dann knackte es in der Leitung. „Fast wäre ich rübergefahren", erinnerte sie sich. Sie fuhr dann aber in die entgegengesetzte Rich-

tung, zu ihren Eltern nach Köln. Die Engländer brachten sie und ihr Kind mit dem Flugzeug aus der Stadt.[351]
Die MfS-Hauptabteilung V/2/II stellt am 23. März 1956 nüchtern fest: „Frau Wallmann“ fliegt am Dienstag, den 27.3. aus Berlin […].“[352]

Nach der gelungenen Entführung, die, wie sich später herausstellte, „zu gut gelungen“ war, interessiert sich die Staatssicherheit natürlich für die Reaktionen auf der Gegenseite. Späher werden losgeschickt. Am 10. Februar 1956 gibt es eine erste Zwischenbilanz. Das Ost-Büro der SPD reagiere auf das Verschwinden Robert Bialeks mit der Entsendung eines Vertreters aus Bonn, „um zu retten, was noch zu retten sei“, heißt es in den Akten.[353]
Inzwischen ist die Staatssicherheit auch selbst aktiv, tritt aus dem Schatten des stillen Beobachters heraus. Sieben langjährige Agenten des Ost-Büros der SPD werden festgenommen, darunter auch zwei Meister der Volkspolizei verschiedener Haftanstalten.[354]
Wie immer zeigt sich die Staatssicherheit für die gelungene Entführung erkenntlich: Beförderung der beiden Täter und Erholungsurlaub inklusive. Da beide durch West-Berliner Pressemeldungen enttarnt sind, werden sie aus dem Einsatz in West-Berlin abgezogen. Beide können von nun ab im höheren Dienst der Volkspolizei arbeiten.

„Ja, so war das mit meinem Mann“, sagte Inge Bialek an jenem Abend Anfang der 90er Jahre in der Bergbaude im Oberlausitzer Land. Trotz ihrer Nachforschungen blieb er einfach verschwunden. Sie hatte Briefe dabei, die sie in der Runde ehemaliger Freunde und Kollegen von Robert Bialek vorzeigte: Ein Schreiben vom 8. März 1956 an den Präsidenten der Deutschen Demokratischen Republik, Wilhelm Pieck: „Herr Präsident, darf ich Sie bitten, mir in dieser Lage, in der ich mich befinde, behilflich zu sein. Darf ich Sie bitten, mir zu antworten, ob sich mein Mann in der Deutschen Demokratischen Republik aufhält oder an wen ich mich sonst wenden kann, um darüber Auskunft zu erlangen?“ Das Schrei-

ben blieb unbeantwortet. Einen trockenen Vermerk vom 16. März 1956 finde ich in den Akten: „Wir haben der Einsenderin nicht geantwortet".[355]
Am 15. Oktober schrieb sie abermals und bat um Aufklärung, dieses Mal an den DDR-Generalstaatsanwalt Ernst Melsheimer. Sie wüsste nun seit acht Monaten nicht, wo ihr Mann sei. Die Antwort, die sie bei unserem Treffen vorlas, lautete: „Auf Ihr Schreiben vom 15.10.1956 teile ich Ihnen mit, dass Ihr Ehemann in keiner Haftanstalt der Deutschen Demokratischen Republik einsitzt. Da Sie in Ihrem Schreiben behaupten, dass Ihr Ehemann am 4. Februar aus Westberlin in den demokratischen Sektor von Berlin entführt worden sei, bitte ich mir doch mitzuteilen, worauf Sie Ihre Behauptung stützen." Inge Bialek ließ nicht locker, schrieb am 30. November noch einmal an Melsheimer, schilderte die Ermittlungsergebnisse der West-Berliner Polizei. Auch dieses Schreiben zitierte sie noch einmal in der vertrauten Runde in der Bergbaude: Der Hauptmieter hätte am 4. Februar gegen 21.30 Uhr in sein Badezimmer gehen wollen, hätte aber die Tür von innen verriegelt vorgefunden. Auf sein Klopfen an der Badezimmertür sei aus dem danebenliegenden Zimmer der Untermieter Drzewiecki gekommen und habe mit einem Schraubenzieher das Schloss herausgeschraubt. „Im Badezimmer lag ein Mann röchelnd auf dem Boden." Eine inzwischen dazugekommene Frau, die vom Untermieter als Nichte aus Thüringen vorgestellt wurde, wollte ein Taxi holen, um dem armen Mann zu helfen. Nach kurzer Zeit sei auch ein Wagen gekommen, ohne dass man erkennen konnte, ob es ein Taxi war. Den Mann habe man schließlich bewusstlos mit der Hilfe der Frau und einem anderen Gast der Geburtstagsfeier namens Hellwig in den Wagen getragen. Drzewiecki sei nach der Abfahrt des Wagens auch gegangen, um etwas Luft zu schöpfen. In den ersten Vormittagsstunden des 5. Februar hätten Nachforschungen in sämtlichen Krankenanstalten und Unfallstationen über den Verbleib ihres Mannes kein Ergebnis gebracht. Ermittlungen der Polizei hätten dann eindeutig ergeben, „dass mein Mann nicht in dem erwähnten Wagen über die Sektorengrenze transportiert

wurde, sondern vom S-Bahnhof Spandau aus in einem Dienstabteil eines S-Bahnzuges die Sektorengrenze passierte und von dort aus in ein Gefängnis geschafft wurde." Dann erklärt Inge Bialek in ihrem Schreiben an den Generalstaatsanwalt: „Sie werden verstehen, wenn ich aufgrund all dieser eindeutigen Beweise zu der Auffassung kommen muss, dass mein Mann unfreiwillig am 4.2.56 in die Deutsche Demokratische Republik oder in den demokratischen Sektor geschafft wurde". Aufgrund dieser Tatbestände bitte sie dringend um Aufklärung. Was sie damals vorlas, finde ich viel später bei meiner Recherche auch in den Akten der Staatssicherheit.[356] Ebenso eine Notiz, die auf Inge Bialeks Anfragen Bezug nimmt. „Wie soll geantwortet werden?", fragt handschriftlich ein Genosse, dessen Unterschrift nicht zu entziffern ist, am 23. Dezember 1956.[357]

Ich finde auch die Reaktion von Hilde Benjamin, damals bereits Ministerin der Justiz, auf ein Schreiben von Inge Bialeks Rechtsanwalt vom 16. Oktober 1956. Sie schreibt an den Genossen Generalleutnant Erich Mielke: „Ich habe die Absicht zu antworten, dass den Staatsorganen der Deutschen Demokratischen Republik von einem solchen Vorfall nichts bekannt ist, ich bitte um Deine Meinung, ob Du mit einer solchen Antwort einverstanden bist. Mit sozialistischem Gruß".[358] Mielkes Antwort finde ich nicht in den Akten.

Es bleibt im Dunklen, was nach dem Menschenraub vom 4. Februar 1956 mit Robert Bialek geschah. Eine Theorie offenbart mir Karl Wilhelm Fricke, der seine eigenen Erfahrungen in Berlin-Hohenschönhausen gemacht hat, 2011 bei einem Treffen in Köln: „Entweder ist Bialek an einer Überdosis zugrunde gegangen, wegen seiner Herzschwäche, oder es ist an dem Erbrochenen erstickt, im bewusstlosen Zustand." In diesem Gespräch erteilt er auch Spekulationen, wie sie auch Wolfgang Leonhard verbreitet hat, eine Absage: „Dass er in Bautzen gestorben ist [...] halte ich für vollkommen schwachsinnig, denn er ist ja nie verurteilt worden."[359] Ein Vermerk der Abteilung XII der Staatssicherheit vom 6. November 1957 schafft eine gewisse Klarheit: „B. wurde im

Operativvorg[ang]. des MfS, Abtlg. V/2 […] bearbeitet." Material liegt im Archiv des MfS unter der Nr. A. Op.-249/56 (VS) Delikt „Trotzkist".[360]

Der Vorgang „Robert Bialek" musste nach seiner Entführung ordentlich zu einem Ende gebracht werden, vermute ich – in der Aktenablage. Weiteres ist aus den Akten nicht zu erfahren.

Heinz Brandt, am 18. Juni 1961 in die DDR „zurückgeholt"

Acht Wochen vor dem Mauerbau, mit dem sich die DDR einigeln und Menschenraub auch selbst schwieriger machen wird, überschlagen sich die Ereignisse in West-Berlin. Die Tagespresse sorgt sich. Der prominente Gewerkschaftsjournalist Heinz Brandt sei aus West-Berlin verschwunden. In der *Welt* vom 22. Juni 1961 wird vorsichtig nachgefragt, ob er entführt worden sei, zwei Tage später steht in derselben Zeitung, nun sei es offensichtlich, man habe Heinz Brandt in Ost-Berlin verhaftet, der Deutsche Gewerkschaftsbund sehe darin einen Fall von Menschenraub und fordere „die unverzügliche Freilassung Brandts". Die Reaktion erfolgt ein paar Tage später. Das SED-Organ *Neues Deutschland* veröffentlicht am 30. Juni 1961 einen offenen Brief „an die Redaktion der Zeitung IG Metall in Frankfurt (Main)". Schon vor dem anstehenden Gerichtsverfahren gegen Heinz Brandt wolle man im Interesse „unserer Klassenbrüder in Westdeutschland", im Interesse auch der „vielen ehrlichen Funktionäre des DGB und der SPD" Stellung beziehen. Brandt sei ein Agent, er habe für das Ost-Büro der SPD gearbeitet, das „menschliche Kontakte zu DDR-Bürgern" für Spionagezwecke ausnutze, und sei gleichzeitig für westliche Geheimdienste tätig gewesen. Schließlich wird die rhetorische Frage gestellt, wer „eigentlich dieser Brandt sei, um den die Presse der Bourgeoisie […] Krokodilstränen fließen lässt" und gibt gleich die Antwort: Im Grunde sei er eben ein Arbeiterverräter.[361]

Hier haben wir die Hauptargumente der SED-Propaganda beisammen. Es gibt keinen Menschenraub, es gibt aber Verräter, die man aus drei Gründen unschädlich machen muss: Sie sind Agenten westlicher Geheimdienste und bundesrepublikanischer „Feind"-Organisationen, sie spionieren die Menschen der DDR aus und sie verraten die Arbeiterklasse. Davon gibt es einige, wie ich bei meinen Recherchen zu diesem Buch erfahren habe. Nach Kurt Müller und Robert Bialek ist nun auch Brandt in die Fänge der Staatssicherheit geraten.

Wer nun ist dieser Heinz Brandt, der in Ost und West gleichermaßen für Aufregung sorgt? Gibt es jenseits der stereotypen Feindbilder des Verräters, des Abtrünnigen und Trotzkisten auch einen Menschen zu besichtigen, frage ich mich.
Zunächst einmal: Brandt ist ein Kommunist schon in frühen Jahren, der für die Partei während der Nazi-Herrschaft in den Widerstand geht. Hier gibt es Berührungspunkte mit den Viten von Kurt Müller und Robert Bialek. Die Verfolgung der Staatssicherheit trifft auch in diesem Fall die alte Kämpfergeneration, die Eisernen sozusagen.
Heinz Brandt, geboren am 16. August 1909 in Posen, wird 1929 Mitglied des Kommunistischen Jugendverbandes, 1931 Mitglied der KPD. Nach Hitlers Machtergreifung geht er in den Untergrund, gibt die illegale kommunistische Betriebszeitung *Siemens-Lautsprecher* mit heraus, Verhaftung kurz vor Weihnachten 1934, Verurteilung im März 1935 zu sechs Jahren Zuchthaus durch das Berliner Kammergericht. Er sitzt in Luckau und Brandenburg ein, nach der Haftentlassung 1941 wird er in das KZ Sachsenhausen überstellt, 1942 von dort in das KZ Auschwitz eingeliefert. Er übersteht die Todesmärsche nach der Evakuierung von Auschwitz im Januar 1945, erlebt schließlich im KZ Buchenwald seine Befreiung. Nach Kriegsende geht Brandt nach Berlin, nimmt die Parteiarbeit wieder auf, wird Abteilungsleiter für die Pressearbeit der KPD und später, nach der Zwangsvereinigung mit der SPD, Presseverantwortlicher der SED. Man schickt ihn zur weiteren Kaderschulung in die Parteihochschule „Karl Marx". Ein Zeichen dafür, dass man mit ihm noch Großes vorhat. Schließlich ist er Sekretär der Berliner SED-Bezirksleitung, kümmert sich um Schulung und Agitation, eine Schlüsselstellung in der Parteihierarchie. Im Juni 1953 sehen wir ihn als kampferprobten, bewährten Genossen an vorderster Front bei der Auseinandersetzung der SED mit protestierenden Bauarbeitern, aber auch als Zweifler und Kritiker an der bisherigen Linie der Partei, die zum 17. Juni 1953 führte. Er ergreift die Initiative und bewegt das Politbüro zu einer Zurücknahme der Normenerhöhung, die ein wichtiger Grund für die Proteste der

Arbeiter ist. Er soll dann diese Maßnahme den Demonstranten am Alexanderplatz verkünden und erläutern. Er kommt nicht zu Wort, beschließt aber, bei den Arbeitern zu bleiben, um auf sie mäßigend einzuwirken. Er empfiehlt ihnen, Arbeiterkomitees zu wählen. In Großbetrieben spricht er mit anderen Genossen über den „Neuen Kurs“, den das Politbüro mittlerweile beschlossen hat. Als der Aufstand mithilfe russischer Panzer schließlich niedergeschlagen wird, dankt ihm die Partei seinen Einsatz während des 17. Junis mit seiner Entbindung von der Funktion des Sekretärs der Berliner Bezirksleitung.[362]

Heinz Brandt ist alarmiert. In den Monaten vor Stalins Tod befürchtet er wegen seiner jüdischen Herkunft Verhaftung, dieses Mal durch die eigenen Genossen. In seinen unveröffentlichten Erinnerungen, die Carola Stern in einem Artikel über den „Fall Heinz Brandt“ 1961 aufgreift, schreibt er: „Es kamen die Wochen vom Januar bis März 1953. Wenn ich daran denke, zieht sich mir heute noch der Magen zusammen. [...] Eine neuerliche, blutige Säuberungswelle zeichnete sich am Horizont ab.“ Damit war die – freilich von Stalin und Co. frei erfundene – jüdische „Ärzteverschwörung“ gemeint, die angeblich auf die Ausschaltung des Führungsapparates der KPdSU zielt. In der Sowjetunion kommt es daraufhin zu Verhaftungen und Verurteilungen von jüdischen Medizinern. Ein Genosse in der Bezirksleitung habe Brandt dann anvertraut, dass der russische Verbindungsmann sich beim Berliner Sekretariat nach Genossen jüdischer Abstammung erkundigt habe. „Noch ist es nicht ernst, wenn, hörst du es rechtzeitig“, habe er gesagt. (Stalin plante damals eine Säuberungswelle, die auf jüdische Ärzte seiner engsten Umgebung zielte.) Der Tod Stalins Anfang März 1953 wird auch für Heinz Brandt deswegen eine Befreiung. Er erlebt stattdessen die Säuberungen in seiner eigenen Partei nach dem 17. Juni 1953 und der in der Folge versuchten Ablösung Ulbrichts, die durch den Sturz Berijas in Moskau aber unterlaufen wird. Es trifft nun die Opponenten gegen Ulbrichts Politik, unter anderem den damaligen Minister für Staatssicherheit Wilhelm Zaisser und das ZK-Mitglied Rudolf Herrnstadt, beides Genossen, mit denen er sympathisiert. Heinz Brandt erfährt am eigenen Leib, wie der Machtkampf in der Sowjetunion ausgegangen ist. Er wird degradiert, in den Ost-Berliner Verlag *Die Wirtschaft* abgeschoben, arbeitet später dort als Werbesachbearbeiter. Er ist damit noch nicht am Ende seiner Karriere im Osten angekommen. Wegen „revisionistischer" Auffassungen, gerade nach den Ereignissen in Ungarn und Polen 1956, erhält er Parteirügen, wird aber nicht aus der SED ausgeschlossen. Nach dem XX. Parteitag der KPdSU 1956 in Moskau, dem Entstalinisierungs-Parteitag, erhält er die Erlaubnis, in die Sowjetunion zu reisen, um sich vor Ort nach dem Schicksal seiner Geschwister zu erkundigen, die während der Nazizeit dort Zuflucht gesucht hatten. Er erhält traurige Gewissheit über ihr Schicksal; sein Bruder sei in einem Arbeitslager umgekommen, seine Schwester habe man nach Sibirien verbannt, heißt es in Moskau. Erlebnisse dieser Art vergrößern seine Distanz zur offiziellen Parteipolitik in der DDR. Er hat mit ihr bereits innerlich den Bruch vollzogen, als er Kontakt mit dem Ost-Büro der SPD aufnimmt, um über parteiinterne Oppositionsgruppen in der DDR zu berichten. Ein Spiel mit dem Feuer. Als seine Verhaftung droht, flüchtet er mit seiner Familie am 14. September 1958 nach West-Berlin und findet dann Arbeit bei der *Metall*, der Gewerkschaftszeitung der IG Metall in Frankfurt am Main. Noch immer bezeichnet sich Heinz Brandt als Sozialist, fühlt sich dem linken Flügel der SPD zugehörig, in dem er für einen wahrhaft demokratischen Sozialismus kämpfen will.[363]

Im Westen meint er nun sicher zu sein. Ihm bleiben aber nur poch zwei Jahre, neun Monate und ein Tag Leben in Freiheit, dann holt ihn die Staatssicherheit zurück in ihren Machtbereich. Sie hatte sich schon vor der Rückholung am 18. Juni 1961 für ihn interessiert, und sein Leben bald nach seiner Degradierung in der DDR begleitet.

In der Zeit nach der Gründung der DDR zeigt sich Heinz Brandt als bemühter, strebsamer und selbstkritischer Genosse, der ganz auf Parteilinie ist. In einer Selbsteinschätzung vom 24. April 1950,

wohl nach seinem Besuch der Parteihochschule „Karl Marx" geschrieben, sagt er: „Mein ganzes Bestreben wird drauf gerichtet sein, meine erweiterten theoretischen Kenntnisse in meiner zukünftigen politischen Arbeit konkret anzuwenden und wirksam werden zu lassen. [...] Eine Neigung zur Empfindlichkeit und zur Impulsivität bemühe ich mich hartnäckig zu bekämpfen – auch schon mit einem gewissen Erfolg."[364]
Doch diese Haltung ändert sich mit den Jahren. Brandts zunehmende Distanzierung von der offiziellen Parteilinie wird sorgsam registriert. Besonders gehäuft treten Berichte der Staatssicherheit ab 1957 auf. Aber auch die eigene Partei befasst sich mit ihm. Eine Aktennotiz vom 21. Februar 1957 der Bezirksparteikontrollkommission: „Betr. Heinz Brandt" listet kritische Äußerungen von ihm auf, auch seine Einlassungen dazu werden wiedergegeben. Es muss also eine Art Verhör stattgefunden haben. Er wird beispielsweise mit dieser Aussage konfrontiert: „Mit dem Schlimmsten müssen wir Schluss machen. Die ‚schlimmsten Schlimmsten' müssen weg." Mit den „Schlimmsten" hätte er Zustände bei „Renten, Prämien, Versorgung mit Massenartikeln" gemeint, redet er sich heraus. Zitiert wird auch eine medienkritische Äußerung des Genossen Heinz Brandt. „Unsere Presse habe uns belogen und betrogen, Information über den *RIAS*". Er bestreitet die Äußerung, sagt aber, dass in der Angelegenheit „Kadar" (der neue ungarische KP-Chef, der nach der Niederschlagung des Ungarn-Aufstandes 1956 von den Sowjets installiert wurde) die Informationen mangelhaft gewesen seien. Seine Schlussfolgerung aus diesem von ihm behaupteten Missstand sei gewesen: „Dadurch treiben wir die Leute mit der Peitsche dazu, sich die Informationen über den *RIAS* und die Westpresse zu holen."[365]
Vom 23. Mai 1957 existiert in den Stasi-Unterlagen der Bericht über ein Gespräch mit „dem Genossen Heinz Brandt". Er sei als Chefredakteur des Verlages *Die Wirtschaft* nicht mehr tragbar, weil „er nicht die Garantie dafür gäbe, dass die Politik unserer Partei in der richtigen Form in den Zeitschriften seiner Gruppe behandelt würde." „Genosse Brandt nahm davon Kenntnis", heißt

es weiter. Seine Positionen würden sich in Zukunft aber als richtig erweisen, wird er weiter zitiert. Offensichtlich handelt es sich um einen uneinsichtigen Genossen.[366]

Alles höchst verdächtige Beobachtungen, die in den Akten der Stasi gehäuft auftauchen. Am 10. Juni 1958 schlägt sie dann Alarm. „Vorschlag der Hauptabteilung V/1 zur Festnahme des Brandt [...] das vorliegende operative Material besteht aus inoffiziellen Berichten der Abteilung O, einer streng vertraulichen Übersetzung aus dem Russischen." Und weiter: „In dem angeführten Bericht der Freunde wird der Brandt belastet, seit dem Jahre 1956 mit der Westberliner Dienststelle des ‚Ost-Büros der SPD' in Verbindung zu stehen." Die Beweislage ist, wie hier eingeräumt wird, allerdings dürftig. Dennoch heißt es am Ende: „Auf Grund des vorliegenden operativen Materials ist der dringende Verdacht eines Verbrechens nach § 14 StEG gerechtfertigt."[367] Es wird für Heinz Brandt allerhöchste Zeit zu gehen.

Die Staatssicherheit behält ihn auch nach seiner Flucht am 14.September 1958 im Auge. Die Akte Brandt wird nicht geschlossen, im Gegenteil, alle Informationen, die man über ihn bekommen kann, werden weiter sorgfältig registriert und abgelegt, wie auch ein Brief, den er im Oktober 1958 an Freunde in der DDR über seine Fluchtmotive schreibt. Er habe damit bis zum letzten Moment gezögert, aber es sei lebensnotwendig gewesen. „Ich bin ganz einfach deshalb gegangen, weil ich nach zehn Jahren Nazikerker [...] keine Lust verspürte, in Mielkes Stasi-Keller zu landen. Du weißt, dass dieses zynisch von seinen eigenen Leuten ‚Mielkes Hotel' genannt wird. Ich bin von einem ehrlichen Genossen aus Mielkes Apparat dringend gewarnt worden, meine Familie und mich in Sicherheit zu bringen." Als ein Manifest kann man den Schlusssatz in diesem Brief lesen: „Es geht darum, für eine menschliche Gesellschaft [...] zu wirken, nicht aber für den totalitären Termitenstaat Stalins oder seiner Epigonen vom Schlage Ulbrichts."[368]

Dass er weiter unter Beobachtung steht, bleibt Brandt verborgen. Nach Maßnahmeplan vom 13. November 1958 ist seine Wohnung

in West-Berlin festzustellen, es sollen Spitzel zu Veranstaltungen geschickt werden, auf denen er auftritt. Ebenso werden verlässliche Auskunftspersonen in West-Berlin über ihn gesucht.[369]
Die „Kontaktperson“ Ulla wird zur Beobachtung der Kinder Brandts in Berlin-Zehlendorf abgestellt. Sie meldet am 24. November 1958 kein Ergebnis. Die Beobachtung hätte zudem abgebrochen werden müssen, weil sich in der Nähe „Stpos“ (also „Stumm-Polizisten“), aufhielten.[370]
Der operative Vorgang „Brandt“ trägt auch groteske Züge. Zwei leere Briefbögen aus Heinz Brandts Besitz werden ergebnislos nach Spuren einer Geheimschrift untersucht. Im Bericht vom 28. Dezember 1958 wird das Wohnhaus in der Mommsenstraße 55 in West-Berlin unter die Lupe genommen. Dort vermutet die Staatssicherheit den Wohnsitz Brandts. Die Wohnparteien sind akribisch festgehalten, Skizzen zum Grundriss des Hauses und zur Lage der Wohnungen werden angefertigt.[371]
Am 30. Dezember 1958 meldet ein gewisser „Wiesner“, Brandt hätte sich am Ku'damm mit einem anderen im Restaurant „Dicker Heinrich“ getroffen und in einem Hinterraum zwei halbe Brathähnchen verzehrt. „An Bier und Zigaretten wurde auch nicht gespart“, vermerkt der Beobachter. Dann seien Zeitungen ausgetauscht worden, „einige Blätter mit abgezogener Maschinenschrift“, man habe auch „ernst und ausgiebig“ diskutiert. „Die Zeche beglich ‚er‘, wobei für die Serviererin ein Extra-Trinkgeld abfiel“, heißt es detailliert im Bericht.[372]
„Wiesner“ meldet sich am 2. Januar 1959 noch einmal mit einer Personenbeschreibung Brandts und schlussfolgert: „Trotz der nicht schönen Visage zeigt er Selbstbewusstsein […] Verschlagenheit merkt man ihm nicht an, er befleißig sich, gemütlich zu erscheinen, so unkompliziert dürfte es aber nicht sein.“[373]
Als Heinz Brandt nach Frankfurt am Main geht, steht er unter direkter Beobachtung des Stasi-Agenten Hans Beyerlein, den er bei der IG Metall sicher nicht zufällig kennengelernt hat. Beyerlein ist verantwortlich für die Schulung von Betriebsräten der Gewerkschaft. Man lernt sich näher kennen, freundet sich schließlich an,

ist guter Hausnachbar. Die Staatssicherheit ist jetzt also über fast jeden Schritt Heinz Brandts informiert und kann in Ruhe seine „Ziehung" planen.
Außer Hans Beyerlein spielen noch Eva Walter und die Familie Ast Hauptrollen in dem folgenden Entführungsstück, das wieder einmal von langer Hand und ungestört vorbereitet wird.
Eva Walter wird am 12. November 1928 in Berlin-Lichtenberg als uneheliches Kind der Arbeiterin Margarete Marten geboren. Sie besucht Volksschule, dann die Mittelschule, erreicht wegen kriegsbedingter Evakuierung der Schule aber keine mittlere Reife. Es folgt eine Lehre in einer Spinnstofffabrik, nach Kriegsende ist sie in verschiedenen Arbeitsstellen beschäftigt, Pflege der an offener Tuberkulose erkrankten Mutter, die 1947 stirbt. Heirat mit einem Bautaucher im selben Jahr, 1948 selbst Erkrankung an Lungen-TBC, bis 1959 Beschäftigung im Finanzamt, danach Arbeit als Telefonistin im Fernamt, in einem Büchernachrichtendienst, dazwischen immer wieder Krankenhausaufenthalte. Am 29. Mai 1958 Scheidung der Ehe, aus der ein Kind hervorgegangen ist.[374]
Ab 1. Januar 1959 arbeitet Eva Walter dann als Bardame in der „Daddy-Bar" in der Nähe des Kurfürstendamms.
Eine vielversprechende Biografie für die Staatssicherheit: Walter ist eine Frau in schwacher sozialer Position, aber offensichtlich hartnäckig, zielstrebig, was sich an ihren immer neuen Anläufen, trotz Tuberkulose feste Arbeit zu finden, ablesen lässt. Schließlich ihr Sprung nach West-Berlin in die „Daddy-Bar". Aus ihr lässt sich bestimmt eine Informantin über sogenannte „West-Kreise", vielleicht gar ein Lockvogel machen. Möglich wäre ein Einsatz mit Bezug zu Heinz Brandt, dem die Staatssicherheit eine gewisse Schwäche für das weibliche Geschlecht nachweisen zu können glaubt. Zu Kontakten mit Walter kommt es durch eine andere „Eva", selbst Sekretärin im Ministerium für Staatssicherheit und die neue Freundin des Exmanns von Eva Walter, mit dem sie auch nach wie vor Kontakt hat. Bei einer Begegnung in der „Daddy-Bar" meldet „die andere Eva" ihrem Arbeitgeber am 12. Januar 1960 gleich eine Personenbeschreibung von Eva Walter: Sie sei „30 Jahre alt,

Eva Walter und Hans Beyerlein: zwei Drahtzieher der Verschleppung von Heinz Brandt, (Quelle: Revue, Nr. 25, 21.06.1964, BStU, AP 7720/08, Bd. 1, S. 132)

1,58 groß, habe langes mittelblondes Haar und eine gute Figur." Wichtiger für die Stasi ist noch diese Bemerkung: „In ihrem Benehmen ist sie sehr gewandt und sie versteht es, die Gäste gut und intelligent zu unterhalten."[375]
Von einem ersten Treffen am 10. Juni 1960 kann ein Oberstleutnant der Staatssicherheit bereits einen Tag später zu berichten: „Die Walter verzichtete auf jede Bedenkzeit und erklärte sich im Prinzip, ohne große Umschweife, für eine Zusammenarbeit mit dem MfS bereit." Nach Gesprächen über weltanschauliche Belange und Berufswünsche im kosmetischen Bereich kommt der Oberstleutnant zur Einschätzung, dass die Walter es verstehe, „mit Männern umzugehen, und diese beeindrucken kann". Sein abschließendes

Urteil: „Eine sehr brauchbare Person, die viele Fähigkeiten besitzt, die in der operativen Arbeit notwendig sind."[376]
Im Bericht vom 21. Juni wird schon angesprochen, wohin die Reise geht. Von ihren Kontakten zu einem prominenten Professor der Freien Universität, der in der linken Szene West-Berlins eine bedeutende Rolle spielt, ist die Rede. Er sei sehr an ihr interessiert. Die Stasi signalisiert: Eva Walter solle sich ruhig weiter mit ihm treffen, außerdem müsse man natürlich ein Zimmer für sie in West-Berlin für solche Treffen ins Auge fassen.[377]
Im „Vorschlag zur Werbung eines GI (Geheime Informantin) vom 30. Juni 1960 wird das „zukünftige Einsatzgebiet" von Eva Walter verdeutlicht. „Sie unterhält Beziehungen zu männlichen Personen in Westberlin, u. a. zu Professoren, Piloten der Pan American, Ingenieuren, Journalisten [...,] wodurch sie sich noch zusätzlich Geld verdient."[378]
Am 28. Juni kommt es schließlich zur Verpflichtung von Eva Walter. Sie erhält den Decknamen „Martina Matt", der auch aus einschlägigen Spionageromanen stammen könnte.

Nun kommt die Familie Ast ins Spiel, bei der Eva Walter ihr Zimmer für den „Westeinsatz" erhält. Helmut Ast und seine Frau arbeiten schon seit 1954 für den DDR-Staatssicherheitsdienst, sind erprobte Mitarbeiter, als sie auf die Bardame Eva Walter angesetzt werden. Als Fotograf hat Helmut Ast einschlägige Erfahrungen mit der Staatssicherheit, er arbeitet als Bildbeschaffer, lichtet fleißig westliche Agenturen ab, wie die Bürogebäude der KgU oder des UFJ. Unter dem Decknamen „Norge", seine Ehefrau läuft unter dem Decknamen „Vera", bringt er aber auch, wie in einem Stasi-Bericht vermerkt ist, interne Bilder bei.[379] Sind damit intime Fotos gemeint?
Hans Beyerlein bringt Eva Walter mit Heinz Brandt in der „Daddy-Bar" zusammen, Familie Ast bleibt im Hintergrund. Beim Gewerkschaftstag der IG Metall in West-Berlin im Oktober 1960 kommt es dort zu einem Treffen. Man trifft sich auch später, weil die beiden Berührungspunkte entdecken. Eva Walter erzählt

Heinz Brandt von der nationalsozialistischen Verfolgung ihrer Familie, er berichtet von seinen Erfahrungen in dieser dunklen Zeit. Am 18. Juni 1961, dem Entführungstag, kommt Brandt wieder nach West-Berlin, um über die Tagung der IG Handel, Banken und Versicherungen zu berichten. Ein Treffen mit Eva Walter ist ins Auge gefasst, zwischen zwei Terminen, denn Brandt ist an diesem Tag sehr beschäftigt.[380]

Wie die Entführung im Einzelnen stattfand, ist aus den Stasi-Akten ersichtlich. Heinz Brandt kann sich später nur daran erinnern, dass ihn Eva Walter zu einem Besuch in ihrer neuen Wohnung überredet habe, die müsse sie ihm unbedingt zeigen. Was dann geschieht, ist schon lange zuvor von der Staatssicherheit ausgekungelt worden. Im Treffbericht vom 17. März 1961, unterzeichnet von Major Heinz Volpert, der 1958 schon an der Entführung Erwin Neumanns beteiligt war, macht sich die Stasi Gedanken über das Umfeld der Wohnung von Eva Walter. Der Straßenverkehr solle beobachtet werden, besonders zwischen 23 Uhr und 3 Uhr nachts. Die Auskünfte seien günstig, der Aktion stünden bei einem Abtransport von Heinz Brandt keine Hindernisse im Wege. Es geht dann um die Beschaffung von Betäubungsmitteln, das geeignete Präparat ließe sich nur über eine westdeutsche Exportfirma besorgen. Das sei zu kompliziert und auch undurchführbar, wenn man jedes Aufsehen vermeiden wolle.[381] Im Treffbericht vom 25. Mai 1961 werden Fahrtstrecken von Berlin-Steglitz in den Osten durchdiskutiert (Ampeln? Ruhige Seitenstraßen?). Man müsse sie probeweise abfahren.[382]

Im Bericht vom 1. Juni 1961 wird die endgültige Route festgelegt. Über Potsdamer Straße zum Kleeblatt Zehlendorf sei ungünstig, man wolle über ruhige Nebenstraßen das Ziel erreichen. GM Norge (Helmut Ast) bemerkt noch, dass die maximale Fahrzeit von der neuen Wohnung Eva Walters „15–17 Minuten beträgt, bei einem Schnitt ca. 50 km/h.“ Schließlich wird im Bericht noch der Weg von der Wohnung zum Wagen erörtert. Vom GM Norge seien noch einmal Skizzen anzufertigen, um herauszufinden, „wieweit man vom Balkon des Wohnzimmers die Straße nach rechts und links einsehen" könne. „Aus der Tatsache heraus, dass die Aktion in Vorbereitung sei, wurde dem GM empfohlen, sich möglichst am Freitag, dem 2.6.1961 gegen 09.00 Uhr telefonisch zu melden."[383] Gut zwei Wochen später ändert sich Heinz Brandts Leben von heute auf morgen radikal.

Aus der akribischen Planung wird am 18. Juni Realität. Eva Walter bewirtet ihren Gast mit belegten Brötchen und Konfekt, es wird auch Whisky getrunken. Das Unheil nimmt seinen Lauf. Heinz Brandt beginnt sich unwohl zu fühlen, er will gehen, Eva Walter begleitet ihn ins Treppenhaus. Vor der Haustür wird ihm schwindelig, sie muss ihn stützen. Auf der Straße bricht er zusammen. Sie ruft um Hilfe, vier Männer, von der Stasi vor dem Haus in Wartestellung positioniert, eilen herbei, sie schleppen ihn zu einem Wagen und fahren davon.[384] Der OP-Vorgang „Rüssel" ist damit, wie im Abschlussbericht vom 15. März 1963 (!) vermerkt, erfolgreich beendet. Aber auch in dieser Akte wird der tatsächliche Ablauf verschleiert. Darin heißt es: „Brandt wurde am 16. Juni 1961 bei der Durchführung feindlicher Handlungen gegen die DDR in Bezirk Potsdam von den Sicherheitsorganen festgenommen." Weder der Zeitpunkt noch der Ort stimmen. Und von einer Verhaftung kann auch keine Rede sein.[385]

Gleich nach der Entführung wird Heinz Brandt mit einem unverfrorenen Vorschlag konfrontiert, ähnlich dem, den man Erwin Neumann drei Jahre zuvor gemacht hat. Brandt selbst hat es im *Stern* so geschildert. Zum ersten Verhör sei ein Hauptmann erschienen, der habe gemeint: „Du kannst morgen in einer Villa leben, mit Frau und Kindern, wenn du öffentlich erklärst, dass du freiwillig gekommen bist, wenn du gegen Remilitarisierung und Renazifizierung in der Bundesrepublik protestieren willst."[386]

Heinz Brandt lässt sich auf diesen Vorschlag nicht ein und gerät sogleich in die Vernehmungsmühle der Staatssicherheit in Berlin-Hohenschönhausen. Die Anklage ist bereits, auch hier gibt es Muster, vorformuliert und vom Politbüro der SED abgesegnet, das Urteil des Obersten Gerichtes der Deutschen Demokratischen

Republik entsprechend abgefasst. „Wegen schwerer Spionage, [...] staatsgefährdender Propaganda und Hetze im schweren Fall“ wird er am 10. Mai 1962 zu dreizehn Jahren Zuchthaus verurteilt.[387] Zum Verhängnis werden ihm auch Rundbriefe, die er vom Westen aus an vertrauenswürdige Genossen und Genossinnen in der DDR verschickt hat, wie den „Brief Nr. 3“ über Ulbricht mit dem Titel „Der deutsche Berija“. Die Staatssicherheit hat sie für den Prozess natürlich zur Hand.[388]

Wie manipuliert der ist, zeigt sich auch an anderen Indizien: Einen Verteidiger aus dem Westen, den die IG Metall stellen will, lässt das Gericht nicht zu, ebenso wenig Zeugen, die für Heinz Brandt hätten aussagen können. Brandt bekommt einen Pflichtverteidiger, Friedrich Wolff, der Vorsitzende des Berliner Anwaltskollegiums in der DDR, der in der Posse dieser Gerichtsverhandlung zwar nicht mitspielt, aber auch nicht viel erreichen kann. So fordert Wolff etwa eine öffentliche Verhandlung, was ihm verwehrt wird. Brandt taugt wohl nicht mehr für einen Schauprozess, den die Staatssicherheit eigentlich geplant hatte. Was hätte man an seinem Beispiel auch veranschaulichen können? Dass er für das Ost-Büro der SPD tätig war, kann weite Teile der Bevölkerung in der DDR nicht schrecken, dass er gegen das stalinistische System in der DDR anschrieb, hätte sicher auch den Beifall vieler Menschen dort gefunden.

Im Urteil werden dann die üblichen Phrasen der DDR-Gerichtsbarkeit abgespult. Mit Heinz Brandt stehen noch zwei weitere Angeklagte vor Gericht, was untermauern soll, dass es sich hier wahrhaft um ein Spionagenetz handelt, um eine Verschwörung, mit Verbindungen nicht nur zum Ost-Büro der SPD, sondern ebenso zu anderen Geheimdiensten. Auch in diesem Punkt kommt man über eine dürftige Beweislage nicht hinaus, die wieder dramatisiert werden muss. Der eine Agent hätte Informationen an den Bundesnachrichtendienst weitergegeben, der andere sei mit einem Agenten der CIA in Norwegen (!) zusammengekommen, heißt es in der Begründung des Gerichtsurteils. Heinz Brandt bekommt die höchste Strafe aller drei Angeklagten, weil ihm sowohl Spionage in der DDR als auch seine Flucht aus der DDR vorgeworfen werden. Er sei eben Verräter und Überläufer zugleich.[389]

Wie reagiert nun der Westen? Verbände, Organisationen im linken Spektrum, Gewerkschaften protestieren, auch alte Weggefährten, Freunde und natürlich Brandts Familie, darunter sein Großcousin, der Psychoanalytiker Erich Fromm. Die erste Empörung hält an, findet auch ein großes Medienecho und beschäftigt die westdeutsche Öffentlichkeit über Jahre. In einer Erklärung der Naturfreundejugend Deutschlands, Landesverband Hessen, vom 23. Mai 1962, heißt es beispielsweise: „Wir fordern: Freiheit für Heinz Brandt. Obwohl wir von dem Unrecht des Urteils gegen Heinz Brandt überzeugt sind, bieten sich 52 Facharbeiter an, jeweils ein Vierteljahr in einem Betrieb der DDR zu arbeiten, wenn sie Heinz Brandt freilassen."[390]
Auch im Ausland mehren sich kritische Stimmen. Der Literaturnobelpreisträger und Friedensaktivist Bertrand Russell protestiert und gibt schließlich die Carl-von-Ossietzky-Medaille zurück, die ihm am 4. Mai 1963 vom staatsnahen Deutschen Friedensrat in Ost-Berlin verliehen worden ist. Solange Brandt in Haft sei, könne er diese Auszeichnung nicht behalten. In der Zeitschrift *War Resistance*, dem Organ der Internationale der Kriegsdienstgegner, wird eine Sympathieadresse mit Langzeitwirkung gedruckt, die das Komitee zum Schutze der Menschenrechte am 8. August 1962 gleich an das Justizministerium der DDR weiterreicht: "Certainly Heinz Brandt must be held in high regard by his fellow workers and we must hope that some way can be found, to secure his release and return to his family."[391] („Gewiss genießt Heinz Brandt bei seinen Arbeitskollegen ein hohes Ansehen, und wir müssen darauf hoffen, dass ein Weg gefunden wird, seine Freilassung und Rückkehr zu seiner Familie zu erwirken.")
Mit Heinz Brandt erklärt Amnesty International erstmals einen Häftling zum „Gefangenen des Jahres", und auch die UNO beschäftigt sich mit dem Fall. Aus der DDR kommen die üblichen Reaktionen: Nicht antworten, vorgeben, nichts zu wissen, oder

einfach ignorieren. Der Sturm wird sich irgendwann schon legen, so war es bisher immer gewesen.

Am 27. Juli 1962 wird Heinz Brandt nach Bautzen II in die Sonderhaftanstalt der Stasi überstellt, als ob es die vielen Proteste niemals gegeben hätte. Ihn ereilt dasselbe Schicksal wie das von vielen Häftlingen vor ihm, wie etwa Karl Wilhelm Fricke, der Jahre zuvor dort festgehalten wurde. So wie alle anderen Gefangenen vor ihm, ist er dort „Nummernhäftling". Im Januar 1964 versucht die Staatssicherheit Heinz Brandt noch einmal umzudrehen. Man fährt ihn nach Berlin, er wird dort zwei Staatsanwälten vorgeführt. Vor ihnen, und damit amtlich beglaubigt, soll er ein Reuebekenntnis aufschreiben und seine republikflüchtige Familie öffentlich wirksam bitten, in die sozialistische Heimat zurückzukehren. Dann käme er sofort frei. Diesen verspäteten Kniefall verweigert Brandt. Er wird nach Bautzen II zurücktransportiert.
Vor Brandt liegt nun jahrelanger Zuchthausaufenthalt. Da kommt ihm eine Krankheit zu Hilfe, die er sich in den Konzentrationslagern der Nazis zugezogen hat, eine Verkrümmung des vierten und fünften Fingers der rechten Hand. Diese verschlimmere sich, schreibt er seiner Frau, und die Ärzte in Bautzen fänden eine Operation hilfreich, die sich allerdings auch kompliziert gestalten könne. Von diesem Brief informiert seine Frau den Ost-Berliner Anwalt Friedrich Wolff, der nun eine Besuchserlaubnis beantragen kann, weil außerordentliche Umstände vorliegen. Bei dem Besuch des Anwalts entwickelt Heinz Brandt eine List, die ihm eine vorzeitige Entlassung bringen wird. Er sagt dem Anwalt, in „Zwanzig-Zeilen-Briefen" an seine Frau habe er die Rolle Hans Beyerleins an seiner Entführung angedeutet, auch die Rolle von Eva Walter und Details seiner Entführung. Im Westen würde man auf diese Enthüllungen sicherlich reagieren und damit zwangsläufig dem Ansehen der DDR schaden. Er selbst wäre nun bereit, im Fall einer Freilassung eine DDR-Erklärung zu akzeptieren, in der seine Entführung als Handlung untergeordneter Stellen, als Panne dargestellt würde. Friedrich Wolff verabschiedet sich, wie Brandt

sich erinnert, „ein wenig blass“ und mit der Bemerkung, „mein Vorschlag klinge zwar bestechend [...], doch könne er sich schwer vorstellen, dass man da oben schon so weit sei, um derart zu verfahren.“ Dass er die Informationen an geeigneter Stelle weitergegeben hat, erfährt Heinz Brandt am 10. Mai 1964. Man bringt ihn zum SSD-Verbindungsoffizier, Brandt solle doch endlich einlenken, er sei ja nicht mehr der Jüngste und wolle doch nicht viele Jahre im Zuchthaus schmoren. Das Gespräch endet ohne Resultat. Dies ist ein letzter Versuch, den Häftling 558 doch noch zur Zusammenarbeit mit der Stasi zu bewegen. Jetzt geht alles sehr schnell, denn man hat vorgebaut, falls sich Heinz Brandt wieder verweigert. Am nächsten Morgen wird er mit einem Privatwagen nach Lichtenberg in Ost-Berlin geschafft, diesmal ohne Handschellen. Dort eröffnet man ihm, es läge ein Begnadigungsvorschlag des Staatsrates der DDR vor, die Urkunde mit der Unterschrift Walter Ulbrichts bekäme er wenig später ausgehändigt. Brandt erhält neue Kleidung und den Lohn für seine Arbeit in Bautzen ausgezahlt – abzüglich Kost und Logis. Man entlässt ihn nach Ost-Berlin. Er kommt bei seinen Schwiegereltern in Pankow unter und erhält dort bald von einem Anwalt der IG Metall Besuch, der ihm beim Abfassen eines Ausreisegesuches hilft. Am Donnerstag, acht Tage nach seiner Fahrt von Bautzen nach Berlin, liegt die Ausreisegenehmigung vor. Heinz Brandt kann die DDR, in die er „illegal“ gekommen war, „legal“ verlassen.[392]

Ob Brandt tatsächlich wegen seiner Drohung gegenüber Rechtsanwalt Wolff im Zuchthaus Bautzen II begnadigt wurde oder weil der internationale Druck seiner Fürsprecher zu groß wurde, lässt sich im Nachhinein nicht eindeutig beantworten. „Eine Erklärung der DDR“ bleibt jedenfalls aus, im Gegenteil, der Allgemeine Deutsche Nachrichtendienst (ADN), die Nachrichten- und Bildagentur der DDR, strickt gleich nach Brandts Rückkehr in die Bundesrepublik an einer neuen Legende. Er sei von der „Bonner Politischen Polizei“ (was auch immer das sein mochte) an einen geheim gehaltenen Ort gebracht worden, an dem man ihn für anstehende Pressekonferenzen vorbereite. „Aus allen Begleitumständen des gegenwärtigen Aufenthaltes Heinz Brandts in Westdeutschland und seines gestrigen Auftretens ist unschwer zu erkennen, dass der 1961 auf dem Boden der DDR straffällig gewordenen Brandt sich jetzt unter dem Druck der Bonner Ultras dazu hergibt, eine nicht den Tatsachen entsprechende Erklärung vorzulesen." Damit meint der ADN die „propagierte angebliche Verschleppung."[393]

Als Heinz Brandt wieder im Westen auftaucht, verschwindet Hans Beyerlein von der Bildfläche. Aus Wien erhält die IG Metall seinen Kündigungsbrief. Zu diesem Schritt würden ihn „wichtige persönliche Gründe" bewegen, aber er fühle sich „der IG Metall weiterhin verbunden".[394] Dann setzt er sich nach Ost-Berlin ab.
Eva Walter und Familie Ast werden schon kurz nach der Entführung vom Operationsgebiet West-Berlin in die DDR zurückgeholt. Der Fall hat zu viel Aufsehen erregt und man befürchtet ihre Dekonspirierung, was im Sprachgebrauch der Stasi auch hier heißt: „die Offenlegung ihrer Rolle in dem operativen Vorgang". Eva Walter bekommt „für besondere Verdienste bei der Aufdeckung der Pläne der Feinde unserer Republik und den dadurch geleisteten Beitrag im Kampf um die Einheit Deutschlands" 4.000 Ostmark zuerkannt.[395] Dass Menschenraub der Einheit Deutschlands dienen soll, ist eine besonders groteske Pirouette, die die Strategen für Propaganda im Ministerium für Staatssicherheit auf dem Eis des Kalten Krieges drehen. Die Prämie für Menschenraub ist von Mielke höchstpersönlich unterschrieben. Walter ist nach dieser Auszeichnung als Verkäuferin in der Schreibwarenbranche beschäftigt, sie holt ihren Sohn aus dem Heim. Nachdem sie bei den Treffs mit ihrem Führungsoffizier durchblicken lässt, sie wolle sich beruflich weiterqualifizieren, wird sie bei der *Jungen Welt*, der FDJ-Tageszeitung, beschäftigt. Zwischen 1962 und 1964 besucht sie mehrere Lehrgänge an Betriebsakademien und einen Redakteurslehrgang beim Verband Deutscher Journalisten. 1966 wechselt Eva Marten, die wieder ihren Mädchennamen angenommen hat, zum Deutschen Fernsehfunk. In der Abschlussbeurteilung vom *Verlag Junge Welt* wird neben ihrer beruflichen Qualifikation

ihre Einsatzbereitschaft in der Gewerkschaftsorganisation hervorgehoben. Erwähnt wird auch, dass sie inzwischen Kandidatin der Sozialistischen Einheitspartei ist. Der Lockvogel von einst ist in der DDR-Gesellschaft angekommen.[396]
Helmut Ast wird mit einer Prämie in gleicher Höhe bedacht. Auch dieser Entführer habe sich, wie ihm in der Urkunde bestätigt wird, „um die Einheit Deutschlands" verdient gemacht. Sein weiteres Leben allerdings verläuft nicht so glatt wie bei Eva Walter/Marten. Er wird zunächst bei der Stasi in der Abteilung Agitation eingesetzt, bekommt dann allerdings Schwierigkeiten, weil er sich, wie in einem Lebenslauf vom 26. September 1984 festgehalten ist, dauernd verplappere und Geheimnisse ausplaudere: In der „Kurzfassung bedeutungsvoller persönlicher Daten" heißt es: „Entpflichtung, da mehrfache Dekonspiration (erzählte über Aktion ‚H. B.')".[397]
Helmut Ast will dann mit seiner neuen Ehefrau in die Bundesrepublik ausreisen, die Staatssicherheit hält ihn in einer vierstündigen Aussprache davon ab. „Beide versprachen, sich so zu verhalten, dass sie nicht negativ auffallen", ist in einem Bericht des zentralen Operativstabes vom 23. Oktober 1984 festgehalten. Man wolle bei der Beschaffung einer neuen Wohnung und Arbeitsstelle behilflich sein, „eine Reisesperre nach der BRD und WB ist eingeleitet".[398]
Im Vorgang Helmut Ast taucht auch ein alter Bekannter wieder auf, Kurt Schliep, der Entführer Paul Behms. Er hat es inzwischen zum Major und Leiter im Referat Sonderfragen bei der Staatssicherheit gebracht. Über Ast urteilt er, dass dieser aufgrund seines früheren Lebenswegs Probleme habe, „unseren gesellschaftlichen Entwicklungsprozess in seiner Kompliziertheit zu begreifen". Der Mann muss sich auskennen, war er doch selber ein Wanderer zwischen West und Ost.[399]

Heinz Brandt arbeitet nach seiner Rückkehr wieder als Redakteur bei der Zeitung *Metall*. Mit seinem Großcousin Erich Fromm und anderen wirbt er für einen humanen Sozialismus, er engagiert sich mit DGB-Mitgliedern in der Friedensbewegung. Mit Rudi Dutschke beteiligt er sich am langen Gründungsprozess der Grünen, tritt aus der Partei aber wieder aus, weil er sie „in Sektiererhand" sieht. Brandt bleibt ein Unbequemer auch im Westen, der nicht aufhört, für einen linken Humanismus zu kämpfen. „Ich fühlte mich in meinem Wesen erfüllt und bestätigt, weil ich mit meiner Illusion nicht meine Vision verlor, aus der Vergangenheit nicht die Asche, sondern das Feuer in die Zukunft nahm", zitiert ihn *Welt am Sonntag* in einem Beitrag zur Zeitgeschichte vom 12. Juni 2011.[400]

EIN NACHWORT – DER FALL REINHARD GEHLEN

Im Rahmen der Stasi-Offensive „Konzentrierte Schläge“ sollte auch der ehemalige Generalmajor der Wehrmacht und nunmehrige Chef der „Organisation Gehlen“, Reinhard Gehlen, entführt und damit dieser unter dem Schutz amerikanischer Geheimdienste stehende deutsche Nachrichtendienst empfindlich geschwächt werden. Reinhard Gehlen hat die Organisation gegründet und ihr seinen Namen gegeben. Im Krieg war er Chef der Abteilung Fremde Heere Ost, die für die nachrichtendienstliche Aufklärung an der Ostfront sorgen sollte. Schon früh erkannte Gehlen die Niederlage des Hitler-Regimes, sicherte Informationen und diente sich mit diesen und seinen geheimdienstlichen Erfahrungen den Amerikanern an, die ihn nun unterstützten und ihm für seine Aktivitäten die nötigen Freiräume verschafften. In den USA wird er schließlich auf kommende Aufgaben vorbereitet.

Im Juli 1946 kehrt Gehlen nach Deutschland zurück. Der nach ihm benannte Auslandsnachrichtendienst ist den Amerikanern unterstellt, er residiert zunächst in Oberursel, seit Dezember 1947 im bayrischen Pullach. Gehlen operiert aber nicht nur von Pullach aus, sondern ist auch in West-Berlin mit Büro und Leuten präsent. Auf ihn wird nun der GM „Otto Freitag“ angesetzt, der in der Bundesrepublik operiert. Dieser soll Gehlen höchstpersönlich schleusen, und dafür braucht man viel Geld, viel Zeit und viel Personal. Schließlich geht es hier um eine Entführung nicht einfach über die Sektorengrenzen West-Berlins, sondern von der Bundesrepublik aus vielleicht über den Umweg eines Zwischenlandes in die DDR.

Ab Ende 1954 bis Oktober 1955 arbeitet Otto Freitag an der Planung der Aktion „Jäger“, wie der operative Plan zur Schleusung Gehlens heißt. Der Wohnort Gehlens wird aufwendig observiert, Skizzen von der Villa am Berg, des Grundstückes und der Umgebung angefertigt, die Arbeitswege Gehlens mehrmals abgefahren, Gewohnheiten und Eigenarten aufgelistet, seine Bekanntschaften, Arbeitskollegen und die Familie ausgeforscht. An alles wird gedacht, auch daran, dass man ihm nicht auf dem Weg zu seinem Büro folgen kann. Gehlen würde mit 130 Stundenkilometern über schmale Landstraßen rasen, da würde ein anderes Auto mit gleicher Geschwindigkeit sofort auffallen. Ein Entführungsauto mit entsprechend großem Kofferraum wird angeschafft und ein ganzes Haus nebst Einrichtung, um die Truppe für die Aktion „Jäger" unverdächtig unterzubringen. Schleusungsvarianten werden ausgekundschaftet, eine Route soll über die Tschechoslowakei führen, andere Routen lieber über Bayern nach Thüringen gehen, schließlich auch eine über Salzburg und Linz in die sowjetisch besetzte Zone Österreichs und von dort in den Machtbereich Ulbrichts. Die Zeit drängt, im Staatsvertrag vom 15. Mai 1955 einigen sich Österreich und die Alliierten auf den Abzug ihrer Truppen bis zum 25. Oktober 1955. Schlimmer noch für Mielke: Adenauer selbst fährt vom 9. bis 13. September 1955 mit einer Regierungsdelegation nach Moskau, um die Aufnahme diplomatischer Beziehungen mit der Sowjetunion und die Freilassung deutscher Kriegsgefangener zu verhandeln. Tauwetter droht. Mielke fordert den sofortigen Zugriff, um mit seinen Entführungsplänen nicht zu spät zu kommen. Im September 1955 soll es losgehen, zwei Kommandos der Staatssicherheit sind vor Ort, zwei Fahrzeuge stehen bereit. Der Zugriff ist an einem Abend Ende September vorgesehen, zwei Mann sind für den Transport des „Pakets" bestimmt, in dem Gehlen „gut verschnürt" außer Landes gebracht werden soll. Österreich wird wieder in Erwägung gezogen. Dann kommt die kalte Dusche, die Aktion „Jäger" wird von heute auf morgen auf Wink der Sowjets abgeblasen. Mielke soll getobt haben. Die geplante Entführung passe nicht mehr in die politische Landschaft, heißt es in Moskau. Die verstärkte wirtschaftliche Zusammenarbeit zwischen der Bundesrepublik und der Sowjetunion ist wichtiger als die Entführung eines westdeutschen Geheimdienstchefs.

Die Übernahme der „Organisation Gehlen“ in den bundesdeutschen Geheimdienst war überdies am 11. Juli 1955 vom Adenauer-Kabinett abgesegnet worden.[401] Am 1. April 1956 erfolgt dann die offizielle Gründung des Bundesnachrichtendienstes.

Die abgeblasene Entführung von Reinhard Gehlen zeigt die Grenzen der Methode „Menschenraub“ auf, sie zeigt auch, wie unverhältnismäßig der Aufwand im Vergleich zum politischen Nutzen war. Die Gegner des Sozialismus in den Farben der DDR ließen sich nicht einschüchtern, traf es einen von ihnen, war ihm Solidarität, Empörung und Unterstützung gewiss. So profitierten sogenannte „Feind“-Organisationen wie die KgU oder der UFJ von den Verschleppungen und Entführungen. Ihre finanziellen Mittel wurden immer dann aufgestockt, wenn wieder ein Menschenraub publik wurde, dafür sorgte die West-Berliner und bundesrepublikanische Politik. Westliche Geheimdienste ließen sich durch solche Methoden der Staatssicherheit schon gar nicht verunsichern. Menschenraub war in ihren Reihen eine Quantité négligeable, zeigte eher die Hilflosigkeit der anderen Seite und den Mangel an einem durchdachten Konzept im Geheimdienstkrieg. Terror gegen Einzelne, denn nichts anderes war Menschenraub, war für sie ein antiquiertes Mittel. Die Sache war zu grob angelegt und passte eher zu den Ringvereinen der 20er Jahre, also zu Verbrecherorganisationen aus dieser Zeit, die Erich Mielke aus eigenem Erleben sehr gut kannte, nicht aber zu modernen Geheimdiensten und ihren nachrichtendienstlichen Aktivitäten schon in den 50er Jahren. Auch die DDR-Bevölkerung wurde durch Menschenraub nicht unbedingt in Angst und Schrecken versetzt. Zum Teil erfolgte er im Verborgenen, und wenn das Opfer in Schauprozessen vorgeführt wurde, geschah es immer nach dem gleichen Muster. Auch diese Propaganda wirkte ermüdend. Der Informationsfluss von Ost nach West, ein weiteres wichtiges Ziel der Stasi, wurde durch die Entführungen nur zeitweilig eingeschränkt. Dies geschah immer dann, wenn die Geraubten ihre Kontaktleute in der DDR

preisgaben, was trotz langwieriger Vernehmungen aber nicht sehr häufig vorkam.
Einen auf den ersten Blick überraschenden Effekt hatten die Entführungen dennoch. Sie waren für die Staatssicherheit selbst nützlich. Zur Durchführung waren viel Geld und große Apparate notwendig. Die Entführer mussten nach gelungener Tat auch versorgt werden. Im Zuge der Verschleppungsaktionen wurde die Staatssicherheit personell und finanziell aufgerüstet und entwickelte sich neben der SED zur mächtigsten Organisation in der DDR. Zumindest Erich Mielke und die Genossen der „Firma" profitierten also letzten Endes vom Menschenraub. Sie nutzten ihn, um sich als Schild und Schwert der Partei für die SED als wirksames Instrument der Überwachung, Kontrolle und dem Ausschalten der Feinde des Sozialismus unersetzbar zu machen.

„‚Menschenraub' ist nicht nur Geschichte, sondern verweist auch auf unsere gewalttätige und kriegerische Gegenwart", habe ich in meiner Einleitung zu diesem Buch geschrieben. In den Krisengebieten der Welt wird nicht nur gefoltert und getötet, sondern werden auch Menschen verschleppt und entführt, wenn sie der einen oder anderen Konfliktpartei im Wege stehen. Im Amnesty-Bericht vom 11. Juli 2014 werden die Vereinten Nationen zitiert, die in der Ukraine 222 Entführungen in den drei Monaten zuvor aufgelistet hatten. Diese Statistik ließe sich beliebig fortsetzen. Einfach Menschen verschwinden zu lassen, bleibt ein probates Mittel, um Widerstand zu brechen und missliebige Personen, die den eigenen Machtanspruch gefährden, aus dem Verkehr zu ziehen. Der Kalte Krieg zeigt bis heute sein hässliches Gesicht.

Anmerkungen

1 Susanne Muhle: Auftrag Menschenraub. Entführungen von Westberlinern und Bundesbürgern durch das Ministerium für Staatssicherheit der DDR, Göttingen 2015, S. 31.
2 Joachim Gauck: Winter im Sommer – Frühling im Herbst. Erinnerungen, München 2009, S. 295.
3 Vgl. „Ein Agent ging verloren". Die Menschenraub-Aktionen der DDR-Staatssicherheit, in: Der Spiegel, 5/1992, S. 76 f.
4 Zit. nach Karl Wilhelm Fricke/Roger Engelmann: „Konzentrierte Schläge". Staatssicherheitsaktionen und politische Prozesse in der DDR 1953–1956, Berlin 1998, S. 39.
5 Vgl. Materialien der Enquete-Kommission: Überwindung der Folgen der SED-Diktatur im Prozess der deutschen Einheit, Band VIII/2, hg. vom Deutschen Bundestag, Baden-Baden 1995, S. 1181.
6 Vgl. Drei gefährliche Worte, in: Der Abend, 12.03.1952.
7 Vgl. Wolfgang Bauernfeind: Tonspuren. Das Haus des Rundfunks in Berlin, Berlin 2010, S. 88.
8 Vgl. „ICH BIN KEIN LUMP, HERR MIELKE!". Vom Schicksal „Kutschi" Müllers, des ehemaligen Bundestagsabgeordneten und zweiten Vorsitzenden der früheren Kommunistischen Partei in der Bundesrepublik. Ein Nachwort zu der SPIEGEL-Serie: „Ich bin ein Lump, Herr Staatsanwalt!", in: Der Spiegel, 5/1957, S. 30–37.
9 Vgl. Fricke/Engelmann, „Konzentrierte Schläge" (wie Anm. 4), S. 90.
10 Vgl. Materialien der Enquete-Kommission (wie Anm. 5), S. 1187 f.
11 Vgl. BStU, MfS, AU 104/90, Bd. 1, S. 18.
12 Vgl. ebd., Bd. 2, S. 100–127.
13 Ebd., Bd. 1, S. 18.
14 Vgl. ebd.
15 „ICH BIN KEIN LUMP, HERR MIELKE!" (wie Anm. 8), Zitate S. 31.
16 Vgl. ebd., S. 32.
17 Vgl. BStU, MfS, AU 104/90, Bd. 1, S. 23.
18 Vgl. Freies Volk. Zentralorgan der Kommunistischen Partei Deutschlands, 05.08.1949.
19 BStU, MfS, AU 104/90, Bd. 2, S. 21.
20 Vgl. ebd., S. 22.
21 „ICH BIN KEIN LUMP, HERR MIELKE" (wie Anm. 8), S. 31.
22 Ebd., S. 32.
23 Vgl. BStU, MfS, KS I 13/84, S. 133 ff.
24 Peter Weiss: Die Ästhetik des Widerstands, 3 Bde. in einem Bd., Frankfurt am Main 1983, Bd. 1, S. 260 f., Bd. 2, S. 249.
25 BStU, MfS, ZAIG/Tb, S. 282 f.
26 Vgl. BStU, MfS, KS I, 13/48, S. 135.
27 Vgl. BStU, MfS, BCD/1057, S. 13. – „Zielvier" ist die Modellbezeichnung für ein Zielfernrohr der Firma Zeiss mit 4-facher Vergrößerung.

28 László Rajk und Komplizen vor dem Volksgericht, Budapest [1949]. Im gleichen Jahr erscheint das Buch in leicht geänderter Form bei Dietz in Ost-Berlin. Für die zweite Auflage 1950 (31.000–50.000) schreibt der SED-Politiker Kurt Hager ein Vorwort.
29 Vgl. BStU, MfS, AU 104/00, B. 2, S. 104.
30 BStU, MfS, AU 104/90, Bd. 1, S. 24, 29f., 32, 35.
31 „ICH BIN KEIN LUMP, HERR MIELKE" (wie Anm. 8), S. 33.
32 BStU, MfS, AU 104/90, Bd. 2, S. 102, 104.
33 „ICH BIN KEIN LUMP, HERR MIELKE" (wie Anm. 8), S. 36.
34 Vgl. ebd., S. 36f.
35 BStU, MfS, AU 194/90, Bd. 8, S. 7.
36 Ebd., S. 8f.
37 Vgl. „ICH BIN KEIN LUMP, HERR MIELKE" (wie Anm. 8), S. 35.
38 Vgl. BStU, MfS, AU 104/90, Bd. 8, S. 44ff., 23.
39 Ebd., S. 24,f.
40 Ebd., S. 14ff.
41 Vgl. BStU, MfS, AU 104/90, Bd. 2, S. 100–127.
42 BStU, MfS, ZAIG/Tb, S. 275.
43 Die Organisation „Freiheit"-Aktion der Jugend war eine inoffizielle Außenstelle des Gesamtdeutschen Ministeriums und verbreitete diverse Kampfschriften zur Entwicklung in der SBZ/DDR. Vgl. Klaus Körner: Politische Broschüren im Kalten Krieg 1947 bis 1963, Abschnitt „SBZ von A–Z" – gesamtdeutsche Broschüren?, online: www.dhm.de/archiv/ausstellungen/kalter_krieg/brosch_04.htm (09.06.2016).
44 Vgl. Menschenraub. Überfallen und in die Zone entführt, hg. von „Freiheit"-Aktion der Jugend, 3. Aufl., Düsseldorf 1956, S. 15.
45 Ebd.
46 Vgl. BStU, MfS, AP 15637/56, S. 24ff.
47 Vgl. ebd., S. 117ff.
48 Ebd., S. 26.
49 Ebd., S. 26f.
50 Ebd., S. 30f.
51 Ebd., S. 163f.
52 Die „Kammer der Technik" war eine vom FDGB 1946 gegründete Organisation, die durch Beauftragte der SED geleitet wurde. Hinter dem nebulösen Begriff verbarg sich ein Innovationszentrum, in dem Ingenieure, Techniker, Wissenschaftler sowie „hervorragende Arbeiter und Neuerer" an neuen Produktionsverfahren arbeiteten, die den „Sozialismus" voranbringen sollten. Insbesondere ging es um die „Durchsetzung des wissenschaftlich-technischen Fortschritts" in der Praxis. Vgl. Kammer der Technik, in: Meyers Neues Lexikon, Bd. 7, 2., völlig neu erarb. Aufl., Leipzig 1973, S. 277.
53 BStU, MfS, AP 3424/69, S. 45f., 61.
54 Vgl. BStU, MfS, AP 15026/56, S. 12.
55 Das Dezernat AK 4 der Abteilung K ist für „Sonderaufträge" zuständig. Vgl. Remo Kroll: Die Kriminalpolizei im Ostteil Berlins (1945–1990), Berlin 2012, S. 38f.

56 Vgl. BStU, MfS, AIM 3424/69, S. 62 f.
57 Vgl. BStU, MfS, AP 15637/56, S. 57 f.
58 BArch, NS-Archiv des MfS, ZA I 7681, S. 37.
59 BStU, MfS, AP 15637/56, S. 37 ff.
60 Ebd., S. 39 ff.
61 Vgl. BStU, MfS, AIM 3424/69, S. 65 ff.
62 Vgl. BStU, MfS, AP 15637/56, S. 68 f.
63 Ebd., S. 72.
64 BStU, MfS, AP 15677/56, S. 86.
65 Vgl. BStU, MfS, AP 15637/56, S. 175 f.
66 Ebd., S. 159 f.
67 Ebd., S. 169 f.
68 Vgl. BStU, MfS, AP 15026/56, S. 14 f.
69 Ebd., S. 228 f.
70 Vgl. ebd., S. 25 f.
71 Vgl. Landesarchiv Berlin (im Folgenden LA Berlin), Rep. 058, Nr. 8953, S. 7 f.
72 BStU, MfS, AIM 3424/69, S. 69 f.
73 Vgl. Wieder ein Menschenraub in West-Berlin, in: Der Tagesspiegel, 31.07.1959, anlässlich der Entführung Karl Pawliks am 23. Juli 1959, und Unter Anklage des Menschenraubs, in: Der Tagesspiegel, 03.12.1960, zum Prozess gegen Günter Benke vor dem West-Berliner Landgericht, der am 2. Dezember 1960 begann.
74 Vgl. BStU, MfS, AU 8431/65 P1, S. 35–38.
75 Vgl. BStU, MfS, AU 8431/65 A1, S. 7 ff.
76 Vgl. BStU, MfS, AU 8431/65 P1, S. 18 ff.
77 Vgl. ebd., S. 51 ff.
78 Vgl. BStU, MfS, F/O AU 34/60, Bd. 1, S. 31–34.
79 Vgl. ebd., Bd. 3, S. 134 ff.
80 BStU, MfS, F/O AU 39/60, Bd. 3, S. 169–175.
81 Vgl. ebd., S. 197–204.
82 Vgl. ebd., S. 303 f.
83 Vgl. BStU, MfS, HA IX 367, S. 60, 74.
84 Vgl. BStU, MfS, AU 8431/65 P1, S. 85–89.
85 Vgl. ebd., S. 61 f.
86 Vgl. Einer der gemeinen Menschenräuber. Endlich gefaßt, in: Berliner Zeitung, 02.09.1959.
87 LA Berlin, B Rep. 058, Nr. 8546, S. 2.
88 Vgl. ebd., S. 7 ff. – Dass Pervitin zur Betäubung zum Einsatz kommen sollte, mutet allerdings merkwürdig an, da es sich bei diesem Rauschmittel um ein „ermüdungsverscheuchendes Mittel“ handelt. Vgl. Alexander Elster/Heinrich Lingemann: Handwörterbuch der Kriminologie, 2., völlig neu bearb. Aufl., hg. von Rudolf Sieverts und Hans Joachim Schneider, Berlin (West) 1977, S. 473.
89 Vgl. ebd., S. 89.
90 Vgl. ebd., S. 16–22.
91 LA Berlin B Rep. 058, Nr.8547, S. 3.
92 BStU, MfS, AU 8431/65 P1, S. 95 ff.

93 Ebd., S. 131 ff.
94 Vgl. ebd., S. 138 ff.
95 Ebd., S. 176.
96 Vgl. BStU, MfS, AU 8431/63 P 1, S. 214 f.
97 Vgl. Fricke/Engelmann, Konzentrierte Schläge (wie Anm. 4), S. 83, 86.
98 Vgl. BStU, MfS, AU 1377/58, Bd. 5, S. 31 f.
99 Die UGO hatte sich 1948 vom FDGB abgespalten und sich dann 1950 als West-Berliner Landesbezirk dem DGB angeschlossen.
100 Vgl. BStU, MfS, AOP 693/57, S. 19.
101 Vgl. ebd., S. 30, 32.
102 Ebd., S. 54.
103 Ebd., S. 101.
104 LA Berlin, E Rep. 200–78, lfd. Nr. 38, Flugblatt der Kampfgruppe gegen Unmenschlichkeit, Berlin 1951.
105 Vgl. Rudi Beckert: Die erste und letzte Instanz. Schau- und Geheimprozesse vor dem Obersten Gericht der DDR, Goldbach 1995, S. 235 ff.
106 Vgl. TILLICH. Später Werwolf, in: Der Spiegel 27/1958, S. 28–37.
107 BStU, MfS, AIM 8027/62, S. 109.
108 Ebd., S. 62.
109 Vgl. ebd., S. 15.
110 Vgl. ebd., S. 38.
111 Umgangssprachliche Bezeichnung (auch kurz Stupo) für die West-Berliner Polizisten unter dem damaligen Polizeipräsidenten Dr. Johannes Stumm.
112 Ebd., S. 42.
113 Vgl. BStU, MfS, AU 1377/58, Bd. 5, S. 5 f.
114 Ebd., S. 30–50, Zitat S. 35.
115 Vgl. ebd., Bd. 29, S. 2 ff.
116 BArch, DP3/70, S. 222.
117 Online: www.verfassungen.de/de/ddr/ddr49-i.htm (16.06.2016).
118 BArch, DP1/8066, S. 2.
119 Vgl. BStU, MfS, AIM 8027/62, S. 40.
120 Vgl. ebd., S. 41.
121 Vgl. ebd., S. 44.
122 Benannt ist er nach dem Widerstandskämpfer gegen den Nationalsozialismus und 1944 hingerichteten Georg Groscurth. Seine Witwe, die West-Berliner Ärztin Anneliese Groscurth, wird zur Mitarbeit im Präsidium eingeladen.
123 Ebd., S. 45 f.
124 Vgl. LA Berlin, Rep. 058, Nr. 9245, S. 18.
125 Vgl. BStU, MfS, AIM 8027/62 P1, S. 15 ff.
126 Vgl. ebd., S. 61 ff.
127 Vgl. ebd., S. 87, 66, 102, 106.
128 Ebd., S. 108.
129 BStU, MfS, AU 1377/58, Bd. 34, S. 18.
130 Ebd., S. 19.
131 Vgl. ebd., Bd. 43, S. 119.

132 Ebd., Bd. 34, S. 20.
133 Vgl. BStU, MfS, HA IX 367, S. 1/73.
134 Vgl. BStU, MfS, HA IX 16478, S. 66, 225.
135 Vgl. Menschenraub (wie Anm. 44), S. 33f.
136 Vgl. Die umstrittene Kampfgruppe. Sind Jugendliche politisch mißbraucht worden?, in: Badische Zeitung, 11.11.1952; Kontroverse um die „Kampfgruppe". Der Bund hat die Zahlungen eingestellt/Weiterhin amerikanische Gelder, in: Frankfurter Allgemeine Zeitung, 08.11.1952.
137 „Generalkriegsvertrag" war die DDR-offizielle Bezeichnung für den „Vertrag über die Beziehungen zwischen der Bundesrepublik Deutschland und den Drei Mächten" (d.h. den West-Alliierten) vom Mai 1952.
138 Todesurteil und hohe Zuchthausstrafen im Prozeß gegen amerikanische Agenten und Terroristen, in: Neues Deutschland, 10.08.1952.
139 Vgl. BStU, MfS, AS 109/79, S. 15f.
140 Vgl. Rainer Hildebrandt: Wer ist Wolfgang Kaiser?, in: Der Tagesspiegel, 29.08.1952.
141 Vgl. BStU, MfS, AU 241/52, Bd. 4, S. 39f.
142 Vgl. ebd., Bd. 1, S. 25f.
143 Vgl. ebd., S. 26.
144 Ebd., S. 16f.
145 Ebd., S. 19.
146 Vgl. BStU, MfS, AP 690/56, S. 67, 69.
147 Vgl. So sehen sie aus, die amerikanischen Terroristen und Spione. Aus dem Protokoll der Verhandlung gegen vier Agenten der Terror-, Mord- und Spionageorganisation „Kampfgruppe gegen Unmenschlichkeit", in: Neues Deutschland, 10.08.1952. Das SED-Zentralorgan gab Teile der Gerichtsverhandlung wortwörtlich wieder, allerdings ohne den Zusatz Ernst Melsheimers, „bei bestmöglicher intravenöser Anwendung". Wie hätte man eine Massenvergiftung mit Spritzen in den Arm auch bewerkstelligen können?
148 Vgl. BStU, MfS, AS 109/79, S. 47f.
149 Vgl Gerhard Finn: Nichtstun ist Mord. Die Kampfgruppe gegen Unmenschlichkeit. KgU, Bad Münstereifel 2000, S. 130–134.
150 Vgl. Menschenraub (wie Anm. 44), S. 33f.
151 Vgl. BStU, MfS, AS 109/79, S. 51.
152 Vgl. BStU, MfS, AU241/52, Bd. 4, S. 35.
153 Vgl. ebd., S. 39.
154 Vgl. ebd., Bd. 4, S. 41f.
155 Vgl. Siegfried Mampel: Entführungsfall Dr. Walter Linse – Menschenraub und Justizmord als Mittel des Staatsterrors, 3. Aufl., Berlin 2006, S. 35. Zu Linse siehe auch: Benno Kirsch: Walter Linse. 1903 - 1953 - 1996, Dresden 2007; Klaus Bästlein: Vom NS-Täter zum Opfer des Stalinismus: Dr. Walter Linse, Berlin 2008.
156 Der Untersuchungsausschuss befindet sich in der Limastraße 29, Berlin-Zehlendorf, nicht weit weg von Linses Wohnung. Das Haus Velsen, erbaut vom berühmten Stadtarchitekten Hans Muthesius Ende der 1920er Jahre, ist eine erste Adresse in West-Berlin. Vgl. zum Ausschuss: Frank Hagemann: Der

Untersuchungsausschuss Freiheitlicher Juristen 1949 bis 1969, Frankfurt am Main u. a. 1994.
157 Vgl. Menschenraub (wie Anm. 44), S. 25 f.
158 Vgl. BStU, MfS, GH 105/57, Bd. 5., S. 41–44.
159 Vgl. Mampel, Entführungsfall (wie Anm. 154), S. 12 f.
160 Ebd., S. 14.
161 Ebd., S. 15.
162 Vgl. ebd., S. 15, 18.
163 Zit. nach ebd., S. 16 ff.
164 Menschenraub (wie Anm. 44), S. 26.
165 Vgl. Mampel, Entführungsfall (wie Anm. 155), S. 23 ff.
166 Vgl. BStU, MfS, AIM 1639/61; BStU, MfS, 105/57, Bd. 1/1, S. 14 ff.
167 Zit. nach Mampel, Entführungsfall (wie Anm. 155), S. 19 f.
168 BStU, ASt. Schwerin, BV Swn, AIM 234/61, S. 65.
169 Vgl. ebd., S. 20.
170 Mampel, Entführungsfall (wie Anm. 155), S. 19, 143.
171 Vgl. ebd., S. 37.
172 Vgl. ebd.
173 Vgl. BStU, MfS, GH 105/57, Bd. 1, S. 136.
174 Vgl. ebd., Bd. 2, S. 7, 9 f., 18, 36 f., 39, 81, 101, 103, 153 f., 285, 358 ff.
175 Vgl. Mampel, Entführungsfall (wie Anm. 155), S. 26 f.
176 Vgl. ebd., S. 33, 35.
177 Vgl. BStU, ASt. Schwerin, BV Swn, AIM 234/61, S. 112 f., 123, 189, 192, 195.
178 Vgl. Mampel, Entführungsfall (wie Anm. 155), S. 36.
179 Vgl. BStU, MfS, Beiakte zu 2 JS 431/91, S. 15.
180 Vgl. Zuchthaus für Linse-Entführer, in: Berliner Morgenpost, 05.06.1954.
181 Aufnahme beim NWDR, Strafsache gegen Knobloch. Vgl. auch Abschrift in LA Berlin, Rep. 058, Nr. 2907, S. 3 f.
182 LA Berlin, Rep. 058, Nr. 2907, S. 36 a.
183 Ebd., S. 37.
184 Ebd.
185 Mampel, Entführungsfall (wie Anm. 155), S. 28 ff.
186 Zit. nach Jochen Staadt/Tobias Vogt: Tod im Sprenggarten, in: Frankfurter Allgemeine Sonntagszeitung, 12.05.2013.
187 Zit. nach Mampel, Entführungsfall (wie Anm. 155), S. 52.
188 Zit. nach ebd., S. 62.
189 Zit. nach ebd., S. 63.
190 Vgl. ebd., S. 64.
191 Vgl. Siegfried Mampel: Der Untergrundkampf des Ministeriums für Staatssicherheit gegen den Untersuchungsausschuss Freiheitlicher Juristen in West-Berlin, Berlin 1999, S. 49.
192 Vgl. BStU, MfS, KS 5453/90, S. 87–90.
193 Vgl. Detlef Kühn: Ein eingefleischter Feind der DDR. Die Entführung des UFJ-Mitarbeiters Erwin Neumann durch Angehörige des MfS 1958, in: Deutschlandarchiv 6/2000, S. 914–922; BStU, MfS, AIM 6041/57, Bd. 1, S. 7 f., 35–40.

194 Vgl. Mampel, Der Untergrundkampf (wie Anm. 191), S. 31.
195 Gespräch mit Detlef Kühn am 23. Juli 2015 in Berlin.
196 Vgl. Kühn, Ein eingefleischter Feind (wie Anm. 193), S. 917.
197 BStU, MfS, 1725/64, Bd. 45b, S. 10; vgl. auch Mampel, Der Untergrundkampf (wie Anm. 191), S. 49.
198 BStU, MfS, Aktion Unruhe 1725/64, Bd. 45b, S. 2; vgl. auch Mampel, Der Untergrundkampf (wie Anm. 191), S. 50.
199 Vgl. BStU, MfS, AIM 6041/57, Bd. 6, S. 27–32.
200 BStU, MfS, AU 217/90, Bd. 1, S. 44 f.
201 Vgl. ebd., S. 98 f.
202 Ebd., Bd. 6, S. 15.
203 Ebd., Bd. 1, S. 122 f.
204 Vgl. ebd., Bd. 1, S. 133–142.
205 Ebd., Bd. 1, S. 184.
206 Vgl. ebd., Bd. 6, S. 40–54.
207 Vgl. BStU, MfS, AU 217/40, Bd. 8, S. 63–79.
208 Kühn, Ein eingefleischter Feind (wie Anm. 193), S. 920.
209 Vgl. ebd. Siehe auch: Detlef Kühn: Das Gesamtdeutsche Institut im Visier der Staatssicherheit, Berlin 2011.
210 Vgl. Ein eingefleischter Feind (wie Anm. 193), S. 918.
211 BStU, MfS, KS 5453/90, S. 101–106.
212 Vgl. BStU, MfS, AU 217/90, Bd. 4, S. 6.
213 „Auf dem 15. Plenum des ZK der SED wird auf Betreiben Walter Ulbrichts ausführlich das Versagen der Staatssicherheit thematisiert. Wilhelm Zaisser und der Chefredakteur des Neuen Deutschlands Rudolf Herrnstadt werden aus dem Politbüro ausgeschlossen und von sämtlichen Parteifunktionen entbunden." Säuberungswelle in der SED und „Innere Staatsgründung", online: www.bstu.bund.de/DE/Wissen/DDRGeschichte/17-juni-1953/Chronologie/_node.html (20.06.2016).
214 Vgl. BStU, MfS, AU 399/55, Bd. 8, S. 19 f.
215 Vgl. ebd., S. 21.
216 Vgl. ebd., S. 24.
217 Vgl. ebd., S. 25.
218 Vgl. BStU, MfS, AU 104/90, Bd. 8, S. 20 ff.
219 Vgl. BStU, MfS, AU 399/55, Bd. 8, S. 48.
220 Vgl. ebd., Bd. 4, S. 18.
221 BStU, MfS, AIM 439/47, AB 1, S. 168.
222 Vgl. ebd.
223 Vgl. BStU, MfS, AIM 439/57 P, S. 47.
224 Vgl. ebd., S. 22, 33.
225 Vgl. ebd., S. 43.
226 Vgl. BStU, MfS, AU 399/55, Bd. 9, S. 4, 7.
227 Vgl. ebd., S. 11.
228 Vgl. ebd., Bd. 5, S. 226.
229 Zu Christiansen vgl. Anne Schubert/Peter Seifert: „Die Aktion Christiansen".

Zur Entführung eines thüringischen SED-Funktionärs durch das MfS, Erfurt 2007.

230 Vgl. BStU, MfS, AU 399/55, Bd. 5, S. 221.

231 BStU, MfS, AU 300/55, Bd. 10, Handakte, S. 36–44.

232 Vgl. BStU, MfS, AIM 439/57 P, S. 54.

233 Ebd., S. 56.

234 Ebd., S. 62.

235 Vgl. ebd., S. 94.

236 BStU, MfS, AU 399/55, Bd. 8, S. 48.

237 Vgl. BStU, MfS; AU 399/55, B.10, Handakte, S. 61.

238 Vgl. ebd., S. 68.

239 Vgl. ebd., S. 70.

240 Vgl. Peter Erler: „Lager X". Das Haftarbeitslager des MfS in Berlin-Hohenschönhausen, in: Horch und Guck, 20/1997, S. 33–42, online: www.horch-und-guck.info/hug/archiv/1996-1999/heft-20/02009-erler/ (20.06.2016).

241 Vgl. BStU, MfS, AU 399/55, S. 7.

242 Ebd., S. 1.

243 Vgl. BStU, MfS, ZA, AU 772/90, S. 27.

244 Rasende Sensationen in Westberlin und im RIAS, Rundfunk der DDR, 07.04.1955. Rundfunkarchiv des RIAS, jetzt Deutschlandradio, Chronologische Aufstellung der im Politischen Bandarchiv befindlichen Ost-Mitschnitte von 1945–11.8.1961.

245 BStU, MfS, ZA KS II–549/89, Teil I, S. 69. Vgl. auch Karl Wilhelm Fricke: Akten-Einsicht. Rekonstruktion einer politischen Verfolgung, 4., durchges. und aktual. Aufl., Berlin 1997, S. 53 f.

246 Vgl. dazu auch Peter Erler: Ein Opfer des Stalinismus? Das Ergebnis einer biographischen Recherche, in: Deutschlandarchiv 1/1995, S. 47–53.

247 Vgl. BStU, MfS, ZA, KS II–549/88, Teil II, 1, S. 10; Fricke, Akten-Einsicht (wie Anm. 245), S. 56 ff.

248 Vgl. Fricke, Akten-Einsicht (wie Anm. 245), S. 58.

249 BStU, MfS, AIM 4225/61, P, S. 7.

250 Vgl. BStU, MfS, AIM 4225/61, S. 11.

251 Vgl. ebd., S. 8, 57.

252 Vgl. BStU, MfS, ZA, AOP 22/67, Bd. 5, S. 207; Fricke, Akten-Einsicht (wie Anm. 245), S. 40.

253 Vgl. BStU, MfS, ZA, AOP 22/67, Bd. 5, S. 128; Fricke, Akten-Einsicht (wie Anm. 245), S. 39.

254 BStU, MfS, ZA, AOP 22/67, Bd. 5, S. 147; vgl. Fricke, Akten-Einsicht (wie Anm. 245), S. 39.

255 Gespräch mit Karl Wilhelm Fricke am 5. Oktober 2011 in Köln.

256 Menschenraub und Rechtsbeugung. Wie die sowjetische Justiz einen illegalen Gewaltakt legalisierte, in: SBZ-Archiv 12/1959, 14/1959 und 20/1959, S. 12–18, hier S. 13.

257 Gespräch mit Karl Wilhelm Fricke am 5. Oktober 2011 in Köln.

258 Vgl. ebd.

259 Vgl. Fricke, Akten-Einsicht (wie Anm. 245), S. 51 f.
260 Menschenraub und Rechtsbeugung (wie Anm. 256), S. 13.
261 Vgl. Gespräch mit Karl Wilhelm Fricke am 5. Oktober 2011 in Köln.
262 Menschenraub und Rechtsbeugung (wie Anm. 256), hier S. 13.
263 Vgl.: Nach der Vernehmung geflohen, in: Der Tag, 07.04.1955; Polizei ließ SSD-Agenten entkommen, in: Der Abend, 07.04.1955.
264 Vgl.: Mitarbeiter der Gehlen-Organisation stellte sich Staatsorganen der DDR, in: Neues Deutschland, 07.04.1955.
265 Vgl. Menschenraub und Rechtsbeugung (wie Anm. 256), S. 14.
266 BStU, MfS, AU 86/56, Bd. 4, S. 2.
267 Vgl. Menschenraub und Rechtsbeugung (wie Anm. 256), S. 15.
268 Gespräch mit Karl Wilhelm Fricke am 5. Oktober 2011 in Köln.
269 Ebd.
270 Vgl. Fricke, Akten-Einsicht (wie Anm. 245), S. 118–143.
271 Vgl. BStU, MfS, AU 86/56, Bd. 4, S. 56, 59.
272 Vize-Generalstaatsanwalt Bruno Haid hatte laut Fricke in einem Schreiben die Abteilung „Staatliche Verwaltung im Zentralkomitee der SED“ über seine Absicht informiert, 15 Jahre Zuchthaus für den Angeklagten zu beantragen. Später hätte Staatsanwalt Löser dann eine Anklageschrift mit einer zu beantragenden Strafe von vier Jahren eingereicht. Vgl. Karl-Wilhelm Fricke: Politik und Justiz in der DDR. Zur Geschichte der politischen Verfolgung 1945–1968. Bericht und Dokumentation, Köln 1979, S. 22.
273 Menschenraub in Berlin. Karl Wilhelm Fricke über seine Erlebnisse, hg. vom Rheinischen Merkur, 4. Aufl., Bonn 1960, S. 27.
274 Vgl. Gespräch mit Karl Wilhelm Fricke am 5. Oktober 2011 in Köln.
275 D.i. Lenin: Der „Linke Radikalismus“, die Kinderkrankheit im Kommunismus (1920).
276 Vgl. Gespräch mit Karl Wilhelm Fricke am 5. Oktober 2011 in Köln.
277 Vgl. ebd.
278 Vgl. BStU, MfS, KS-549/89, Teil 1, S. 22; Fricke, Akten-Einsicht (wie Anm. 245), S. 59.
279 Vgl. BStU, MfS, BV Rst KS 19/60, S. 40 f.
280 Vgl. Fricke, Akten-Einsicht (wie Anm. 245), S. 61 f.
281 Vgl. Materialien der Enquete-Kommission (wie Anm. 5), S. 1195.
282 SFB-Sendung „Hier spricht Berlin“, 1959. Undatierter Mitschnitt im rbb-Archiv.
283 BStU, MfS, AFO 281/83, S. 84 f.
284 Vgl. BStU, MfS, AU 163/55, Bd. 14, S. 2f.
285 Gespräch mit Klaus Bölling am 24.06.2012 in Berlin. Gespräch mit Klaus Peter Herz am 12.06.2012 in Berlin.
286 Vgl. Vernehmungsprotokoll Ewald Christiansen im Prozess Paul Behm, BStU, MfS, AU 399/55, Bd. 7, S. 178.
287 BStU, MfS, AU 163/55, Bd. 14, S. 8 ff.
288 Vgl. Neue Entführungsversuche des SD-Konfekt war präpariert, in: Telegraf, 06.04.1955; Menschenraub jetzt unauffälliger? Vergiftete Pralinen-Entführung einer Mitarbeiterin des RIAS mißglückt, in: Tagesspiegel, 06.44.1955;

Hohe Strafe für Menschenräuber. Wollwebers neue Methode, in: Telegraf, 19.05.1955.

289 Rasende Sensationen in Westberlin und im RIAS (wie Anm. 244).

290 Hohe Strafe für Menschenräuber (wie Anm. 288).

291 Vgl. den Mitschnitt des *RIAS*, der den ganzen Prozess gegen Gerhard Beck aufzeichnete, u. a. mit Zeugenaussagen Franz Siegels, seiner Frau und des behandelnden Arztes von Elisabeth Thum. Abteilung Politik vom 17.05.1955, Archiv des Deutschlandradios, Nr. Z097208, Z0977061. Vgl. auch die Unterlagen im LA Berlin zum Prozess (Ermittlungsakten und Vernehmungsprotokolle). LA Berlin, B. Rep. 058, Nr. 954.

292 Vgl. LA Berlin, B Rep. 058, Nr. 950, S. 121.

293 BStU, MfS, AIM 4009/92, S. 8.

294 Ebd., S. 75. Sowohl der IM-Name als auch die Bezeichnung sind hier falsch geschrieben. Richtig wäre GHI (= Geheimer Hauptinformator) „Reinhard".

295 Vgl. Gespräch mit Klaus Peter Herz am 12.6.2012 in Berlin.

296 Vgl. BStU, MfS, AFO 81/83, S. 86.

297 Vgl. Adolf Klimanschewsky an Richard Baier, Brief vom 22.02.1991, Privatbesitz Richard Baier.

298 Vgl. Bauernfeind, Tonspuren (wie Anm. 7), S. 158 f.

299 Die 1949 gegründete Zeitschrift *Der Illustrierte Boxring* wird 1953 bereits wieder eingestellt.

300 Richard Baier: Meine Erlebnisse um den 17. Juni 1953, vorgetragen 2013, Privatbesitz Richard Baier.

301 Vgl. BStU, MfS, AU 163/55, Bd. 5, S. 19.

302 BStU, MfS, AOP 214/57, S. 29.

303 Ebd., S. 50.

304 Vgl. ebd., S. 73.

305 Ebd., S. 78.

306 BStU, MfS, AU 163/55, HA/GA, Bd. 2, S. 7.

307 BStU, MfS, AU 163/55, Bd. 2, S. 76.

308 Zit. nach Karl Wilhelm Fricke: Der DDR-Schauprozess gegen den RIAS. Todesurteil auf „Vorschlag" Walter Ulbrichts vor fünfzig Jahren, in: Politische Meinung, Nr. 427, Juni 2005, S. 63–67, hier S. 65.

309 Ulbrichts Vorschläge zu den Beschuldigten Wiebach und Benkowitz, S. 279. Kopie der Originalakten, Privatbesitz Richard Baier.

310 Vgl. Fricke, Der DDR-Schauprozess (wie Anm. 308), S. 65; Fricke/Engelmann, „Konzentrierte Schläge" (wie Anm. 4), Kap. 6.6.: Der RIAS vor Gericht - der Fall Joachim Wiebach und andere, S. 169–180, hier S. 175.

311 Kopie der Originalakten, Privatbesitz Richard Baier.

312 BStU, MfS, AU 163/55, Bd. 6, S. 369.

313 Vgl. ebd., Bd. 22, S. 13.

314 Vgl. Gespräche mit Richard Baier 2008 in Berlin.

315 BStU, MfS, Pdm, AOP 1766/82 I, S. 142.

316 Vgl. ebd., III, S. 103.

317 Vgl. BStU, MfS, Pdm, AP 70/33 I, S. 13.

318 Ebd., S. 15.
319 Vgl. Gespräche mit Richard Baier 2008 in Berlin.
320 Vgl. BBC, deutschsprachiger Dienst, Interview mit Robert Bialek, 10. April 1954; Wolfgang Bauernfeind/Helmut Schneider: Der Fall Robert Bialek (Feature), SFB/Radio Bremen, 1994, rbb-Archiv.
321 Robert Bialek: Lebensbeichte (Aufzeichnungen nach der Flucht Bialeks aus der DDR 1954), Privatbesitz Familie Bialek, unpaginiert.
322 Ebd.
323 BStU, MfS, AOP 249/56, Bd. 1, S. 47.
324 Bialek, Lebensbeichte (wie Anm. 321); vgl. Bauernfeind/Schneider, Der Fall Robert Bialek (wie Anm. 320).
325 Vgl. Bialek, Lebensbeichte (wie Anm. 321); vgl. Bauernfeind/Schneider, Der Fall Robert Bialek (wie Anm. 320).
326 BStU, MfS, AOP 249/56, Bd. 1, S. 9.
327 Vgl. ebd., S. 10.
328 BStU, MfS, AOP 249/56, Bd. 1, S. 13.
329 Ebd., S. 14f.
330 Bialek, Lebensbeichte (wie Anm. 321).
331 Vgl. BStU, MfS, AOP 249/56, Bd. 1, S. 33.
332 Vgl. ebd., S. 35f.
333 Vgl. Bauernfeind/Schneider, Der Fall Robert Bialek (wie Anm. 320).
334 BStU, MfS, AOP 249/56, Bd. 1, S. 50.
335 Bauernfeind/Schneider, Der Fall Robert Bialek (wie Anm. 320).
336 BStU, MfS, AOP, Bd. 3, S. 241.
337 Bauernfeind/Schneider, Der Fall Robert Bialek (wie Anm. 320).
338 Vgl. BStU, MfS, AIM 442/57 P, S. 50–53.
339 Vgl. ebd., S. 18ff.
340 Vgl. ebd., S. 76f., 83, 119.
341 Vgl. ebd., S. 118–121.
342 Vgl. BStU, MfS, AIM 442/57 A/I, S. 216.
343 BStU, MfS, AIM 442/57 A/2, S. 11f.
344 Vgl. BStU, MfS, AOP 249/56, Bd. 2, S. 126f.
345 Vgl. ebd., S. 129ff.
346 Die Erstausgabe erschien 1955 bei Kiepenheuer & Witsch, Köln.
347 BStU, MfS, AIM 442/57 A/2, S. 102–106.
348 Vgl. BStU, MfS, AOP 249/eg, Bd. 2, S. 185–189.
349 BStU, MfS, AIM 442/57 A/2, S. 179.
350 Ebd., S. 237–242.
351 Vgl. Bauernfeind/Schneider, Der Fall Robert Bialek (wie Anm. 320).
352 BStU, MfS, AOP 249/56, Bd. 2, S. 378.
353 Vgl. ebd., S. 288.
354 Ebd., S. 320.
355 BStU, MfS, AOP 249/57, Bd. 2, S. 379.
356 Vgl. BStU, MfS, AOP 249/56, Bd. 3, S. 370ff.; vgl. Bauernfeind/Schneider, Der Fall Robert Bialek (wie Anm. 320).

357 Vgl. BStU, MfS, AOP 249/56, Bd. 3, S. 379.
358 Ebd., S. 383.
359 Gespräch mit Karl Wilhelm Fricke am 5. Oktober 2011 in Köln.
360 Vgl. BStU, MfS, AOP 249/56, Bd. 3, S. 400.
361 Kurt Blecha: Offener Brief an die Redaktion der Zeitung der IG Metall in Frankfurt(Main), in: Neues Deutschland, 30.06.1961. Blecha ist zu der Zeit Leiter des Presseamtes Berlin beim Ministerpräsidenten der DDR.
362 Vgl. HEINZ BRANDT. Zu spät, in: Der Spiegel, 26/1964, S. 40 ff.
363 Vgl. Carola Stern: Der Fall Heinz Brandt – Tatsachen und Hintergründe des jüngsten Menschenraubes aus Westberlin, in: SBZ-Archiv, 1962, S. 23 f.
364 BStU, MfS, AOP 4617/63, Bd. 2, S. 61.
365 Ebd., S. 39 f.
366 Vgl. ebd., Bd. 1, S. 26.
367 Ebd., S. 53 f.
368 Ebd., S. 22 f.
369 Vgl. ebd., S. 38 ff.
370 Vgl. ebd., S. 86.
371 Vgl. ebd., S. 89, 181 ff.
372 Vgl. ebd., S. 188.
373 Ebd., Bd. 3, S. 29.
374 Vgl. BStU, MfS, AIM 12056/64 P, S. 38 f.
375 Ebd., S. 20.
376 Ebd., S. 28–31.
377 Vgl. ebd., S. 44 ff.
378 Ebd., S. 51.
379 Vgl. BStU, MfS, AIM 6039/57, S. 49 ff.; AIM 6039/57 P 2a, S. 88 ff.
380 Vgl. Erkennungszeichen Teddybär. Heinz Brandt aus dem Zonenzuchthaus Bautzen heimgekehrt, berichtet über seine Entführung, in: Stern, Nr. 24, 14.06.1964, S. 97–100. Diesen Artikel habe ich auch in den Stasi-Akten gefunden. Vgl. BStU, MfS, AP 7720/68, Bd. 1, S. 109–113.
381 Vgl. BStU, MfS, AIM 6939/57, A5a, S. 32 ff.
382 Vgl. ebd., S. 61 ff.
383 Ebd., S. 64 f.
384 Vgl. Erkennungszeichen Teddybär (wie Anm. 380), S. 99.
385 BStU, MfS, AOP 4617/69, Bd. 4, S. 148.
386 Erkennungszeichen Teddybär (wie Anm. 380), S. 99.
387 Vgl. BArch, DP 1, Archivnummer 246, S. 71.
388 Vgl. BStU, MfS, AOP 4617/69, Bd. 2, S. 190–194.
389 Vgl. BArch, DP 1, Archivnummer 246, S. 70–99.
390 Ebd., S. 104.
391 Ebd., S. 109.
392 Vgl. Heinz Brandt: Ein Besucher im Gefängnis (unveröffentlicht), S. 29 f.; vgl. auch Heinz Brandt: Ein Traum, der nicht entführbar ist, München 1967, S. 333 ff.

393 BStU, MfS, AP 7720/68, Bd. 1, S. 83 f.

394 Vgl. BRANDT-ENTFÜHRUNG. Asts abgesägt, in: Der Spiegel, 24/1964, S. 33 f.

395 Vgl. BStU, MfS, AP 7720/68, Bd. 2, S. 155.

396 Vgl. ebd., S. 155, 201.

397 BStU, MfS, AIM 6039/57, Bd. 6, S. 12.

398 Vgl. BStU, MfS, AIM 6039/57, Bd. 6, S. 21.

399 Vgl. BStU, MfS, AIM 15351/69, P, Bd. 1. S. 15.

400 Er nahm sich die Freiheit. Wie die Stasi vor 50 Jahren Heinz Brandt, den Widerstandskämpfer gegen Nazis und Kommunisten, aus West-Berlin in den Osten entführte, in: Welt am Sonntag, 12.06.2011, online: www.welt.de/print/wams/vermischtes/article13425895/Er-nahm-sich-die-Freiheit.html (24.06.2016).

401 Vgl. Hermann Bubke: Der Einsatz des Stasi- und KGB-Spions Otto Freitag im München der Nachkriegszeit, Hamburg 2004, S. 85–107.

QUELLEN UND LITERATUR

Quellen

Archive
Bundesarchiv
Der Bundesbeauftragte für die Unterlagen des Staatssicherheitsdienstes der ehemaligen DDR (BStU)
Deutsches Rundfunkarchiv (DRA), Frankfurt und Potsdam
Landesarchiv Berlin
Schallarchiv des Deutschlandradios, Köln
Zeitungsarchiv des Rundfunks Berlin-Brandenburg

Presse
Badische Zeitung
Berliner Morgenpost
Berliner Zeitung
Der Abend
Der Spiegel
Der Tag
Der Tagesspiegel
Der Telegraf
Die Welt
Frankfurter Allgemeine Zeitung
Freies Volk. Zentralorgan der Kommunistischen Partei Deutschlands
Neues Deutschland
Spandauer Volksblatt

Zeitzeugen
Richard Baier
Klaus Bölling
Karl Wilhelm Fricke
Klaus Peter Herz
Detlef Kühn

Literatur

Primärliteratur

Baier, Richard: Meine Erlebnisse um den 17. Juni 1953, vorgetragen 2013, Privatbesitz Richard Baier

Bialek, Robert: Lebensbeichte (Aufzeichnungen nach seiner Flucht aus der DDR 1954), Privatbesitz Familie Bialek

Fricke, Karl Wilhelm: Akten-Einsicht. Rekonstruktion einer politischen Verfolgung, 4., durchges. und aktual. Aufl., Berlin 1997

Fricke, Karl Wilhelm/Klewin, Silke: Bautzen II. Sonderhaftanstalt unter MfS-Kontrolle. 1956 bis 1989. Bericht und Dokumentation, hg. von der Stiftung Sächsische Gedenkstätten, 3., aktual. Aufl., Dresden 2007

Fricke, Karl Wilhelm/Engelmann, Roger: „Konzentrierte Schläge". Staatssicherheitsaktionen und politische Prozesse in der DDR 1953–1956, Berlin 1998

Gauck, Joachim: Winter im Sommer – Frühling im Herbst. Erinnerungen, München 2009

Knabe, Hubertus (Hg.): Gefangen in Hohenschönhausen. Stasi-Häftlinge berichten, Berlin 2007

Rüegg, Peter: Wenn Mielke unterschrieben hätte … Vorschlag: Todesstrafe, Berlin 2005

Stern, Carola: Doppelleben, 2. Aufl., Reinbeck b. Hamburg 2002

Sekundärliteratur

Guntolf Herzberg: Rudolf Bahros „Alternative" – zur Entstehungsgeschichte des Buches, in: Horch und Guck. Zeitschrift zur kritischen Aufarbeitung der SED-Diktatur, Heft 22, 1998, S. 1–9.

Bästlein, Klaus: Vom NS-Täter zum Opfer des Stalinismus: Dr. Walter Linse, Berlin 2008

Bauernfeind, Wolfgang: Tonspuren. Das Haus des Rundfunks in Berlin, Berlin 2010

Beckert, Rudi: Die erste und letzte Instanz. Schau- und Geheimprozesse vor dem Obersten Gericht der DDR, Goldbach 1995

Brandt, Heinz: Ein Besucher im Gefängnis (unveröffentlicht)

Bubke, Hermann: Der Einsatz des Stasi- und KGB-Spions Otto Freitag im München der Nachkriegszeit, Hamburg 2004

Erler, Peter: Ein Opfer des Stalinismus? Das Ergebnis einer biographischen Recherche, in: Deutschlandarchiv 1/1995, S. 47–53

Erler, Peter: Vom MGB zum MfS/SfS. Die Übernahme sowjetischer Haftorte und die Entwicklung des Gefängniswesens der DDR-Staatssicherheit., in: ZdF, 33/2013, S. 36–56

Finn, Gerhard: Nichtstun ist Mord. Die Kampfgruppe gegen Unmenschlichkeit. KgU, Bad Münstereifel 2000

Flessing, Eberhard: Müller, Kurt, in: Neue Deutsche Biographie, Bd. 18 (1997), S. 450 f.

Fricke, Karl Wilhelm: Der DDR-Schauprozess gegen den RIAS. Todesurteil auf „Vorschlag“ Walter Ulbrichts vor fünfzig Jahren, in: Politische Meinung, Nr. 427, Juni 2005
Fricke, Karl Wilhelm: Politik und Justiz in der DDR. Zur Geschichte der politischen Verfolgung 1945–1968. Bericht und Dokumentation, Köln 1979
Hagemann, Frank: Der Untersuchungsausschuss Freiheitlicher Juristen 1949 bis 1969, Frankfurt am Main u. a. 1994
Herms, Michael/Noack, Gerd: Aufstieg und Fall des Robert Bialek, Berlin 1998
Heitzer, Enrico: Die Kampfgruppe gegen Unmenschlichkeit (KgU). Widerstand und Spionage im Kalten Krieg 1948–1959, Weimar/Wien 2015
Kirsch, Benno: Walter Linse. 1903 - 1953 - 1996, Dresden 2007
Kühn, Detlef: Ein eingefleischter Feind der DDR. Die Entführung des UFJ-Mitarbeiters Erwin Neumann durch Angehörige des MfS 1958, in: Deutschlandarchiv 6/2000, S. 914–922
Kuschel, Franziska: „Die Agentenzentrale RIAS muß liquidiert werden ...“. Die Kampagne der DDR gegen den RIAS 1954/55, unveröffentlichte Magisterarbeit Humboldt Universität Berlin 2006
Mampel, Siegfried: Der Untergrundkampf des Ministeriums für Staatssicherheit gegen den Untersuchungsausschuß Freiheitlicher Juristen in West-Berlin, Berlin 1999
Mampel, Siegfried: Entführungsfall Dr. Walter Linse – Menschenraub und Justizmord als Mittel des Staatsterrors, 3. Aufl., Berlin 2006
Materialien der Enquete-Kommission. Überwindung der Folgen der SED-Diktatur im Prozess der deutschen Einheit, Band VIII/2, hg. vom Deutschen Bundestag, Baden-Baden 1995
Menschenraub in Berlin. Karl Wilhelm Fricke über seine Erlebnisse, hg. vom Rheinischen Merkur, 4. Aufl., Bonn 1960
Menschenraub. Überfallen und in die Zone entführt, hg. von der „Freiheit“-Aktion der Jugend, 3. Aufl., Bonn 1956
Menschenraub und Rechtsbeugung. Wie die sowjetische Justiz einen illegalen Gewaltakt legalisierte, in: SBZ-Archiv 12/1959, 14/1959 und 20/1959, S. 12–18
Muhle, Susanne: Auftrag Menschenraub. Entführungen von Westberlinern und Bundesbürgern durch das Ministerium für Staatssicherheit der DDR, Göttingen 2015
Smith jr., Arthur L.: Stadt des Menschenraubs. Berlin 1945–1961, übers. von Hermann Graml, Bremerhaven 2004 (Original: Kidnap City: Cold War Berlin, London 2002)
Stern, Carola: Der Fall Heinz Brandt – Tatsachen und Hintergründe des jüngsten Menschenraubes aus Westberlin, in: SBZ-Archiv, 1962, S. 23 f.

Tonaufnahmen

Bauernfeind, Wolfgang/Schneider, Helmuth: Der Fall Robert Bialek (Feature), SFB/Radio Bremen 1994

ABKÜRZUNGSVERZEICHNIS

ADN	Allgemeiner Deutscher Nachrichtendienst
BBC	British Broadcasting Cooperation
BStU	Behörde des Bundesbeauftragten für die Stasi-Unterlagen
CIA	Central Intelligence Agency
DEFA	Deutsche Film AG
DIA	Deutscher Innen- und Außenhandel
DSF	Gesellschaft für Deutsch-Sowjetische Freundschaft
FDGB	Freier Deutscher Gewerkschaftsbund
FDJ	Freie Deutsche Jugend
GI	Geheimer Informator
GM	Geheimer Mitarbeiter
HICOG	High Commissioner of Germany
HJ	Hitler-Jugend
HO	Handelsorganisation (in der DDR)
HV	Hauptverwaltung
IG	Industriegewerkschaft
IM	Inoffizieller Mitarbeiter (der Staatssicherheit)
KGB	Komitet Gosudarstvennoj Bezopasnosti (dt. Komitee für Staatssicherheit), sowjetischer Geheimdienst
KgU	Kampfgruppe gegen Unmenschlichkeit
KJI	Kommunistische Jugendinternationale
KJO	Kommunistische Jugend-Opposition
KJVD	Kommunistischer Jugendverband für Deutschland
KP	Kommunistische Partei
KPD	Kommunistische Partei Deutschlands
KPdSU	Kommunistische Partei der Sowjetunion
KZ	Konzentrationslager
LPG	Landwirtschaftliche Produktionsgenossenschaft
MfS	Ministerium für Staatssicherheit
NDPD	National-Demokratische Partei Deutschlands
NKWD	Narodny kommissariat wnutrennich del (Russisches Volkskommissariat für innere Angelegenheiten)
NSDAP	Nationalsozialistische Deutsche Arbeiterpartei
NVA	Nationale Volksarmee
NWDR	Nordwestdeutscher Rundfunk
Pkw	Personenkraftwagen
RIAS	Rundfunk im amerikanischen Sektor
SAJ	Sozialistische Arbeiterjugend
SBZ	Sowjetische Besatzungszone

SDAG	Sowjetisch-Deutsche Aktiengesellschaft
SED	Sozialistische Einheitspartei Deutschlands
SFB	Sender Freies Berlin
SfS	Staatsekretariat für Staatssicherheit
SJV	Sozialistischer Jugendverband
SMAD	Sowjetische Militäradministration in Deutschland
SS	Schutzstaffel der Nationalsozialistischen Deutschen Arbeiterpartei
SSD	Staatssicherheitsdienst (in der BRD für MfS benutzt)
Stasi	Staatssicherheitsdienst der DDR (umgangssprachlich)
Stupo	Stumm-Polizei (nach dem Westberliner Polizeipräsidenten Johannes Stumm)
SU	Sowjetunion
UdSSR	Union der Sozialistischen Sowjetrepubliken
UFJ/UfJ	Untersuchungsausschuss Freiheitlicher Juristen
VEAB/VVEAB	Vereinigung volkseigener Erfassungs- und Aufkaufbetriebe landwirtschaftlicher Erzeugnisse
VEB	Volkseigener Betrieb
VEH	Volkseigener Handel
Vopo	(abwertend) Volkspolizist
VP	Volkspolizei
WB	Westberlin
Wiratcx	Import und Exportgesellschaft für Wirkwaren und Raumtextilien
ZK	Zentralkomitee

Aktensigel des Ministeriums für Staatssicherheit

AB	Auskunftsbericht
AFO	archivierte Feindobjekte
AIM	archivierter IM-Vorgang
AP	allgemeine Personenablage
AOP	archivierter Operativer Vorgang, bzw. Feindobjektvorgang
AU	archivierter Untersuchungsvorgang
AS	Allgemeine Sachablage
BCD	Bewaffnung und chemischer Dienst
BV, Rst	Bezirksverwaltung Rostock
Eg	Akten der Einsatzgruppe
F/O	Frankfurt/Oder
GH	Geheime Hauptablage/archivierte Akten mit besonderer Geheimhaltungsstufe
HA	Handakte
HA/GA	Handakte zur Gerichtsakte

P	Personalakte
Pdm	Potsdam
KS	Kaderstammakte
Swn	Schwerin
ZAIG/Tb	Zentrale Auswertung und Informationsgruppe/Tonband
ZA/KS	Zentrale Ablage, archivierte Personalakte